· 光明文丛系列 ·
Guangming Wencong series

走近戏剧

戏剧美育基础

闫　思◎编著

光明日报出版社

图书在版编目（CIP）数据

走近戏剧：戏剧美育基础 / 闫思编著. -- 北京：
光明日报出版社, 2025. 1. -- ISBN 978-7-5194-8493-4

Ⅰ. G633.950.2

中国国家版本馆CIP数据核字第2025YE9886号

走近戏剧 ： 戏剧美育基础
ZOUJIN XIJU ： XIJU MEIYU JICHU

编　著：闫　思

责任编辑：郭玫君　　　　　　　　　责任校对：房　蓉
装帧设计：谭　锴　　　　　　　　　责任印制：曹　诤

出版发行：光明日报出版社
地　　址：北京市西城区永安路106号，100050
电　　话：010-63169890（咨询），010-63131930（邮购）
传　　真：010-63131930
网　　址：http://book.gmw.cn
E-mail：gmrbcbs@gmw.cn
法律顾问：北京市兰台律师事务所龚柳方律师

印　　刷：北京亿友数字印刷有限公司
装　　订：北京亿友数字印刷有限公司
本书如有破损、缺页、装订错误，请与本社联系调换，电话：010-63131930

开　　本：170mm×240mm
字　　数：360 千字　　　　　　　　印　张：22.75
版　　次：2025年1月第1版　　　　　印　次：2025年1月第1次印刷
书　　号：ISBN 978-7-5194-8493-4
定　　价：92.00元

编写说明

有一句流传很广的话："戏如人生，人生如戏。"戏剧其实就是一个个的故事，背后是一个个人物和他们各自的人生，以及每段人生背后的时代背景、恢宏历史。不管是王侯将相，还是蝼蚁乌狗，都是故事，都是人生百态，喜怒哀乐爱恨情仇，纠结之后方能领悟的人生至理。

我在高中任教戏剧老师，开设了校园特色选修课程"走近戏剧"，这门课并不是为艺术传媒考试编写的"学前培训"，而是希望能扎扎实实地培养学生艺术鉴赏能力、熏陶高雅情操，在缓解繁重学习压力的前提下，通过戏剧课程能够激发学生在戏剧欣赏的过程中对于语文、历史等文科科目新的学习热情，成为主课学习的舒缓剂和助推剂。2019年深圳市颁布《深圳市普通高中音乐学业水平考试实施方案》，其中的专项测试中就有戏剧表演一项，但是目前深圳市音乐学科中戏剧专任教师紧缺，学生很难系统地学习并应对戏剧方面的知识。只是背诵书本上的理论知识对于学生的素质和能力的培养也很难有更大的突破。

学生通过学习戏剧，可以对历史、地理、传统文化（例如，各时代人们的服装、道具、生活习惯）等都会有着非常深刻的影响。这种影响不仅能够体现在对学生的语文写作、历史学习和文科学习的提升，同时还能陶冶性情、开拓视野，激发其爱国主义情操，使学生自主去探求，去研究。对于学生的课外学习，也是非常有效的，可以让学习变得更加生动有趣。每一部剧讲述不同的人生，每一个角色都有各自的情感和心路历程。学生通过角色扮演、语言表达，能更好地共情，提高学生的理解和表达能力。更重要的是，戏剧本身还具有启迪学生思维，拓宽学生视野，增加学生的阅读量，以及培养学生开口说话的能力、社交能力、演讲能力、领导能力等。这是非常重要又循序渐进的一个过程，戏剧课程不是一门主科，也没有被写进高考，但是它对学生三观的形成，学生的格调、情操、气质以及未来人生所选择的道路，对中国的传统文化的传承都起着不可或缺的作用，这些作用很多学科都做不到，但戏剧可以。

我在高中任教近十二年，当年对于这门课程的设想如今运作得非常流畅：学习这门课程的学生大部分都从中有所得，不论是文化课成绩还是戏剧鉴赏、语言和写作能力都有长足的进步。考取了包括但不限于中国传媒大学、中央戏剧学院、上海艺术学院、浙江传媒大学、香港浸会大学、中山大学、暨南大学、四川大学、深圳大学、美国加州大学伯克利分校等名校，其中已经有学生入职中央电视台担任主持人，北京广播电视台担任舞台导演，真正走向了传媒戏剧之路。现在回想我刚入职的时候，困扰我的最大问题居然是——缺教材。

放眼图书市场和教材纲目，音乐、舞蹈的教材有很多，但始终没有和高中戏剧鉴赏完美契合的教材，这对于教学无疑是阻碍，但也是个人成长的机会。因为缺教材，我只能不断地在图书馆、电子书商城、艺术类高校的校本材料库以及互联网上去寻找各种适合的资料，再进行修改和润色，最终呈现为适用于高中教学的材料，但是用这种方式的弊端是，每次备课都耗时极长，要花费大量的时间且效率不高。

另外早期有学生反馈：老师，我对戏剧很感兴趣，可是你讲得太深奥太专业了，什么斯坦尼的，完全听不懂啊。这引发了我的思索：高中戏剧鉴赏教学讲究的是入门，重在培养兴趣激发活力，这不同于我们在大学表演系的学习。趣味性的缺失会让学生在听课时感到乏味，这如何做修改呢？于是我开始了漫长的自我修正。几乎每节课我都要随机找一些学生要反馈意见，经过多年的沉淀和摸索，终于勉强建立起一套适合高中戏剧教学的体系，也在很多人的关心和帮助下有了这本《走近戏剧》。本书经历 7 年的整理修订，由这些年来的上课资料汇集而成，于 2019 年终于成为校本教材，又经历 3 年的校内使用和不断修改，于 2022 年 6 月出版，到现在已经历经 3 次修订，算是对自己近 12 年的执教生涯做的一个小小的总结。希望能够对和我当年有着一样困境的同行们有微薄的帮助，同时也希望能够通过此书让高中的学生们能够更多地了解戏剧，通过对戏剧的学习能够培养"放得开"的本事，习得"说得出"的能力，练就"放得下"的心理，铸就"行得正"的思想，以着重培育和践行社会主义核心价值观为目标，为实现中华民族伟大复兴的中国梦贡献自己一份小小的力量。

本书的教学内容参考了中国戏剧出版社出版的普通高等教育"十一五"国家级规划教材《戏剧表演基础》、人民音乐出版社和湖南文艺出版社的《普通高中音乐课程标准实验教科书·音乐与戏剧表演》教师用书、广东教育出版社的普通高中课程标准实验教科书《戏剧创编入门》教师教学用书和人教版高中语文教科书等书籍。

从教学设计上考虑到学生的个体差异，除常识的普及外，以"是否实用"为考虑点进行课程内容设计。包括解放天性、语言、戏剧常识、影音课程、实践（学生作品展示）与剧本六个模块，教学素材（如朗诵材料）可依据学生语言优劣势进行调整，调整内容以人教版高中语文教科书为参考，以期在戏剧教学的同时达到辅助语文、历史、部分英语教学的效果。在教学素材的选择上，分为思政类、心理类、常识类、科普类和传统戏曲文化的普及。

在教学方式上，提倡让学生自主性参与和探究式的学习方法，也提倡学生自主收集、查阅、整理材料，并在这个过程中掌握学习的方法；或会根据课堂内容加入教师举例示范，也会运用教师录制的示范视频；或运用大量影视素材等，增加教学形式的多样性和教学内容的趣味性，以加深学生对知识点的印象。以"学生主动，教师引导"的方式进行教学。

在此，特别感谢帮助我的每位老师、同事和朋友。感谢《深圳特区报》原主编尹积恕老师，深圳广播电台交通频道著名记者、儿童文学作家四虎老师，深圳市光明区教育局局长黄汉波老师对此书出版的贡献；感谢深圳戏剧家协会会长、深圳大学戏剧影视学院副院长王维斌老师多年的教诲培育及为本书作序；更要感谢这十二年来我带过的每一个孩子，正因为有你们的热情和肯定，我才有把这本书编写出来的动力。我相信全国范围内同样有很多同行在做着同样的事，希望以此书为砖，引来众多贤达的真知灼见，共同为普通高中校园戏剧教育的美好明天做出贡献。

2024 年 3 月

阎思

序 言

　　2018年是中国教育史上极不平凡的一年。习近平总书记在全国教育大会上明确指出："要深化教育体制改革，健全立德树人落实机制，扭转不科学的教育评价导向，坚决克服唯分数、唯升学、唯文凭、唯论文、唯帽子的顽瘴痼疾，从根本上解决教育评价指挥棒问题。""我们的教育要培养德智体美全面发展的社会主义建设者和接班人。"

　　2018年也是深圳市第二高级中学（以下简称"深圳二高"）发展史上极不平凡的一年。这所全日制市直属高中，位于粤港澳大湾区前沿深圳市南山区，2007年建校，现有师生3000余人，校风优良、师资优异、课程丰富、升学率高、家长口碑好，是深圳市高中教学的样板校。这一年，高玉库校长倡导的"三实（真实、扎实、朴实）"教学理念已经深入人心，学校通过营造"三实"育人环境，打造"三实"教师团队，深化"三实"教研教改，实施"三实"课堂教学，构建"三实"校本课程等，合力推进"全面发展"的育人目标。

　　2018年，是深圳二高艺术组间思老师成长史上极不平凡的一年。这位毕业于深圳大学师范学院艺术系影视戏剧表演专业的优秀教师，从小就对语言有着浓厚的兴趣，师从著名播音员薛飞老师学习播音与主持艺术。六年前，她成为深圳二高的一名戏剧表演老师。深圳二高有着全市最高端的中小学艺术基地，有教育部挂牌、广东省唯一的"美育学堂"，浓厚的艺术氛围潜移默化地影响着全校。间思老师的"戏剧表演"课，就在有着一流硬件的艺术楼内进行。这栋楼内，有古风古韵的书法和雕塑教室、明暗格调的素描教室、绚丽多彩的色彩教室、整齐明亮的欣赏课教室、精致典雅的美术展厅；也有乐声悠扬的合唱

排练厅、余音绕梁的合唱训练间、旋律回荡的音乐教室、琴声美妙的钢琴教室；还有气宇轩昂的形体教室、青春洋溢的舞蹈教室、挥汗激扬的舞蹈排练厅；学校更为间思老师的戏剧表演课专门开设了"戏看人生"——戏剧教室。一流的硬件设备，使得二高的艺术教育如虎添翼。

这一年，深圳二高开展了一系列轰轰烈烈的"三实"教育教学研讨会。学校依据"以尊重的教育培养受尊重的人"的办学理念，在课程体系方面，进一步明确了适合学生发展的全校课程体系——"三实"课程体系：基础课程（满足高中学生的毕业需求和升学需求）、研究课程（开发潜能、张扬个性、提升创新、培养创造能力）、特色课程（阅读课程、书法课程、游泳课程）、素养课程（音乐课程、体育课程、美术课程）。

艺术科组积极响应，明确了艺术素养课程的核心理念：立德树人、以美育人。科组长周婷，带领全体艺术教师，确立了"和蔼亲切每一个，博学精进每一个，智慧创新每一个，仁爱宽厚每一个，温文尔雅每一个，幸福体验每一个，和谐发展每一个，成就梦想每一个"的行动策略。课堂教学、课外活动、校园文化、艺术展演四位一体；音美为主，学科融合，大力开设舞蹈戏剧影视等课程；培根铸魂，立德树人，让艺术教育真正成为以美育人、润物无声的审美教育、情操教育。深圳二高的艺术课程，再次焕发出勃勃生机！

　　这一年，深圳二高的校本教育科研再次掀起高潮：以高玉库校长为组长，成立校本教研领导小组，开展丰富多彩的教科研活动（专题讲座活动、主题教研活动、成果展示活动、教育沙龙活动等），鼓励全体教师参与教育科研，让不同学科、不同年龄、不同兴趣、不同爱好的教师都能找到自己的教研兴奋点，鼓励教师把自己在教学实践中遇到的难题、产生的困惑作为研究对象，进行各类研究。

　　针对学校教师群体发展不均衡的状况，高玉库校长将全校教师划分为四个群体：名师论坛、中青年骨干教师发展促进会、青年教师成长营、青蓝工程，形成梯级培养模式，促使教师迅速成长。简思老师是"青年教师成长营"的中坚力量。在良好的教育教研氛围中，一大批优秀课程脱颖而出，一大批优秀教师享誉全国。学校教科研氛围活跃而浓厚，教师不断提交课题立项报告、出版校本专著等，教师论文、教育叙事、教学案例、教育教学故事纷纷获奖或发表。

　　这一年，优秀的青年艺术教师简思，欣逢盛世，欣逢盛时。作为一名高中戏剧表演老师，六年来她教导了6届高一学生（每届1000人）各种戏剧和舞台表演知识，并将校级社团"梨园新社"发展成为最火爆的学生社团之一。可是，尽管教学经验丰富，她仍然苦恼：各级图书馆，关于戏剧学科的教材屈指可数，适合高中生的教材几乎没有。教师无本可循无本可依，教学如何得到提升？二高前辈、榜样的引路，坚定了她"我要编一本高中戏剧教材"的宏愿！二高浓厚教研氛围的感召，使她真正开始了"在实践中反思，在反思中研究，在研究中成长"的教育科研之路。

截至 2021 年，间思老师从教九年，积累了大量的教学实践经验，现在更能做到：想自己的问题，从问题中找课题；重视自身经验，从经验中找课题；关注学校特色，从特色中找课题。可以说，间思老师已经走上了一条教师快速成长的"捷径"，从一名会教学、能讲学的授课型教师，成长为一名善教研、能科研的研究型教师。

历时三年，几易其稿，这本《走近戏剧》教材终于在深圳二高面世了！全书共分为六大模块。模块一：解放天性；模块二：语言；模块三：戏剧常识；模块四：影音课程；模块五：实践（学生作品展示）；模块六：剧本。教材后面还附有"推荐选读剧本"。这六大模块，有丰富的理论知识，有详尽的常识介绍，有多样的实践案例，有创新的拓展内容。

难能可贵的是，作为一名青年教师，间思老师的这本教材，不仅坚持科学性（适合高一、高二学生），注重时代性（充分反映新时期经济社会发展对人才培养的新要求），更强化了民族性。无论戏剧、戏曲、话剧、电影、电视、歌剧、舞剧、音乐剧、木偶戏，都把核心素养研究植根于中华民族的文化土壤，充分体现民族特点，系统落实社会主义核心价值观的基本要求。

我们还要看到，这本教材，真正实现了"高考要充分发掘各学科育人资源，发挥各学科育人优势，共同形成育人合力，全面系统、创新性地将立德树人根本任务落到实处"。书中大量的鉴赏作品，如朗诵稿件《祖国啊，我亲爱的祖国》《再别康桥》《致橡树》《乡愁》等，本身就是高中语文课本的内容；而读剧作品《我的 1919》《伟大的长征》等，都在引导学生培育和践行社会主义核心价值观，弘扬中华传统文化、革命文化和社会主义先进文化。看，有了间思老师的专业指导，高考的育人功能也能通过艺术课得以展现！

间思老师深知，艺术课的开设，不仅可以帮助学生提升审美能力，更可以帮助学生赢取一张张走向未来的"通行证"，并赋予学生可持续发展的强劲动力与最丰富的可能。因此，她的《走近戏剧》选修课，会不断根据戏剧表演的综合艺术特征，引导学生鉴赏、感受、体验、理解和比较多种戏剧形式的优秀作品，尝试从身边熟悉的事物或文学作品中提炼戏剧素材，进行戏剧编创。同时，

她又发挥自己的语言优势，将戏剧的外延不断扩大：朗诵、小品、配音、读剧、相声、主持、讲故事、心理剧……这些艺术实践活动，深深浸润着学生的心灵，使得"有高考的二高也是天堂"！

间思老师工作九年来，坚持在艺术课上给学生普及戏剧常识，做戏剧表演和朗诵的训练、优秀戏剧鉴赏等，这不仅在学生心中播下了美的种子，更培养了一批又一批学生考入中传、中戏、北影、上戏等高等学府。

此外，间思老师还为学校晨会和大型活动培养主持人，为每年的读书节、艺术节担任指导，并邀请深圳市广电集团的著名主持人来学校演出。由她担任指导教师的"梨园新社"，年年爆满，每年的校园艺术节、新年联欢会、金秋读书节、社团展示周，"梨园新社"的学生在老师精心的指导下，通过各种艺术形式展现自己，积极自信，充满能量，成为舞台上最亮眼的星。

以德扬善，以智启真，以体健身，以美塑心，以劳立行。同思老师正站在新时代教育的潮头上，现在，这本《走近戏剧》教材面向全国出版，真正填补了高中学校戏剧表演和传媒课程教材的空白。我们相信，随着此书的问世，将会有更多的教师受惠于此书：教育智慧得到释放，教育创意不断涌现，教育思想日趋成熟，教育精神不断丰富，教育境界不断提升。也会有更多的学生受惠于此书：他们心中将会被播下艺术的美好种子，他们身上的审美潜力将会被浪漫地唤醒，他们将会被塑造为更高层次的美的意境、生命的境界——成为真正内心丰富的全面发展的高中学生！

深圳市第二高级中学

李罕

2021 年 11 月 14 日

再 序

谈不上是序，一点感言，仅供参考。

《走近戏剧》是一本为中小学教育戏剧课堂而作的教材，其包含了一些戏剧的基础理论知识和实践教学案例，内容较为实用，对开展中小学戏剧课堂教学具有较好的启示作用。

为什么要走近戏剧？我认为，首先，通过戏剧可以培养学生认识美、体验美、感受美、欣赏美和创造美的能力，从而使他们具有美的理想、美的情操、美的品格和美的素养。响应国家素质教育指导精神，戏剧教育不失为一种有力的手段。其次，推动中小学课堂教学戏剧化，为中小学九大学科的教学起到辅助作用，这也是多年来许多戏剧跨界学者和专家持续努力的方向。最后，我觉得最重要的一点就是，让孩子们在戏剧的空间里自由释放，净化心灵，借助表演疗愈自我。戏剧的原始功能就是治愈，是心灵美育的重要手段之一，是人类文明社会重要的创造性发现。

《走近戏剧》的内容是丰富的，内容所指向的目标或教学成效，需要我们共同探讨，并不断加持。走近戏剧关乎创造，在舞台空间下是集体创造的结果，是创造性想象的结果，是习惯性创作创新养成的开始；关乎人际交往，戏剧表演的综合性决定了你无论如何都要与他人合作，从而提供了人际交往的实践经验；关乎同理心的建立，戏剧需要分析人物，通过表演了解他人的情感、他人的生活，进而可以认识到每个生命都值得尊重，每个人的故事都值得聆听；关乎认知，在表演的同时去发现事物的发展规律，认识到世界是不稳定的，并通过表演减轻对不稳定的恐惧。通过大量表演实践，能够建立自信，减轻畏惧心理，以平常之心面对人和事。可以表达、宣泄负面情绪，达成心理平衡。另外，通过戏剧空间的想象，可以唤回被现代科技所剥夺的"五觉"感知力，在训练中也可以提高学生的注意力、观察力、想象力种种。书中特别提到建立学校的戏剧社，开展戏剧校本课程建设，值得大力提倡。

总之，在学生的表演能力不断经受锻炼的同时，他们的精神面貌、气质都会发生变化。观察力的培养，使他们热爱生活，关注身边的人和事；信念感的建立，使他们变得更加真挚、坦诚、富有同理心；想象力的拓展，使他们热情、开朗、细腻、浪漫，具有创造力；舞台交流实践，使他们把握情感情绪，加深情绪记忆，学会人际交往。

创作素质的训练带动着心灵的建设、人品素质的提高。戏剧表演创作是一个人身心的创造，是一个人总体素质的体现。

深圳大学戏剧影视学院副院长、深圳市戏剧家协会会长

王维斌

目　录
CONTENTS

第一单元　解放天性

第二单元　语言

第三单元　戏剧常识

第四单元　影音课程

第五单元　实践（学生作品展示）

第六单元　剧本

第一单元 解放天性

　　高中生是学生中最沉默的一群人，他们有着懂规矩、讲礼貌、有分寸、会倾听等优点，但这些优点给他们带来的也有一定的束缚，比如，不善于表达自己，不会展现自己，展现自己的时候会感觉到慌乱无助、不知所措，等等。并非他们天生如此，而是在多年的学习过程中守规矩和听课的模式，让他们的天性逐渐禁锢，让他们更擅长倾听，而不是表达。

　　高中生是最应该拥抱阳光的一群人，他们即将走向大学，走向社会，走向美好的人生，他们即将面对更多的人群，更需要学会如何去表达、去交流，去沟通。在 AI 盛行的当下，数字人能够做到大学生、高中生做不出来的题。刷题考大学，也不再是高中生唯一的出路。我们应该培养刷题高手，还是培养一群会思考、善于表达、会沟通的学生，是我们未来需要思考的问题。从个人出发，会沟通、会展现自己，是一项在社会上立于不败之地的必要技能之一。举个例子，有 30 人共同竞争一个学生会主席的职位，必然是更会表达自己、展现自己并让别人在更短的时间了解自己长处的人更能获得机会。职场亦然。

　　在高中，不仅有来自学习的压力，也有来自家长的期盼、同学间的比拼，老师的要求，以及自己对未来的迷茫，这众多的压力如果不好好地调节，很容易造成心理问题，而解放天性系列练习是由众多游戏构成，学生通过游戏的训练能够很好地释放自己的压力，让自己身心得到放松，从而达到心理疗愈的作用，对现阶段的高中生是非常有必要的。

　　解放天性系列训练，针对学生的注意力、观察力、想象力、模仿力、记忆力、反应力和心理承受力等进行训练，提高学生各方面能力，帮助他们更好地度过高中到大学的身心过渡阶段。

必须要强调的一点是，练习中开心至上，练习第二，"惩罚"是最末。游戏不以"惩罚"为最终目的，而是通过"惩罚"增加游戏的趣味性，同时也通过"惩罚"锻炼学生的心理承受能力。

放轻松，任由阳光盈满你，然后闪亮。

——玛丽·奥利弗

课程目标

（1）了解什么是解放天性。

（2）全情投入课堂中的每个练习中，在做完一系列的练习后能够放松身心，敢于表达。

课程功能

本单元将从"玩"开始，让对戏剧一无所知的学生通过游戏，逐渐了解并爱上戏剧。同时对学生的观察力、注意力、模仿力、记忆力、想象力、应变力和心理承受力进行训练和提升。

课程介绍

戏剧，是一门"玩"的艺术。想要了解戏剧，首先就得学会怎么去"玩"。天性，字面意思可理解为人先天就具有的品质和性情，如这孩子天性善良、天性活泼等。而人在成长过程中，识礼仪，明事理，让我们渐渐明白，什么场合不能说话，什么时候不能活泼。我们开始慢慢学会控制自己的身体和情绪。也因为此，我们的天性逐渐被约束、被伪装，不能随时随地释放出来。解放天性，是指通过一系列的训练，让被训练者达到松弛的状态，能够克服紧张，自然而然地放开自己，收放自如地控制自己的身心。从根本上解决学生胆怯、不敢说话不敢展现自己的心理素质的缺失。希望通过解放天性的训练，能达到一定程度上的辅助学校教师教学的效果。

如在课堂上，回答问题时即使出错了也能坦然接受，从容改正。在面对全班甚至全校的舞台上，能够勇于展现自己、挑战自己，最终锻炼和提高自己的心理素质。走出学校走向社会后，能够淡定从容地面对困难，正视困难，最终解决困难。无论是面对他人，面对舞台，无论是做人还是做事，都能够做到不紧张、不怯懦。

戏剧课堂中的解放天性训练与其他的课有一定的差异性。它运用大量的游戏作为练习，对学生的观察力、注意力、模仿力、记忆力、想象力、应变力和心理承受力进行训练和提升，需要我们所有参与者都能够全情投入，认真参与其中；需要我们的整个身体的高度配合，一旦走神，就会有"输"的风险，输了就得接受"惩罚"。

课程内容

1. 观察力

观察力是指大脑对事物的观察能力，如通过观察发现新奇的事物等，对事物的声音、气味、温度等有一个新的认识。

2. 模仿力

模仿力是指人们能通过观察别人的行为、活动来学习各种知识，然后以相同的方式做出反应的能力。[①]

意义：对选拔和使用人才具有现实意义。

具体表现：模仿不但表现在观察别人的行为后立即做出相同的反应，而且

---

① 彭聃龄. 普通心理学 [M]. 北京：北京师范大学出版社，2010.

表现在某些延缓的行为反应中。模仿是动物和人类的一种重要的学习能力。比如，儿童在家庭中模仿父母的说话、表情；从电视中模仿演员的动作、服饰；从字帖上模仿前人的书法作品；等等。

模仿力与创造力的区别及其意义如下。

这是两种不同的能力。动物能模仿，但不会创造；模仿只能按现成的方式解决问题，而创造力能提供解决问题的新方式和新途径。人的模仿力和创造力有明显的差异。有的人擅长模仿，而创造力较差；有的人既善于模仿又富有创造力。了解这一点对选拔和使用人才具有现实意义。[①]

模仿力和创造力有密切的关系，人们常常是先模仿，然后再进行创造。科研工作者先通过观察模仿别人的实验，以后才提出独创性的实验设计；学习书法的人先临摹前人的字帖，以后才创作出具有个人独特风格的作品。在这个意义上，模仿也可以说是创造的前提和基础。[②]

3. 注意力

注意力是指人的心理活动指向和集中于某种事物的能力。它是智力的五个基本因素之一，是记忆力、观察力、想象力、思维力的准备状态，所以注意力被人们称为心灵的门户。

"注意"，是一个古老而又永恒的话题。俄罗斯教育家乌申斯基曾精辟地指出："注意是我们心灵的唯一门户，意识中的一切，必然都要经过它才能进来。"注意是指人的心理活动对外界一定事物的指向和集中。

注意贯穿于整个心理过程，只有先注意到一定事物，才可能进一步去记忆和思考等。注意力是记忆力的基础，记忆力是注意力的结果。没有良好的注意力就没有良好的记忆力，良好的记忆力是建立在良好的注意力基础上的。

---

① 彭聃龄. 普通心理学 [M]. 北京：北京师范大学出版社，2010.
② 彭聃龄. 普通心理学 [M]. 北京：北京师范大学出版社，2010.

4. 记忆力

记忆力是识记、保持、再认识和重现客观事物所反映的内容和经验的能力。记忆作为一种基本的心理过程，是和其他心理活动密切联系着的。在知觉中，人的过去经验有重要的作用，没有记忆的参与，人就不能分辨和确认周围的事物。在解决复杂问题时，由记忆提供的知识经验，起着重大作用。认知心理学家把对记忆的研究提到了重要的位置，其原因也在这里。

5. 想象力

想象力属于人所特有的高级认识过程。想象是人将头脑中已有的客观事物形象重新组合成某种事物新形象的过程。想象力的作用主要是创造新知识。

许多事物，包括某些人物形象都是想象的结果。中国神话中的天宫、海外仙山、阎罗世界都是虚构想象的结果。

舞台上，演员的想象力与演员的生活素养、文艺修养有着密切的联系。演员的表演是通过现实生活与想象力相结合，才能有真实、让人信服的表演。在生活中，想象力练习是为了让学生能真正展开自己的想象力，开发学生的创造性思维，更利于学生的学习、生活和未来的发展，同时也让学生体会到想象力在戏剧、生活中给我们带来的乐趣。

6. 反应力

反应力是指对事情发生后的第一反应以及面对事情时的处理方法和能力。

7. 心理承受力

心理承受力是个体对逆境引起的心理压力和负性情绪的承受与调节能力，主要是对逆境的适应力、容忍力、耐力、战胜力的强弱能力。一定的心理承受力是个体良好的心理素质的重要组成部分。

青少年心理承受力弱不仅给他们带来各种心理障碍与心理疾病，造成适应社会的困难，而且也给他们成年后人格的健全发展、适应日趋激烈的竞争与挑战的社会生活留下隐患。因此，青少年心理承受力的培养不仅是学校更是家庭与社会需要给予长期重视并有效解决的问题。

相关资料

解放天性练习：

1. 照镜子

只需请几组学生上台，一个学生当照镜子的人，另一个学生当镜子，当镜子的那个人要学照镜子的人的动作。

此练习主要训练学生的观察力和模仿能力。游戏规则中的"惩罚"使得学生不敢分心，全程集中注意力，主动积极地参与游戏中，并且主动地观察并模仿对方的行为。同时还锻炼学生的行动力，让学生化被动为主动。

2. 萝卜蹲

将参与者分成四堆以上，每堆人手牵着手围成一圈，把每堆人用颜色或数字命名，任意指定一堆萝卜开始统一下蹲，同时还要念词，再指定别的萝卜堆做同样动作，目标要一致，以此类推，但不能马上回指。以一实例加以说明。有红、白、黄、紫四堆萝卜，白萝卜先蹲，蹲的时候念"白萝卜蹲，白萝卜蹲，白萝卜蹲完红萝卜蹲"。每堆萝卜选出一位负责人，在喊完口号后白萝卜负责人手指指向红萝卜堆，红萝卜们马上要开始蹲且口中一样要喊相应口号，之后他们可以再指定下一个，但不能是白萝卜。记住哟，一定要念全"白萝卜蹲，白萝卜蹲，白萝卜蹲完红萝卜蹲"这句话哟，并且做出蹲下的动作，否则游戏就不好玩了哟。我们可以边玩边加快速度，增加趣味性。

此练习主要训练学生的注意力、记忆力和反应能力，在练习中，学生的注意力需保持高度集中，并且能够准确记住短时间内的游戏内容并迅速做出相应反应。

3. 真心话大冒险

真心话大冒险是一种聚会娱乐游戏，有人取名"诚实与大胆"。双方通过猜拳等方式比试，输了的一方就要选择"真心话"或者是"大冒险"。

具体规则：

2人时，可利用猜拳决定。

3人时，可利用手心手背决定。

如果有很多人，可以利用抽签（或其他）方式，抽中指定那张的同学就要选择"真心话"还是"大冒险"。由选定的一方选择"真心话"还是"大冒险"，选择"真心话"，则由胜方随意问输者问题，输者必须全部如实回答；选择"大冒险"，则胜方随意出任何行为问题由输方尝试完成，诸如，做10个俯卧撑、10个蹲起等。当然游戏问题必须符合校纪校规，以便课堂的管理。

完成后，本回合结束，开始下一回合。在人数众多的情况下，可以将这个游戏放在其他游戏的惩罚环节，既可以增加游戏的趣味性，又可以提高孩子们的参与度。

此练习"真心话"主要训练学生的心理承受力，"大冒险"则主要训练学生的行动力。学生在练习中需保持注意力高度集中，并且能够准确记住短时间内的游戏内容并迅速做出相应的反应，否则很容易出错成为输家。这个练习可和其他的练习叠加使用。

4. 不管三七二十一

规则：

（1）主持人请每区派一名选手上台。

（2）主持人讲解游戏规则：从1开始报数，每逢7和7的倍数不能说出，击掌代替。速度要快，犯规者淘汰出局。最终胜出的人为获胜者。

（3）主持人宣布开始，大家监督，报错者出队站到旁边。剩下的人接着报，直到胜出者产生。

（4）主持人给获胜者颁发奖品。

此练习主要训练学生的注意力、反应力。

5. 击鼓传花

道具：鼓、音乐、花、秒表

游戏规则：参加者先围成一圈，当击鼓者开始击鼓时，花就开始传，当鼓停时，花到谁手，谁就是"幸运者"，就要表演节目。表演节目后花就从这个"幸运者"开始传，节目依此进行。

此练习主要训练学生的注意力、反应力。

6. 寻宝大行动

道具："宝物"（一般为字条）

参加人员：集体

游戏规则：先准备好"宝物"（字条上可以写"表演节目""获得奖品"等），然后把宝物分布在各处隐蔽的地方。接着，各寻宝者（人多时按组计）开始找寻"宝物"，找到"宝物"的寻宝者不得随意打开"宝物"，由主持人（老师）兑奖。主持人（老师）根据"宝物"的内容给"宝物"的主人兑奖。

比如，宝物里写着"学猫叫三声"或"奖励苹果两个"，那么"宝物"的主人就得按"宝物"的内容去做，然后，主持人（老师）给予相应的奖励。

此练习主要训练学生的注意力、观察力、反应力。

7. 语言接龙（成语或词语、诗皆可）

围成一个圈，选定一个学生开始，由其说出一个字 / 词，之后的学生接上一个同学的最后一个字，说出第二个词，以此类推。出错或接不上的同学停止游戏，后退一步以示退出游戏，其余人继续，输者接受惩罚。优胜者决定惩罚内容。

此练习主要训练学生的语言组织能力、反应力和记忆力。此游戏难度比较大，学生不敢分心，全程集中注意力，主动积极地参与到游戏中，化被动为主动，同时还锻炼学生的思考能力和行动力。

8. 逢三、七不语

逢x、x的倍数、带有x的数字不能说，要用蹲一下来表示。

例如，x＝3，那么几个人排好队，一个一个说：1、2（蹲一下），4、5（蹲一下），7……11（蹲一下），（蹲一下），14……

此练习主要训练学生的注意力和反应力。

9. 正话反说

选几个口齿伶俐的人参加游戏，主持人要事先准备好一些词语。主持人说一个词语，要参加游戏的人反着说一遍，比如，"新年好"，游戏者要立刻说出"好年新"，说错或者顿住的人即被淘汰。从两个字开始说起，第二轮三个字，第三轮四个字，以此类推。

（1）你好、漂亮、可爱、开心、乐趣、花生、瓜子、西瓜、特别、牛奶、好累、烦躁、郁闷、暴躁、深圳、东莞、广州、湖南、北京、河南、云南、天津、贵州、上海、玩笑、身份、无知、蟑螂、帷幕、天空、不朽。

（2）伸懒腰、笑嘻嘻、咕咕叫、好棒啊、你好吗、真开心、小星星、你好美、好烦啊、真开心、狼人杀、真漂亮、真好吃、你饿吗、暖宝宝、意大利、傻掉了、好饱啊、坐飞机、刀马旦、海贼王、无间道、圣斗士、鸭舌头、白鹿原、粒上皇、跌打酒、西班牙。

（3）风风火火、表演艺术、香港味道、千里之外、蜡笔小新、哆啦 A 梦、纵横四海、风云人物、盗墓笔记、英雄本色、士兵突击、乔家大院、绝色倾城、一腔热血、西部牛仔、母系氏族。

（4）巴黎圣母院、舒克和贝塔、祖传跌打酒、美少女战士、艺员训练班、明星俱乐部、陈皮味花生、我们班最牛、天气特别好、天黑请闭眼、雨季不再来、桂圆莲子粥、今天下雨了。

此练习主要训练学生的注意力、记忆力和反应能力，学生在练习中需保持注意力高度集中，并且能够准确记住短时间内的游戏内容并迅速做出相应的反应。

10. 动作接龙

所有成员围成圆圈，教师指定一位同学起头先做一个动作，然后按往左／右的顺序，每位同学模仿前面（N 位）同学的动作，再加上自己的动作，以此类推。

此练习主要训练学生的观察力、模仿力、反应力和记忆力。此游戏难度比较大，学生不敢分心，全程集中注意力，积极主动地参与游戏中，并且仔细地观察并模仿对方的行动，同时还锻炼学生的思考能力和行动力，让学生化被动为主动。

11. 猜意思

一人用肢体语言来表达意思，不可以发出声音，由他指定一个同学来猜测那是什么意思。

此练习主要训练学生的观察力、注意力、反应力，以及肢体的协调能力和肢体的表现力。

12. 天黑请闭眼

游戏规则：有四种角色，即法官、警察、杀手和平民。由老师选出一人做法官（或由老师来担任法官），其他角色则由法官来确定。

法官——相当于主持人的角色，是掌控全局的一个重要角色，所有的角色都必须听从他的口头指挥。

警察——在每轮的闭眼中，拥有一次向法官求证谁是凶手的机会。

杀手——在每轮的闭眼中，拥有一次可以杀掉一名除法官外的任何角色的权利。

平民——在每轮的闭眼结束的睁眼阶段，轮到其发言的时候，便可拿出相关证据（包括游戏环节中每个参与者的动作、表情、发言等变化），用自己的话语去说服其他人。

"指认"和"杀人"的过程全部由手指指向完成。

了解游戏规则后，接下来就是模拟演习。

法官："天黑请闭眼。"

所有人闭上眼睛。

法官："杀手请睁眼。"

杀手睁开眼睛，确认同伴。

法官："杀手请杀人。"

睁开眼睛的杀手们必须通过眼神或者手势的商量后，统一意见指向想杀的那名角色。杀手"杀"完人之后继续闭眼可进行下一步。法官确认完毕后说："杀手请闭眼，警察请睁眼。"警察们睁开眼睛。睁开眼睛的警察们，先确认同伴，然后通过眼神或者手势的商量，统一意见指向怀疑的那名角色。法官要用大拇指朝上（暗示这是名杀手的提示），大拇指朝下（暗示这是名平民的提示），暗示完后法官发言："警察请闭眼，天亮了，请所有人睁眼。"

特别提醒：法官要保持绝对的公正，不能偏向警察、平民或杀手任何一方。

所有人都睁开眼睛，法官公布"被杀者"，"被杀者"不可以亮出身份（警察、杀手、平民），再由"被杀者"做最后发言（话很重要，要清楚自己的角色，发言须与游戏相关，然后说些鼓舞或者煽动的话，来迷惑或者提醒大家），然后从"被杀者"开始按顺时针的顺序依次发言，做"破案"分析。

发言完毕后，开始投票出局（重要环节），从"被杀者"开始顺时针投票，投票最多者出局，被投票出局者没有发言资格。

接下来，需要重复刚才的环节，直至警察或者杀手，或者平民都被杀光，游戏才能结束，杀手获胜。

此练习相对其他游戏而言较为复杂，主要训练学生的注意力、观察力、逻辑思维能力、反应力、语言组织能力和表演能力。游戏耗时较长，效果立竿见影，学生的接受度也非常高。能够让学生在无形中自然而然地集中注意力，对各方面能力也有一定提升。最重要的是，它能训练学生主动去思考问题以及思考解决问题的方法。

13. 红绿灯

学生分为 3 ~ 4 组，每组 4 个人，竖排站好，并站在指定的线内，另外指派一名学生（甲）单独站在最前方。最前方的学生喊"游戏开始"之后，口中喊指令"绿灯行，红灯停"（指令的速度由学生甲自由控制），在喊"停"字的时候回头看后方学生，如果哪位学生动了，其所属组别的所有人都需要返回到指定的线后（原位）。在规定时间内碰到学生（甲）为胜，反之为输。

此练习主要训练学生的观察力、注意力、反应力以及团队合作意识。

14. 虎克船长

所有成员围成圆圈而立，首先指定第一位起头人喊"虎"，之后随机指定下一位，下一位被点中的要接着喊"克"，以此类推，当"长"落在最后一个成员身上时，该成员需扮演船长。不发一语、右手向全场人敬礼，左右两位成员做划船动作，并像水手一样喊口令："嘿咻""嘿咻"，当然，随着团体或活动主题的不同，虎克船长也可被替换成任何名词及相对应的动作，比如，慈禧太后、少女时代等。动作可由现场参与者自由指定，建议要尽量避免游戏变成几个小成员之间彼此互指，要让所有人都有参与感。

此练习主要训练学生的观察力、反应力。

15. 兔子先生

所有成员围成圆圈而立，选出一位同学做"兔子先生"，兔子先生将规定大家按他的指令来做出相应的动作，如：

兔子先生说1，所有人举手；兔子先生说2，所有人蹲下；兔子先生说3，所有人把举起的手放下。所有指令前必须加"兔子先生说"，否则不能执行，违者犯规。

此练习主要训练学生的注意力、反应力。

16. 模仿力训练

（1）动物模仿（分组）

模仿动物练习，4～6人一组，每组同学可模仿相同的动物，模仿的动物不限，说出动物的特点，给出5分钟时间来讨论和练习。最后选出模仿最像的一组，当众展示。

（2）人物模仿（分组）

模仿人物练习，4～6人一组，每组同学可模仿相同的人物（必须是所有参与者共同认识的人），模仿的人物不限，说出人物的特点，给出5分钟时间来讨论和练习。最后选出模仿最像的一组，当众展示。

此组练习主要训练学生的观察力、思考和分析的能力以及模仿力。

17. 想象力训练

所有人闭上眼睛围圈坐好，听主持人指令。跟着主持人的指令做相应的反应（为了防止大家在做练习的时候看到对方会觉得放不开，无法全情投入，此练习需要所有人全程闭上眼睛）。内容可根据现场学生情况调整。

例如，想象自己刚刚睡醒，伸了个懒腰，打了个哈欠。

一阵风吹过，感觉好冷。

一个苹果在自己面前，拿起来咬了一口，很好吃，再吃一口，吃太急咬到舌头了。

此练习主要训练学生的想象力和反应力。因为是非专业学生，故让学生闭上眼睛，让其尽可能以最松弛的状态投入训练中，达到效率的最大化。

18. 讲故事接龙

围成一个圈，选定一个学生开始，由其说出一句话，之后的学生接上，说出第二句话，以此类推。前提是最后要形成一个完整的故事。接不上的同学停止游戏，后退一步以示退出游戏，其余人继续，输者游戏结束后接受惩罚。优胜者决定惩罚内容。

此练习主要训练学生的语言组织能力、反应力。此游戏难度比较大，学生不敢分心，全程集中注意力。训练学生在紧张的状态下调动其主观能动性，学会主动思考问题。

19. 西瓜熟了

选择一个人做选瓜人，其他的人蹲下做西瓜。游戏开始了，选瓜人可以走到任何一个人跟前，轻轻拍他的脑袋，问："西瓜熟了吗？"被拍到的人要是不愿意被选，则说："西瓜还没熟。"选瓜的人继续选。如果有人回答"西瓜熟了"，则回答的人马上要起身去追提问的选瓜人。被抓住的选瓜人则要表演一个节目，追的人成了选瓜的人。或者在游戏中被追的人累了可以坐下当西瓜，然后追的人成了选瓜的人，游戏重新开始。

此练习主要训练学生的即刻反应力。在游戏中能不能在最短的时间内做出反应和应对，同时如果在游戏中输了能不能自信大方地面对"惩罚"。

20. 数字应变

"1"——往前走

"2"——往后走

"3"——往左走

"4"——往右走

"5"——跳起来

"6"——蹲下去

"7"——转圈圈

"8"——扭一扭

"9"——大声喊"Oh,yeah!"

此练习主要训练学生的注意力、反应力和自主思考能力。

21. 数字游戏

每人牢记自己的数字。指定一人开头，喊出计算公式，但得数必须是在场报出的数字内。如2×3，报6的同学必须马上喊出"到"。并接着喊出下一组算术题，如4+7，报11的同学就要喊"到"。然后由答"到"的同学开始出下一题。

此练习训练学生的注意力、反应力和自主思考能力。

22. 雕塑练习

一个同学做雕塑家，另一位同学做他的模特。做模特的同学要完全放松自己的肢体，任由雕塑家的指挥、摆布和设计，全力配合，保持动作。雕塑家要发挥自己的想象，雕塑出一个自己认为满意的独特造型。

此练习训练学生的想象力、创造力和自主思考能力。

23. 奇妙变变变

所有同学围圈站好，选出一位同学站在圈中心，圈中心的同学充当变的人，当听到有人发出"奇妙变变变，把你变成×××"的指令时，他／她要变成指

令中的人 / 物体 / 动物。然后与围圈的同学们产生互动关系。值得强调的是，可能存在同一时间内多人发指令的情况，所以只能在指令前加上"奇妙变变变"才生效。

比如，指令人——奇妙变变变，把你变成大公鸡；圈中人必须根据指令变成大公鸡，模仿其形态特征。"大公鸡"可以说：如果我是"大公鸡"，那么你们就是任我啄的虫子。围圈的同学蹲下则可以避免被"啄"，如果被"啄"到，则替换为下一位圈中人。

此练习互动性非常强，主要训练学生的注意力、反应力、想象力和自主思考能力。

24. 病毒大魔王

角色：医生、健康人、病毒

根据总人数调整角色数量。2～3个人充当病毒，1位充当医生，其余人等充当健康人，病毒会追逐健康人，健康人逃跑以躲避。当健康人被病毒抓到时，则健康人也变为病毒，和其他病毒一起追逐健康人，直到所有人被抓完。医生充当保护健康人的角色，当健康人被抓时，10秒之内，如果医生来救他 / 她，他 / 她则可变回健康人，如果超过10秒钟，则变为病毒。游戏时长为5分钟，时间到时如果病毒人数超过游戏总人数一半以上则获胜，反之，则健康人和医生获胜，游戏结束。

此练习是一个抓人游戏，需要在较为宽敞的地方进行，可以选择在社团活动时间进行，训练学生的想象力、注意力、反应力。此练习需要较强的运动量，以游戏为载体增加趣味性，在训练中跑动，解压的同时锻炼体能。

思考 / 探索

每个练习是否能够跟上指令，并且不出错，如果不能则需加强相关的能力练习。

拓展／实践

1.当众做 1 分钟左右的自我介绍。

2.个人才艺展示。

课程管理

课时建议：4 ~ 6 课时

课程评价：

1.能否消除参与练习前的紧张感，以放松的状态参与练习。

2.能否专心、投入地参与课堂练习之中，是否掌握游戏规则并熟练地"扮演"游戏之中的"角色"。

3.是否能够积极参与，有一定的表现欲。

第二单元　语言

如果说形象外表是一个人的名片，那么语言就是名片上的文字介绍。我们每个人都是通过这些文字来向别人介绍自己，它在我们生活中扮演着不可替代的角色。

语言的运用是一门深奥的学问，在不同场合下的运用也截然不同，而语言不是每个人天生就会的，它更多的时候是通过语言环境或是后期的训练来铸就的。

标准的普通话能够帮助我们清晰地表达自己、介绍自己；流利的语言能够帮助我们更清晰地阐述自己的观点；腹有诗书气自华，如果能将书本所学的内容，结合生活场景适时表达出来，就能为我们的表达以及方方面面增光添彩；善于沟通，能让我们结识更多朋友；沟通中有良好的语言逻辑，能够帮助我们更快地达成自己的目标。总而言之，语言的运用在生活中的影响无处不在。善于运用语言将会让人具备很强的竞争力。但是语言的学习并非一期一夕，而是需要长期的学习和应用。

本单元包括语速和情绪情感对语言的影响、语言基础绕口令、朗诵中语言的重音和节奏、提升语言的表达能力以及与语言相关的职业介绍，全方位介绍语言在生活中的作用和运用。

从绕口令开始练习标准的普通话，到运用朗诵学会传情达意、情绪的表达，再到学会在演讲中阐述自己的观点，厘清自己的语言逻辑，最后才能帮助我们构建沟通的桥梁，让我们的第一张名片由黑白变成五彩斑斓。

用语言表达思想是人类唯一优越于其他动物的地方。语言是社交的工具。

——本·琼森

语 言

课程目标

（1）简要讲述什么是语言。

（2）了解语言与生活的关系，并掌握语言表达的关键点。

课程功能

本小节将简单介绍语言的基本概念和相关知识点，让学生明确了解语言在我们生活中起到的作用。最重要的是，通过大量的举例和教师的示范，引导学生对语言产生兴趣。

课程内容

1. 语言

语言是我们彼此之间沟通的桥梁，我们能通过语言更好地传情达意。它是我们的第一张名片，气质和修养都能从语言中体现。语言分为书面语言、生活语言（口语）和非生活语言。

书面语言，是指人们在书写和阅读文章时所使用的语言，文字为其主要组成部分。它是从口语的基础上发展起来的，是供大家"看"的语言（文字）。包括书籍、报纸、杂志、信件、电子邮件等。书面语言行文非常正式。

生活语言（口语）是比较随意的，生活中，我们的对话不大重视标点符号的对错，比较生活化，怎么方便怎么说。是日常生活中最常用的语言形式，用于人与人之间的日常交流和沟通。

非生活语言，即特定的场合中所使用的语言，比如，朗诵或者晚会主持人说话就不能运用太书面化的语言，也不能运用太过生活化的语言，这些都可以归为非生活语言，它跟我们的生活语言还是有一定区别的，没有生活语言那么随意，也没有书面语言那么生硬。

语言运用得当，能帮助我们更好地去表达，包括内容、情绪、情感（开心、难过、惊讶、愤怒）。但如果语言运用不当则很容易造成词不达意、表达不清的效果。

2. 影响语言的关键点

（1）语境——语言环境，即指说话时人所处的状况和状态。

举例："春天来了。"

（春天是生命蓬勃发展的象征，是朝气蓬勃的，充满希望的）

不同语境语言将会产生不同的变化。

例1：以"你好吗？"为例，在不同的情景中会有不同的表达方式：

①素未谋面的两人初次见面。

②多年未见的老熟人重逢。

例2：以"你叫什么名字？"为例。在现代生活中的沟通，正常情况下都会直接说出这句话。而在古代尚未使用白话文的情况下，则会用截然不同的表达用语表达出来。

如：

①［明］施耐庵《水浒传》第三十六回：自家拜揖，愿求恩官高姓大名，使小人天下传扬。

②［明］冯梦龙《醒世恒言》第二十六卷："你既是问老儿买的，那老儿姓甚名谁，哪里人氏？"

我们表达的时候是根据语境的变化而变化的，我们在表达语言的时候可以根据上下文来判断是什么语境，再来对我们表达的内容进行调整。

举例：下雨了。

语境（1）：出门没带伞。

语境（2）：酷暑，天气很热。

（2）语速的不同也会影响语言的表达。

语速是指朗诵或朗读时的速度，是指说话或朗诵时每个音节的长短及音节之间连接的紧松。如何去控制语速呢？可以通过换气的方法来控制。说话的速度是由说话人的感情决定的，朗诵的速度则与文章的思想内容相联系。

一般说来，热烈、欢快、兴奋、紧张的内容速度快一些；平静、庄重、悲伤、沉重、追忆的内容速度慢一些。而一般的叙述、说明、议论则用中速。而不应一律以一种速度读下来。

举例1：君不见，黄河之水天上来，奔流到海不复回。

（可以自行尝试带感情，分别用慢速、快速、普通速度来进行朗诵，通过对比能感受其区别）

举例2：以《雷雨》中周朴园和鲁侍萍的对话为例，运用语言时应根据人物心情的变化调整语速。

周：梅家的一个年轻小姐，很贤惠，也很规矩。（中速）有一天夜里，忽然投水死了。后来，后来——你知道吗？（慢速。周朴园故作与鲁侍萍闲谈状，以便探听一些情况）

鲁：这个梅姑娘倒是有一天晚上跳的河，可是不是一个，她手里抱着一个刚生下三天的男孩，听人说她生前是不规矩的。（慢速，侍萍回忆悲痛的往事，又想极力克制怨愤，以免周朴园认出）

鲁：我前几天还见着她！（中速）

周：什么？她就在这儿？此地？（快速。表现周朴园的吃惊与紧张）

鲁：老爷，您想见一见她吗？（慢速。鲁故意试探）

周：不，不，不用。（快速。表现周朴园的慌乱与心虚）

周：我看过去的事不必再提了吧。（中速）

鲁：我要提，我要提，我闷了三十年了！（快速，表现鲁侍萍极度的悲愤以至几乎喊叫）

（3）情感也是影响表达很关键的一点。情感具体表现为爱情、幸福、仇恨、

厌恶、美感等。情感的变化会影响表达时的语速、节奏，表达者的情绪以语言
为媒介感染聆听的人。

举例1

用喜、怒、哀三种不同的情绪说出以下几句话。

（1）我也想做个好人，可是这个世界不给我机会。

（2）往往都是事情改变人，人却改变不了事情。

（3）你不是我，你不会懂。

（4）出来混迟早是要还的。

3. 语言运用对我们的帮助

（1）准确表达内容。可以避免因误解而产生的沟通障碍，提高沟通效率；
可以增强语言的说服力，使听众更容易接受和理解。比如，面对同一份工作的
面试考试时，工作力相同的两人中，口齿清晰、表达流畅的人和语言表达不畅、
前言不搭后语的人，在机会面前必然是前者更具有优势。

（2）传递情绪和情感。比如，一个班级中的两位孩子，成绩不相上下，但
善于表达自己情绪和情感的同学，往往能获得更多的机会，而不善于表达的孩
子可能就会吃亏一些，因为并不是所有人都了解别人想要什么，不想要什么。

（3）避免词不达意和表达不清。我们会发现电视里经过语言训练的主持人
往往说话会把握重点，言简意赅，能让人迅速了解他 / 她要表达的重点，而我
们生活中大多数人都没有经过语言训练，甚至有些人会出现词不达意、反复说
等情况。这便能证明，语言是可以训练的，而我们想获得成功，除了饱读诗书
之外，语言的运用也是很重要的。

语言的运用和训练是一个漫长的过程，需要持之以恒的毅力和决心，我们
可以从最简单的朗读开始，然后是朗诵，再到演讲、辩论、主持等，在经过一
段时间的语言训练后，我们运用语言的能力必然会有一个质的飞跃。

提升语言的表达，请从朗读开始。

举例2

将进酒 [1]

作者：李白

君不见 [2] 黄河之水天上来，奔流到海不复回。君不见高堂 [3] 明镜悲白发，朝如青丝暮成雪。人生得意 [4] 须尽欢，莫使金樽空对月。天生我材必有用，千金散尽还复来。烹羊宰牛且为乐，会须 [5] 一饮三百杯。

岑夫子 [6]，丹丘生，将进酒，杯莫停 [7]。与君 [8] 歌一曲，请君为我倾耳听 [9]：钟鼓 [10] 馔玉不足贵，但愿长醉不复醒 [11]。古来圣贤皆寂寞，惟有饮者留其名。陈王 [12] 昔时宴平乐，斗酒十千恣欢谑。主人何为言少钱 [13]，径须 [14] 沽取对君酌。五花马 [15]，千金裘，呼儿将出换美酒，与尔 [16] 同销万古愁。

注释：

（1）将进酒：属汉乐府旧题。将（qiāng）：请。《将进酒》选自《李太白全集》。这首诗大约作于天宝十一载（752）。距诗人被唐玄宗"赐金放还"已达八年之久。当时，他跟岑勋曾多次应邀到嵩山（在今河南登封市境内）元丹丘家里做客。

（2）君不见：乐府中常用的一种夸语。天上来：黄河发源于青海，因那里地势极高，故称此。

（3）高堂：指的是父母。青丝：黑发。此句意为年迈的父母在明镜中看到了自己的白发而悲伤。

（4）得意：高兴的时候。

（5）会须：应当。会，须，皆有应当的意思。

（6）岑夫子：指岑（cén）勋。丹丘生：元丹丘。二人均为李白的好友。

（7）杯莫停：一作"君莫停"。

（8）与君：给你们，为你们。君，指岑、元二人。

（9）倾耳听：一作"侧耳听"。

（10）钟鼓：富贵人家宴会中奏乐使用的乐器。馔（zhuàn）玉：美好的食物。形容食物如同玉一样精美。馔，吃喝。玉，像玉一般美好。

（11）不复醒：也有版本为"不用醒"或"不愿醒"。（高中教材之人民教育出版社出版的普通高中课程标准实验教科书《中国古代诗歌散文欣赏》中是"但愿长醉不用醒"）

（12）陈王：指陈思王曹植。平乐：观名。在洛阳西门外，为汉代富豪显贵的娱乐场所。恣（zì）：放纵，无拘无束。谑（xuè）：玩笑。

（13）言少钱：一作"言钱少"。

（14）径须：干脆，只管。沽（gū）：通"酤"，买或卖，这里指买。

（15）五花马：指名贵的马。一说毛色作五花纹，一说颈上长毛修剪成五瓣。

（16）尔：你。销：同"消"。

译文：

你没见那黄河之水从天上奔腾而来，

波涛翻滚直奔东海，再也没有回来。

你没见那年迈的父母，对着明镜感叹自己的白发，

年轻时候的满头青丝如今已是雪白一片。

人生得意之时应当纵情欢乐，

莫要让这金杯无酒空对明月。

每个人只要生下来就必有用处，

黄金千两一挥而尽还能够再来。

我们烹羊宰牛姑且作乐，

一次痛饮三百杯也不为多！

岑夫子和丹丘生啊！

快喝吧！别停下杯子。

我为你们高歌一曲，

请你们都来侧耳倾听：

钟鸣馔食的豪华生活有何珍贵，

只希望长驻醉乡不再清醒。

自古以来圣贤都是寂寞的，

只有那喝酒的人才能够流传美名。

陈王曹植当年宴设乐平观你可知道，

斗酒万钱也豪饮宾主尽情欢乐。

主人呀，你为何说我的钱不多？

你只管端出酒来让我喝。

五花千里马，千金狐皮裘，

快叫那侍儿拿去换美酒，

我和你们共同消解这万古愁！

拓展/实践

再别康桥

作者：涂志摩

轻轻的我走了，

正如我轻轻的来；

我轻轻的招手，

作别西天的云彩。

那河畔的金柳，

是夕阳中的新娘；
波光里的艳影，
在我的心头荡漾。

软泥上的青荇，
油油的在水底招摇；
在康河的柔波里，
我甘心做一条水草！

那榆荫下的一潭，
不是清泉，是天上虹；
揉碎在浮藻间，
沉淀着彩虹似的梦。

寻梦？撑一支长篙，
向青草更青处漫溯，
满载一船星辉，
在星辉斑斓里放歌。

但我不能放歌，
悄悄是别离的笙箫；
夏虫也为我沉默，
沉默是今晚的康桥！

悄悄的我走了，
正如我悄悄的来；

我挥一挥衣袖，

不带走一片云彩。

作者简介：

徐志摩（1897—1931），现代诗人、散文家。原名章垿，字槱森，留学英国时改名志摩。新月派代表诗人。先后就读于上海沪江大学、天津北洋大学和北京大学。1918 年赴美留学，学习经济；1921 年赴英国留学，入剑桥大学当特别生，研究政治经济学。在剑桥两年深受西方教育的熏陶及欧美浪漫主义和唯美派诗人的影响。康桥，即英国著名的剑桥大学所在地。1923 年成立新月社，1924 年任北京大学教授。1926 年任光华大学、大夏大学和南京中央大学（1949 年更名为南京大学）教授。1930 年辞去了上海和南京的职务，应胡适之邀，再度任北京大学教授，兼北京女子师范大学教授。1931 年 11 月 19 日因飞机失事罹难。代表作品有《再别康桥》《翡冷翠的一夜》等。

山居秋暝[1]

作者：王维

空山新雨后[2]，天气晚来秋。

明月松间照，清泉石上流[3]。

竹喧归浣女[4]，莲动下渔舟。

随意春芳歇[5]，王孙自可留[6]。

词句注释

（1）暝（míng）：日落，天色将晚。

（2）空山：空旷，空寂的山野。新：刚刚。

（3）清泉石上流：写的正是雨后的景色。

（4）竹喧：竹林中笑语喧哗。喧，喧哗，这里指竹叶发出沙沙声响。浣（huàn）女：洗衣服的姑娘。浣：洗涤衣物。

（5）随意：任凭。春芳：春天的花草。歇：消散，消失。

（6）王孙：原指贵族子弟，后来也泛指隐居的人。此处实亦自指。留：居。

创作背景：

这首诗描绘的是清秋薄暮雨后初晴时的山村图景，当作于王维隐居终南山下辋川别业时，此时已是"中岁颇好道，晚家南山陲"（《终南别业》）的后期了。开元二十四年（736），唐玄宗时期最后一个开明的宰相张九龄被李林甫等排挤罢官，朝政日趋昏暗，王维的政治热情冷却下来，对政治抱着消极的态度。开元二十八年（740）后，他在终南山构筑了别墅，过着半官半隐的生活，此诗即作于这个时期。①②

作者简介：

王维，唐代诗人。字摩诘。原籍祁（今属山西），其父迁居蒲州（治今山西永济西），遂为河东人。开元进士。累官至给事中。安禄山叛军陷长安时曾受职，乱平后，降为太子中允。后官至尚书右丞，故亦称王右丞。晚年居蓝田辋川，过着亦官亦隐的优游生活。诗与孟浩然齐名，并称"王孟"。前期写过一些以边塞题材的诗篇，但其作品最主要的则为山水诗，通过田园山水的描绘，宣扬隐士生活和佛教禅理；体物精细，状写传神，有独特成就。兼通音乐，工书画。有《王右丞集》。③

参考资料：

①张国举. 唐诗精华注译评 [M]. 长春：长春出版社，2010：108-109

②黄岳洲. 中国古代文学名篇鉴赏辞典（上卷）[M]. 北京：华语教学出版社，2013：528-529

③萧涤非，等. 唐诗鉴赏辞典 [M]. 上海：上海辞书出版社，1983：1401

思考 / 探索

1. 文章中的语境、情感基调分别是什么？

2. 文章每句话的情绪是什么？应该用什么样的语速？

课程管理

课时建议：1 课时

课程评价

1. 能否理解并掌握语言的相关概念。

2. 观看视频选段和教师示范的时候是否表现出一定的兴趣。

3. 是否能够通过朗读《将进酒》准确理解并表达其语境、语速、情绪。

绕口令训练（民间语言游戏）

课程目标

1. 简要介绍绕口令及其来源。

2. 通过对绕口令的练习，各个学生自身存在的字音问题有一定的解决。

3. 通过接触绕口令，感受中华语言的魅力，并对其产生兴趣。

课程功能

　　本小节将简单介绍语言的基本概念和相关知识点，让学生明确了解语言在我们生活中的重要性。最重要的是通过大量的举例和教师的示范，引导学生对语言产生兴趣。

课程内容

　　绕口令又称急口令、吃口令、拗口令等，是一种中国传统的语言游戏，由于它是将若干双声、叠韵词，发音相同、相近的词语有意集中在一起，组成简单、有趣的语韵，要求快速念出，所以读起来使人感到节奏感强、妙趣横生。①

　　绕口令是中国民间语言游戏，将声母、韵母或声调极易混同的字组成反复、重叠、绕口、拗口的句子，要求一口气急速念出。特点：简单易懂，朗朗上口。小有难度，妙趣横生。绕口令的练习，除了对纠正发声的语言字音有很大帮助外，很多绕口令的练习还要求在短时间内能够念出来，对练习者的气息控制也有一定的帮助。

　　绕口令的产生，可以追溯到5000多年前的黄帝时代。古籍中侥幸保存下来的《弹歌》"晰竹，续竹，飞土"，相传为黄帝时所作。据考证，这是比较接近于原始形态的歌谣，其中，已经有了绕口令的基本成分——双声叠韵词。由此推想，很可能在文字出现以前，绕口令就已经萌动于中国劳动人民的口头语言之中了。

　　随着语言文字的形成和发展，我们的祖先越来越注意汉字字音前后各部分的异同现象，这使得一些人想到寻找规律，练习发音，训练口头表达。于是，他们开始有意识地把一些声韵相同的字组合在一起，故意兜圈子、绕弯子，连成句子，教儿童念、诵。其中一些音韵响亮而又拗口、诙谐风趣的句子，不仅儿童喜欢，不少青年人也很喜欢。这样，由一个人唱出或几个人唱和，就在人

---

　　① 盛唐动漫. 客家童谣 [M]. 广州：广东旅游出版社，2013：50.

民群众中口耳相传、流传开来。在流传过程中，人们又不断修改、加工、充实、完善，使它更近似于一首首幽默诙谐的歌谣，更加妙趣横生。至于谁是绕口令的具体作者和修改者，人们根本就没有留意。因此，也就无所谓哪首绕口令是哪个人的作品了。

作为一门特殊的语言艺术，绕口令对语言及思维发展具有极大的促进作用，它不仅能有效地解决字音问题，长期练习还能锻炼口才、增强记忆力、培养反应能力。绕口令一般字音相近，极易混淆，要想念得既快又好，除了多练习，还需要注意力高度集中。经常练习绕口令，能够提高练习者的语言表达力、记忆力、反应力，使他们的思维更具敏捷性、灵活性和准确性。绕口令运用大量的叠词或发音相近的词，很容易出现咬字的错误，练习过程中对练习者的耐心也是一种考验，所以练习的过程中不可一味求快，先做到"准"，发音准确，慢而不错；再做到"稳"，反复练习中不出错，吐字轻松流畅；接着是根据自身的情况调整语速；最后加入情感，提升趣味性和美感。练习中要做到吐字清晰，内容明朗，感情充沛，流畅自如。

相关资料

十八愁

数九寒天冷风嗖，转年春打六九头，正月十五是龙灯会，有一对狮子滚绣球。

三月三王母娘娘蟠桃会，孙悟空大闹天宫把那仙桃偷。五月初五是端阳节，白蛇许仙不到头。

七月初七天河配，牛郎织女泪交流。

八月十五云遮月，月里的嫦娥犯了忧愁。

要说愁，咱们净说愁，唱上一段儿十八愁。

说狼也愁，虎也愁，象也愁来，鹿也愁，骡子也愁马也愁，猪愁，狗愁，牛愁，羊愁，鸭子也愁鹅也愁，蛤蟆愁，螃蟹愁，蛤蜊愁，乌龟愁，鱼愁虾愁各有分忧。

虎愁不敢下高山，狼愁野心耍滑头，象愁鼻长皮又厚，鹿愁脑袋七叉八叉长犄角。

马愁背鞍行千里，骡子愁它是一世休。

羊愁从小长胡子，牛愁愁得犯牛轴。

狗愁改不了净吃屎，猪愁离不开臭水沟。

鸭子愁得扁了嘴，鹅愁脑袋长了个大锛儿头。

蛤蟆愁长了一身脓疱疥，螃蟹愁得净横搂。

蛤蜊愁得闭关自守，乌龟愁得不敢露头，鱼愁出水不能走，虾愁空枪乱扎没准头儿。说我诌，我就诌，闲来没事我溜溜舌头。

十道黑

一道黑，两道黑，三四五六七道黑，八九道黑十道黑。

我买一根儿烟袋乌木杆儿，我是抓着它的两头那么一道黑。

二兄弟描眉去演戏，照着那个镜子那么两道黑。

粉皮墙写川字儿，横瞧竖瞧三道黑。

象牙桌子乌木腿儿，放着在那炕上四道黑。

买了一只母鸡不下蛋，圈在那笼里捂到（五道）黑。

挺好的骡子不吃草，把它牵着在那街上遛到（六道）黑。

买了一只小驴儿不套磨，备上它的鞍鞯骑（七）到（道）黑。

姐俩儿南洼去割菜，丢了她的镰刀拔到（八道）黑。

月窠儿的小孩儿得了病，团几个艾球灸到（九道）黑。

卖瓜子儿的打瞌睡，哗啦啦地撒了那么一大堆，他的笤帚簸箕不凑手，那么一个一个拾到（十道）黑。

数枣

出东门，过大桥，大桥底下一树枣，拿着杆子去打枣，青的多，红的少，一个枣，两个枣，三个枣，四个枣，五个枣，六个枣，七个枣，八个枣，九个枣，十个枣，十个枣，九个枣，八个枣，七个枣，六个枣，五个枣，四个枣，三个枣，两个枣，一个枣，这是一个绕口令，一口气说完才算好。

喇嘛和哑巴

打南边来了个喇嘛，手里提着五斤鳎犸。打北边来了个哑巴，腰里别着个喇叭。提着鳎犸的喇嘛要拿鳎犸换别着喇叭的哑巴的喇叭。别着喇叭的哑巴不愿意拿喇叭换提着鳎犸的喇嘛的鳎犸，提着鳎犸的喇嘛非要换别着喇叭的哑巴的喇叭。喇嘛抢起鳎犸抽了别着喇叭的哑巴一鳎犸，哑巴摘下喇叭打了提着鳎犸的喇嘛一喇叭。也不知是提着鳎犸的喇嘛打了别着喇叭的哑巴一鳎犸，还是别着喇叭的哑巴打了提着鳎犸的喇嘛一喇叭。喇嘛回家炖鳎犸，哑巴嘀嘀嗒嗒吹喇叭。

施氏食狮史

《施氏食狮史》是一篇由赵元任所写的设限文章。全文共九十一字（连标题九十六字），每字的普通话发音都是 shi。《施氏食狮史》这篇短文都能看懂，可是如果你读给别人听，他是无论如何也听不懂的！本文为汉语中最难读的一篇，如要尝试，请先备清水一杯、小棍一把，以免舌齿受伤。（上边为原文，下边为译文）

《施氏食狮史》：石室诗士施氏，嗜狮，誓食十狮。施氏时时适市视狮。十时，适十狮适市。是时，适施氏适市。氏视是十狮，恃矢势，使是十狮逝世。氏拾是十狮尸，适石室。石室湿，氏使侍拭石室。石室拭，氏始试食是十狮尸。食时，始识是十狮尸，实十石狮尸。试释是事。（此练习重在帮助学生厘清文字逻辑，锻炼学生的吐字和反应力）

　　有一位姓施的诗人，他的名号叫石室诗士。他特别嗜好狮子，发誓要吃十头狮子。姓施的常常到集市里看狮子。十点钟，刚好十头狮子来到集市。这时，刚好姓施的（也）来到集市。姓（施）的看这十头狮子，仗着箭的力量，使这十头狮子死了。姓（施）的收拾这十头狮子，到石头做的屋子。石头做的屋子很潮湿，姓（施）的命令侍者擦拭石头做的屋子。石头做的屋子擦（好了），姓（施）的开始尝试吃这十头狮子。吃的时候，才知道这十头狮子，实际上是十座石头做的狮子的尸体。（请）试着解释这件事。

　　只用一个发音来叙述一件事，除了中文，怕是再无其他语言能做到了。

思考 / 探索

请找出自己的字音问题并多加练习。

拓展 / 实践

声母

b—p：补破皮褥子不如不补破皮褥子。（《补皮褥子》）

b—p：吃葡萄不吐葡萄皮儿，不吃葡萄倒吐葡萄皮儿。（《葡萄皮儿》）

b—p：八百标兵奔北坡，北坡炮兵并排跑，炮兵怕把标兵碰，标兵怕碰炮兵炮。（《八百标兵》）（增加难度可在每个字后面加"了"字，训练学生清晰吐字的能力）

d：会炖我的炖冻豆腐，来炖我的炖冻豆腐，不会炖我的炖冻豆腐，就别炖我的炖冻豆腐。要是混充会炖我的炖冻豆腐，炖坏了我的炖冻豆腐，那就吃

不成我的炖冻豆腐。(《炖冻豆腐》)

d—t：大兔子，大肚子，大肚子的大兔子，要咬大兔子的大肚子。(《大兔子和大肚子》)

d—t：白石塔，白石搭。白石搭白塔，白塔白石搭，搭好白石塔，石塔白又大。(《白石塔》)

l：六十六岁的陆老六，盖了六十六间楼，买了六十六篓油，养了六十六头牛，栽了六十六棵垂杨柳。六十六篓油，堆在六十六间楼。六十六头牛，扣在六十六棵垂杨柳。忽然一阵狂风起，吹倒了六十六间楼，翻倒了六十六篓油，折断了六十六棵垂杨柳，砸死了六十六头牛，急杀了六十六岁的陆老六。(《六十六岁的陆老六》)

n—l：门口有四辆四轮大马车，你爱拉哪两辆就来拉哪两辆。(《四辆四轮大马车》)

n—l：老龙恼怒闹老农，老农恼怒闹老龙。农恼龙怒农更恼，龙恼农怒龙怕农。(《龙和农》)

n—l：新脑筋，老脑筋，老脑筋可以学成新脑筋，新脑筋不学习就要变成老脑筋。(《新脑筋和老脑筋》)

n—l：牛郎恋刘娘，刘娘念牛郎。牛郎年年恋刘娘，刘娘年年念牛郎。郎恋娘来娘念郎。念娘恋娘，念郎恋郎，念恋娘郎。(《牛郎和刘娘》)

h：华华有两朵黄花，红红有两朵红花。华华要红花，红红要黄花。华华送给红红一朵黄花，红红送给华华一朵红花。(《华华和红红》)

j、q、x：七巷一个漆匠，西巷一个锡匠，七巷漆匠偷了西巷锡匠的锡，西巷锡匠偷了七巷漆匠的漆。(《漆匠和锡匠》)

g—k：哥挎瓜筐过宽沟，快过宽沟看怪狗。光看怪狗瓜筐扣，瓜滚筐空哥怪狗。(《哥挎瓜筐过宽沟》)

h—f：黑化肥发灰，灰化肥发黑。黑化肥发黑不发灰，灰化肥发灰不发黑。(《化肥会挥发》)

h—f：粉红墙上画凤凰，凤凰画在粉红墙。红凤凰、粉凤凰，红粉凤凰、花凤凰。(《画凤凰》)

h—f：正月里，正月正，有姐儿俩二人去逛灯，大姑娘名叫粉红女，二姑娘名叫女粉红。粉红女穿着一件粉红袄，女粉红穿着一件袄粉红。粉红女抱着一瓶粉红酒，女粉红抱着一瓶酒粉红。姐儿俩找了个无人处，她们推杯换盏饮刘伶。女粉红喝了粉红女的粉红酒，粉红女喝了女粉红的酒粉红，粉红女喝了个酩酊醉，女粉红喝了个醉酩酊。女粉红揪着粉红女就打，粉红女揪着女粉红就拧。女粉红撕了粉红女的粉红袄，粉红女撕了女粉红的袄粉红。姐儿俩打罢搁下手，她们自个儿买线自个儿缝。粉红女买了一缕粉红线，女粉红买了一缕线粉红。粉红女是反缝缝缝粉红袄，女粉红是缝反缝缝袄粉红。(《粉红女和女粉红》)

z—zh：隔着窗户撕字纸，一次撕下横字纸，一次撕下竖字纸，是字纸撕字纸，不是字纸，不要胡乱撕一地纸。(《撕字纸》)

s—sh：四和十，十和四，十四和四十，四十和十四。说好四和十得靠舌头和牙齿。谁说四十是"细席"，他的舌头没用力；谁说十四是"适时"，他的舌头没伸直。认真学，常练习，十四、四十、四十四。(《四和十》)

z、c、s—j、x：司机买雌鸡，仔细看雌鸡，四只小雌鸡，叽叽好欢喜，司机笑嘻嘻。(《司机买雌鸡》)

zh、ch、sh：大车拉小车，小车拉小石头，石头掉下来，砸了小脚指头。(《大车拉小车》)

z、c、s—zh、ch、sh：山前有四十四棵涩柿子树，山后有四十四只石狮子，山前的四十四棵涩柿子树，涩死了山后的四十四只石狮子，山后的四十四只石狮子，咬死了山前的四十四棵涩柿子树，不知是山前的四十四棵涩柿子树涩死了山后的四十四只石狮子，还是山后的四十四只石狮子咬死了山前的四十四棵涩柿子树。(《石狮子咬死涩柿子树》)

r：夏日无日日亦热，冬日有日日亦寒，春日日出天渐暖，晒衣晒被晒褥单，秋日天高复云淡，遥看红日迫西山。(《说日》)

sh（四声）：石室诗士施史，嗜狮，誓食十狮。施氏时时适市，视狮。十时，适十狮适市。是时，适施氏适市。氏视是十狮，恃矢势，使是十狮逝世。氏拾是十狮尸，适石室。石室湿，氏使侍拭石室。石室拭，氏始试食十狮尸。食时，始识十狮尸，实是十石狮尸，试释是事。（《施氏食狮史》）

☆ **韵母**

a：门前有八匹大伊犁马，你爱拉哪匹马拉哪匹马。（《伊犁马》）

e：哥哥弟弟坡前坐，坡上卧着一只鹅，坡下流着一条河。哥哥说：宽宽的河。弟弟说：白白的鹅。鹅要过河，河要渡鹅。不知是鹅过河，还是河渡鹅。（《鹅》）

i：一二三，三二一，一二三四五六七。七个阿姨来摘果，七个花篮儿手中提。七棵树上结七样儿，苹果、桃儿、石榴、柿子、李子、栗子、梨。（《七棵树上结七样儿》）

u：鼓上画只虎，破了拿布补。不知布补鼓，还是布补虎。（《鼓上画只虎》）

lu：红鲤鱼与绿鲤鱼与驴。（反复说十遍）

i—ü：这天天下雨，体育局穿绿雨衣的女小吕，去找穿绿运动衣的女老李。穿绿雨衣的女小吕，没找到穿绿运动衣的女老李，穿绿运动衣的女老李，也没见着穿绿雨衣的女小吕。（《女小吕和女老李》）

er：要说"尔"专说"尔"/马尔代夫，喀布尔/阿尔巴尼亚，扎伊尔/卡塔尔，尼泊尔/贝尔格莱德，安道尔/萨尔瓦多，伯尔尼/利伯维尔，班珠尔/厄瓜多尔，塞舌尔/哈密尔顿，尼日尔/圣彼埃尔，巴斯特尔/塞内加尔的达喀尔，阿尔及利亚的阿尔及尔。

—i（前）：一个大嫂子，一个大小子。大嫂子跟大小子比包饺子，看是大嫂子包的饺子好，还是大小子包的饺子好，再看大嫂子包的饺子少，还是大小子包的饺子少。大嫂子包的饺子又小又好又不少，大小子包的饺子又小又少又不好。（《大嫂子和大小子》）

—i（后）：知之为知之，不知为不知，不以不知为知之，不以知之为不知，

唯此才能求真知。(《知之为知之》)

ai：买白菜，搭海带，不买海带就别买大白菜。买卖改，不搭卖，不买海带也能买到大白菜。(《白菜和海带》)

ei：贝贝飞纸飞机，菲菲要贝贝的纸飞机，贝贝不给菲菲自己的纸飞机，贝贝教菲菲自己做能飞的纸飞机。(《贝贝和菲菲》)

ai—ei：大妹和小妹，一起去收麦。大妹割大麦，小妹割小麦。大妹帮小妹挑小麦，小妹帮大妹挑大麦。大妹小妹收完麦，噼噼啪啪齐打麦。(《大妹和小妹》)

ao：隔着墙头扔草帽，也不知草帽套老头儿，也不知老头儿套草帽。(《扔草帽》)

ou：忽听门外人咬狗，拿起门来开开手；拾起狗来打砖头，又被砖头咬了手；从来不说颠倒话，口袋驮着骡子走。(《忽听门外人咬狗》)

an：出前门，往正南，有个面铺面冲南，门口挂着蓝布棉门帘。摘了它的蓝布棉门帘，面铺面冲南，给它挂上蓝布棉门帘，面铺还是面冲南。(《蓝布棉门帘》)

en：小陈去卖针，小沈去卖盆。俩人挑着担，一起出了门。小陈喊卖针，小沈喊卖盆。也不知是谁卖针，也不知是谁卖盆。(《小陈和小沈》)

ang：海水长，长长长，长长长消。(《海水长》)

eng：郑政捧着盏台灯，彭澎扛着架屏风，彭澎让郑政扛屏风，郑政让彭澎捧台灯。(《台灯和屏风》)

ang-an：张康当董事长，詹丹当厂长，张康帮助詹丹，詹丹帮助张康。(《张康和詹丹》)

eng-en：陈庄程庄都有城，陈庄城通程庄城。陈庄城和程庄城，两庄城墙都有门。陈庄城进程庄人，陈庄人进程庄城。请问陈程两庄城，两庄城门都进人，哪个城进陈庄人，程庄人进哪个城？(《陈庄城和程庄城》)

ang-eng：长城长，城墙长，长长长城长城墙，城墙长长城长长。(《长城

长》)

ia：天上飘着一片霞，水上漂着一群鸭。霞是五彩霞，鸭是麻花鸭。麻花鸭游进五彩霞，五彩霞挽住麻花鸭。乐坏了鸭，拍碎了霞，分不清是鸭还是霞。（《鸭和霞》）

ie：姐姐借刀切茄子，去把儿去叶儿斜切丝，切好茄子烧茄子，炒茄子、蒸茄子，还有一碗焖茄子。（《茄子》）

iao：水上漂着一只表，表上落着一只鸟。鸟看表，表瞪鸟，鸟不认识表，表也不认识鸟。（《鸟看表》）

iou：一葫芦酒，九两六。一葫芦油，六两九。六两九的油，要换九两六的酒，九两六的酒，不换六两九的油。（《酒换油》）

iao—iou：铜勺舀热油，铁勺舀凉油。铜勺舀了热油舀凉油，铁勺舀了凉油舀热油。一勺热油一勺凉油，热油凉油都是油。（《铜勺和铁勺》）

ian：半边莲，莲半边，半边莲长在山涧边。半边天路过山涧边，发现这片半边莲。半边天拿来一把镰，割了半筐半边莲。半筐半边莲，送给边防连。（《半边莲》）

an—ian：扁担长，板凳宽，板凳没有扁担长，扁担没有板凳宽。扁担要绑在板凳上，板凳偏不让扁担绑在板凳上。

in：你也勤来我也勤，生产同心土变金。工人农民亲兄弟，心心相印团结紧。（《土变金》）

iang：杨家养了一只羊，蒋家修了一道墙。杨家的羊撞倒了蒋家的墙，蒋家的墙压死了杨家的羊。杨家要蒋家赔杨家的羊，蒋家要杨家赔蒋家的墙。（《杨家养了一只羊》）

ing：天上七颗星，树上七只鹰，梁上七个钉，台上七盏灯。拿扇扇了灯，用手拔了钉，举枪打了鹰，乌云盖了星。（《天上七颗星》）

ua：一个胖娃娃，画了三个大花活蛤蟆；三个胖娃娃，画不出一个大花活蛤蟆。画不出一个大花活蛤蟆的三个胖娃娃，真不如画了三个大花活蛤蟆的一

个胖娃娃。(《画蛤蟆》)

uo（o）：狼打柴，狗烧火，猫儿上炕捏窝窝，雀儿飞来蒸饽饽。(《狼打柴狗烧火》)

uai：槐树槐，槐树槐，槐树底下搭戏台，人家的姑娘都来了，我家的姑娘还不来。说着说着就来了，骑着驴，打着伞，歪着脑袋上戏台。(《槐树槐》)

uei：威威、伟伟和卫卫，拿着水杯去接水。威威让伟伟，伟伟让卫卫，卫卫让威威，没人先接水。一二三，排好队，一个一个来接水。(《接水》)

uei：嘴说腿，腿说嘴，嘴说腿爱跑腿，腿说嘴爱卖嘴。光动嘴不动腿，光动腿不动嘴，不如不长腿和嘴。(《嘴和腿》)

uang：王庄卖筐，匡庄卖网，王庄卖筐不卖网，匡庄卖网不卖筐，你要买筐别去匡庄去王庄，你要买网别去王庄去匡庄。(《王庄和匡庄》)

ueng：老翁卖酒老翁买，老翁买酒老翁卖。(《老翁和老翁》)

ong：冲冲栽了十畦葱，松松栽了十棵松。冲冲说栽松不如栽葱，松松说栽葱不如栽松。是栽松不如栽葱，还是栽葱不如栽松？(《栽葱和栽松》)

uan—uang：那边划来一艘船，这边漂去一张床，船床河中互相撞，不知船撞床，还是床撞船。(《船和床》)

uan—an：大帆船，小帆船，竖起桅杆撑起船。风吹帆，帆引船，帆船顺风转海湾。(《帆船》)

uen—en：孙伦打靶真叫准，半蹲射击特别神，本是半路出家人，摸爬滚打练成神。(《孙伦打靶》)

üe：真绝，真绝，真叫绝，皓月当空下大雪，麻雀游泳不飞跃，鹊巢鸠占鹊喜悦。(《真绝》)

ün：军车运来一堆裙，一色军用绿色裙。军训女生一大群，换下花裙换绿裙。(《换裙子》)

üan：圆圈圆，圈圆圈，圆圆娟娟画圆圈。娟娟画的圈连圈，圆圆画的圈套圈。娟娟圆圆比圆圈，看看谁的圆圈圆。(《画圆圈》)

iong：小涌勇敢学游泳，勇敢游泳是英雄。(《学游泳》)

广东话绕口令：麦当娜约咗麦当雄去麦当劳道嗰间麦当劳食麦皮捞当归。

课程管理

课时建议：1课时

课程评价

1.了解中国传统的语言游戏绕口令的相关基础知识。

2.是否能够通过课上练习敢于开口尝试，发现自身可能存在的字音问题，并能够有一定的进步。

3.是否通过本堂课对中国民间传统语言文化产生兴趣。

（绕口令资料部分引用自百度百科）

朗　诵

课程目标

1.情感目标：让学生能够对朗诵感兴趣，并且能够运用语言大胆地表达出来。

2.知识目标：

（1）了解朗诵的相关概念。掌握如何准确处理断句、停顿、语速和情绪。

（2）能够通过《猴吃西瓜》里不同角色的演绎，让同学们通过语言来感受朗诵的独特魅力。

3.能力目标：通过声音和语气的变化来区分各个角色。

课程功能

本单元通过对寓言故事的练习，让学生敢于用新的朗诵方式，分角色"扮演"来表现角色、展现自己，让学生忘记胆怯，学会放松，在趣味中学会朗诵。

课程内容

朗诵的概念

朗诵就是把文字作品转化为有声语言的创作活动。朗，即声音清晰、响亮；诵，即背诵。朗诵，就是用清晰、响亮的声音，结合各种语言手段来完整地表达作品思想感情的一种语言艺术。朗诵是口语交际的一种重要形式。朗诵不仅可以提高阅读能力，增强语感和艺术鉴赏力，更为重要的是，通过朗诵，大者可以陶冶性情、开阔胸怀、文明言行、增强理解；小者，可以有效地培养对语言词汇细致入微的体味能力，以及确立口语表述最佳形式的自我鉴别能力。因此，要想成为口语表述与交际的高手，就不能漠视朗诵。

为什么学习朗诵

朗诵，是语言表达训练的第一步，它能帮我们学会更准确地传情达意；此外，学习朗诵有助于提升理解力和表达力。通过以上两点的提升，无论是从语文的学习和理解上，还是从个人语言发音规范上以及情绪情感的理解和掌握上都有不小的提升，也能为之后个人的语言表达奠定一定的基础。

如何短时间内在朗诵上获得提升

1.通读稿件，熟悉稿件内容。

2.判定情感基调，辨别稿件中的情感，思考应该如何去调动自己的情绪。

例：一场战争，席卷而来！

3.标重音、停顿，能让听众更好地理解内容。

例：不忘初心，方得始终。

4.练习与配乐。

练习帮助情感的准确表达，配乐则提升整体的听觉效果。

朗诵的特性

1. 文学性

内容一般都是诗歌、散文、小说等文学作品。一些非文学作品，如社论、书信等，一旦作为朗诵材料，往往也会偏向于表现某个人的某种思想感情，自然带上明显的文学色彩。文学艺术也是语言的艺术。作品的人物形象、故事情节都是运用语言表现的。有声语言最能显示语言的风采和魅力。文学作品通过朗诵可以再现作品描写的人物形象、环境气氛和生活场景，充分发挥它的艺术魅力和教育作用。

2. 艺术性

朗诵是一种比较精细、高级的有声语言艺术。朗诵者必须具备一定的文学修养，要能分析欣赏各种体裁的文学作品，这是朗诵表情达意的前提；朗诵者必须具备一定的语言修养，要熟练掌握标准发音和发声技巧；要善于正确地运用语调语气，这是表情达意的关键；朗诵者必须具备一定的舞台表演艺术修养，要敢于在大庭广众之下说话，要能正确地发音，有自然的表情，这是朗诵表情达意的重要条件；此外，朗诵者还必须具备一定的政治思想修养、社会知识修养，这是朗诵表情达意的基础。朗诵艺术就是以上各方面修养的综合体现，缺少哪一方面的修养都不可能成为一个合格的朗诵者。

3. 表演性

朗诵一般都在舞台上，在大庭广众之下进行。朗诵者必须具备一定的表演技能。要有优美的语音、端庄的仪态、丰富的表情。朗诵者还可以适当化装，可以运用灯光布景，可以进行配乐。所有这些，都是为了增强朗诵艺术的表演效果。

学会朗诵必须做到几件事

1. 熟悉稿件内容及其内涵。

2. 了解作品创作者及创作背景等。

3. 明白每句话的意思，并准确处理断句、停顿、语速和情绪。

如何朗诵得有感情

1. 正确、深入地理解作品。要了解并把握作品创作的背景、作品的主题和情感的基调。

2. 仔细体味作品，可运用想象、情感代入的方法使自己进入角色、情境，使自己动情，从而也使人动情。

合理地运用各种艺术手段，比如，使用风格情感相近的音乐带动情绪，使用 PPT 增加视觉刺激，为朗诵表演增加艺术美感。

朗诵常用的文体：诗歌、散文、寓言等

1. 诗歌是高度集中地概括反映社会生活的一种文学体裁，它饱含着作者的思想感情与丰富的想象，语言凝练而形象性强，具有鲜明的节奏、和谐的音韵，富于音乐美，语句一般分行排列，注重结构形式的美。

2. 散文是指不押韵、不重排偶的散体文章。随着文学概念的演变和文学体裁的发展，散文的概念也时有变化，在某些历史时期又将小说与其他抒情、记事的文学作品统称为散文，以区别于讲求韵律的诗歌。现代散文是指除小说、诗歌、戏剧等文学体裁之外的其他文学作品。其本身按其内容和形式的不同，又可分为杂文、小品、随笔等。

散文常常通过细腻的笔触和自由的表达来抒发作者的情感，使读者产生共鸣。它没有固定的格式和要求，写作方式灵活多样，可以根据作者的表达需要自由发挥。

如一切都像刚睡醒的样子，欣欣然张开了眼。山朗润起来了，水涨起来了，太阳的脸红起来了。小草偷偷地从土里钻出来，嫩嫩的，绿绿的。园子里，田野里，瞧去，一大片一大片满是的。坐着，躺着，打两个滚，踢几脚球，赛几趟跑，捉几回迷藏。风轻悄悄的，草软绵绵的。桃树、杏树、梨树，你不让我，我不让你，都开满了花赶趟儿。（朱自清《春》）

3. 寓言故事是文学体裁的一种，是含有讽喻或明显教训意义的故事。它的结构简短，多用借喻手法，使富有教训意义的主题或深刻的道理在简单的故事中体现。寓言故事情节设置的好坏关系到寓言的未来。中国有很多著名的寓言故事，如《揠苗助长》《自相矛盾》《郑人买履》《守株待兔》《刻舟求剑》《画蛇添足》等；古希腊《伊索寓言》中的名篇《农夫与蛇》在世界范围内也享有很高的知名度。这些故事的成功之处在于故事的可读性很强，无论人们的文化水准高低，都能在简练明晰的故事中悟出道理。

当众表演注意事项

1. 不可以笑场

笑场，就是在场上脱离演出无故发笑，演员正演着角色，却把自己给逗乐了，也叫作喷场。破坏了舞台艺术的严肃性与真实感。

2. 不可以贼眉鼠眼

在舞台上，就算一句话也没有，也不能翻白眼，看天花板，看地板。从台下观众看台上演员，演员这样就是贼眉鼠眼。如果给观众这样的印象，对整体演出有很大的影响。

3. 不可以背对观众

在舞台上如不是特殊需要，不可以背对观众，要时刻注意让观众看到自己的脸。

4. 心无旁骛

在舞台上要能静下心来扮演好当时的角色，或浮躁或沉静，或优雅美丽，或可爱大方。

举例 1

猴吃西瓜

猴王找到了一个大西瓜，可是，怎么吃呢？这个猴啊，从来也没有吃过西瓜。忽然，他想出了一条妙计，于是，他把所有的猴都召集来了。他对大家说："今天，我找到了一个大西瓜。至于这西瓜的吃法嘛，哼哼，我当然，当然是知道的。不过，我要考验一下大伙的智慧，看看谁能说出这西瓜的吃法。如果说对了，我可以多赏他一块。如果说错了，我可要惩罚他！"

小毛猴眨巴眨巴眼睛，挠了挠腮说："我知道，吃西瓜是吃瓤！""不对！小毛猴说得不对！"秃尾巴猴跳了起来，"我小的时候跟我妈去姥姥家，吃过甜瓜，吃甜瓜就是吃皮。我想，这甜瓜也是瓜，西瓜也是瓜，吃西瓜嘛，当然也是吃皮咯。"

这时候，大伙争执起来，有的说："吃西瓜吃皮！"有的说："吃西瓜吃瓤！"可争了半天，也没争出个结果，于是都不由得把目光集中到一个老猴的身上。

老猴一看，大家的目光都集中到自己身上，就哆哆嗦嗦地站起来，说话了："这个这个这个……吃西瓜当然……是吃皮的啦！我之所以老而不死，就是吃了西瓜皮的缘故！"

听老猴这么一说，猴子们都喊叫起来："对，吃西瓜吃皮！吃西瓜吃皮！"

猴王一看大家都说西瓜是吃皮，就以为真正的答案找出来了。他大着胆子对大家说："你们大家说得都对，吃西瓜是吃皮。哼，只有小毛猴说错了，那就让它吃瓤，我们大家都吃西瓜皮。"说着拿起刀"噗"的一下把西瓜剖开。

吃着吃着，一只小猴子觉得不是味儿，捅了捅旁边的猴子说："哎，我说，这东西怎么不好吃呀？"

"那，那是你吃不惯。我过去常吃西瓜，西瓜嘛，就是这个味儿。"

各个角色特点：

猴王——霸气、威严、不查证就听信

小毛猴——天真

短尾巴猴——自以为是

老猴——爱露脸

众猴——随大溜

建议：可以在说话的时候放慢语速、强调重音，还可以通过动作、肢体来带动语言的表现力。

例如：如果说错了，我可要惩罚他！

思考 / 探索

思考并找出你在朗诵时遇到的问题。

拓展 / 实践

苍蝇洗澡

作者：佚名

一只苍蝇，很久都没有尝到新鲜的食物了。它看见所有的食物都盖上了纱罩，人们常常戒备地拿着蝇拍。

苍蝇不知道这是怎么一回事。

后来，它从一个人的讲话里，知道人们讨厌脏脏，怕苍蝇带来病菌。

"啊，这好办，我洗个澡就是了。"苍蝇叫了两声，就飞走了。它想：不做做样子是不行的。于是，它飞到一个粪坑里去，蘸了蘸粪水，洗了个澡，就又飞了回来。它对人们说道：

"我已经洗过澡了，现在，让我们一道来吃饭吧！"

但人们回答它的却是有力的一拍。

一头学问渊博的猪

作者：佚名

一头绝顶聪明的猪，住在一个非常出名的图书馆的院子里，它深信自己由于多年图书馆的生活已经成了知识渊博的学者。

有一天，一只八哥来访问，这头猪立即按照惯例对客人进行自我介绍。

"朋友，相信我吧！"它说，"人们常说，在这图书馆里待上三年就会成为学者，而我在这个图书馆钻研了多年，对四周的每一条水沟，每一个粪坑、垃圾堆，都有着深刻的了解，甚至屋后的墓穴都拱翻了好几个。谁要想在这个图书馆得到知识而不找我，那他算是白跑了一趟。"

八哥说："那你肯定是一名学者了。但你所说的都是图书馆外面的事，那里面的东西也了解吗？"

"里面？"这头学问渊博的猪说，"我最清楚不过了。里面是一些简单的木架子，上面堆满了破破烂烂的书。"

"你对那些书也了解吗？"八哥问。

"怎么会不了解呢？"这位学者说，"那是最没意思的了，它们既没有什么香气，也没有丝毫臭气，我嚼过了好几本，谈不上有什么味道，干巴巴的，连一点儿水分也没有。"

"可是那些人老在里面待着，据说他们在书里探求知识呢！"八哥说。"人们？你说他们干什么？"猪学者说，"他们确实是那样想的，想在书里面得点儿什么。我常常看到许多人把那些书翻来翻去，结果什么也没有得到，仍然把书丢在架子上就走了。我是从不做那种蠢事的，与其花时间去啃那些书本，还不如到垃圾堆里翻几个烂萝卜嚼嚼更有味道。"

"算了吧，我的学者！"八哥说，"一个从垃圾堆里啃烂萝卜的嘴来谈论啃书本的事，恐怕是不大相宜的，去啃你的烂萝卜吧！"

荷塘月色

作者：朱自清

　　这几天心里颇不宁静。今晚在院子里坐着乘凉，忽然想起日日走过的荷塘，在这满月的光里，总该另有一番样子吧。月亮渐渐地升高了，墙外马路上孩子们的欢笑，已经听不见了；妻在屋里拍着闰儿[1]，迷迷糊糊地哼着眠歌。我悄悄地披了大衫，带上门出去。

　　沿着荷塘，是一条曲折的小煤屑路。这是一条幽僻的路；白天也少人走，夜晚更加寂寞。荷塘四面，长着许多树，蓊蓊郁郁[2]的。路的一旁，是些杨柳，和一些不知道名字的树。没有月光的晚上，这路上阴森森的，有些怕人。今晚却很好，虽然月光也还是淡淡的。

　　路上只我一个人，背着手踱[3]着。这一片天地好像是我的；我也像超出了平常的自己，到了另一个世界里。我爱热闹，也爱冷静；爱群居，也爱独处。像今晚上，一个人在这苍茫的月下，什么都可以想，什么都可以不想，便觉是个自由的人。白天里一定要做的事，一定要说的话，现在都可不理。这是独处的妙处，我且受用这无边的荷塘月色好了。

　　曲曲折折的荷塘上面，弥望[4]的是田田[5]的叶子。叶子出水很高，像亭亭的舞女的裙。层层的叶子中间，零星地点缀着些白花，有袅娜[6]地开着的，有羞涩地打着朵儿的；正如一粒粒的明珠，又如碧天里的星星，又如刚出浴的美人。微风过处，送来缕缕清香，仿佛远处高楼上渺茫的歌声似的。这时候叶子与花也有一丝的颤动，像闪电般，霎时传过荷塘的那边去了。叶子本是肩并肩密密地挨着，这便宛然有了一道凝碧的波痕。叶子底下是脉脉[7]的流水，遮住了，不能见一些颜色；而叶子却更见风致[8]了。

　　月光如流水一般，静静地泻在这一片叶子和花上。薄薄的青雾浮起在荷塘里。叶子和花仿佛在牛乳中洗过一样；又像笼着轻纱的梦。虽然是满月，天上却有一层淡淡的云，所以不能朗照；但我以为这恰是到了好处——酣眠固不可少，小睡也别有风味的。月光是隔了树照过来的，高处丛生的灌木，落下参差的斑驳的黑影，峭楞楞如鬼一般；弯弯的杨柳的稀疏的倩影，却又像是画在荷叶上。塘中的月色并不均匀；但光与影有着和谐的旋律，如梵婀玲[9]上奏着的名曲。

荷塘的四面，远远近近，高高低低都是树，而杨柳最多。这些树将一片荷塘重重围住；只在小路一旁，漏着几段空隙，像是特为月光留下的。树色一例是阴阴的，乍看像一团烟雾；但杨柳的丰姿[10]，便在烟雾里也辨得出。树梢上隐隐约约的是一带远山，只有些大意罢了。树缝里也漏着一两点路灯光，没精打采的，是渴睡[11]人的眼。这时候最热闹的，要数树上的蝉声与水里的蛙声；但热闹是它们的，我什么也没有。

忽然想起采莲的事情来了。采莲是江南的旧俗，似乎很早就有，而六朝时为盛；从诗歌里可以约略知道。采莲的是少年的女子，她们是荡着小船，唱着艳歌去的。采莲人不用说很多，还有看采莲的人。那是一个热闹的季节，也是一个风流的季节。梁元帝《采莲赋》里说得好：于是妖童媛女[12]，荡舟心许；鷁首[13]徐回，兼传羽杯[14]；棹[15]将移而藻挂，船欲动而萍开。尔其纤腰束素[16]，迁延顾步[17]；夏始春余，叶嫩花初，恐沾裳而浅笑，畏倾船而敛裾[18]。

可见当时嬉游的光景了。这真是有趣的事，可惜我们现在早已无福消受了。

于是又记起，《西洲曲》里的句子：

采莲南塘秋，莲花过人头；低头弄莲子，莲子清如水。

今晚若有采莲人，这儿的莲花也算得"过人头"了；只不见一些流水的影子，是不行的。这令我到底惦着江南了。——这样想着，猛一抬头，不觉已是自己的门前；轻轻地推门进去，什么声息也没有，妻已睡熟好久了。

一九二七年七月，北京清华园。①

注释：

（1）闰儿：指朱闰生，朱自清第二子。

（2）蓊蓊（wěng）郁郁：树木茂盛的样子。

（3）踱（duó）：慢慢地走。

（4）弥望：满眼。弥，满。

（5）田田：形容荷叶相连的样子。古乐府《江南曲》中有"莲叶何田田"之句。

（6）袅娜（niǎo nuó）：柔美的样子。

（7）脉脉（mò）：这里形容水没有声音，好像饱含深情的样子。

（8）风致：美的姿态。

（9）梵婀玲：violin，小提琴的音译。

（10）丰姿：风度，仪态，一般指美好的姿态。也写作"风姿"。

（11）渴睡：也写作"瞌睡"。②

（12）妖童媛女：俊俏的少年和美丽的少女。妖，艳丽。媛，女子。

（13）鹢首（yì shǒu）：船头。古代画鹢鸟于船头。

（14）羽杯：古代饮酒用的耳杯。又称羽觞、耳杯。

（15）棹（zhào）：船桨。

（16）纤腰束素：腰如束素，齿如含贝（宋玉《登徒子好色赋》），形容女子腰肢细柔。

---

① 朱自清.朱自清散文精选 [M].武汉：长江文艺出版社，2009：51.

② 朱自清.朱自清文集 1[M].北京：京华出版社，2010：76.

（17）迁延顾步：形容走走退退不住回视自己动作的样子，有顾影自怜之意。

（18）敛裾（jū）：这里是提着衣襟的意思。裾，衣襟。[1]

作者简介：

朱自清（1898—1948），原名自华，字佩弦，号秋实。江苏扬州人。

"文学研究会"的早期成员，现代著名的散文家、学者。原任清华大学教授，抗日战争全面爆发后转西南联合大学任教。在抗日民主运动的影响下，政治态度明显倾向进步。晚年积极参加反帝民主运动。他的散文结构严谨，笔触细致，不论写景抒情，均能通过细密观察或深入体味，委婉地表现出对自然景色的内心感受，抒发自己的真挚感情，具有浓厚的诗情画意。主要作品有《毁灭》《踪迹》《背影》《欧游杂记》《伦敦杂记》等。[2]

创作背景：

《荷塘月色》作于1927年7月，正值大革命失败，白色恐怖笼罩中国大地之时。这时，蒋介石叛变革命，中国处于一片黑暗之中。朱自清作为"大时代中一名小卒"，一直在呐喊和战斗，但是在四一二反革命政变之后，却从斗争的"十字街头"，钻进古典文学的"象牙之塔"。但是作者既做不到投笔从戎，拿起枪来革命，又始终平息不了对黑暗现实产生的不满与憎恶。作者对生活感到惶惑矛盾，内心是抑郁的，是始终无法平静的。于是作者写下了这篇文章。这篇散文通过对冷清的月夜下荷塘景色的描写，流露出作者想寻找安宁但又不可得，幻想超脱现实但又无法超脱的复杂心情，这也正是那个黑暗的时代在作者心灵上的折射。

---

[1]　刘钦荣，岳本聪，张翠萍.大学语文 [M].北京：中央民族大学出版社，2005：68.

[2]　彭祝斌.大学语文与写作 [M].长沙：湖南大学出版社，2002：150-152.

课程管理

课时建议：1 课时

课程评价

1. 清楚理解朗诵的相关知识点。

2. 能够勇于开口表现自我，并能够准确处理作品，用声音区分各个角色。

3. 是否对朗诵有新的认识，并产生浓厚的兴趣。

重　音

课程目标

1. 学习现代诗的基本朗诵技巧，学会划分重音，能有感情地朗读。

2. 通过诵读理解本诗独创的意象、精巧的构思、深刻的主题和近趋完美的形式，培养学生想象和联想的能力。

3. 深刻理解作者的思乡之情、爱国之情，理解本诗所包蕴的文化内涵。由背景引申，激发学生探索作者、探索乡愁诗的兴趣。

4. 激发学生对语言的兴趣和爱好。

课程功能

本小节将简单介绍重音和节奏的基本概念和相关知识点，让学生明确了解掌握好重音和节奏对学生阅读、理解和表达都有一定的帮助。通过大量的举例和教师的示范，引导学生掌握和处理语言的重音与节奏。

课程内容

（一）重音

1. 重音的基本概念

重音一般指词、词组、句子里重读的音，英语中的重音为英语的声调奠定了基础，也可指乐曲中强度较大的音。

我们朗诵的文学作品中的语句，是由若干的词或词组组成的，但每句话的表达中总有重要和次要的区别。对那些重要的词或词组，要运用轻重对比的手段加以强调，给予突出。这些被强调、突出的词或词组就是重音。

2. 重音的运用

重音是指朗诵、说话时句子里某些词语念得比较重的现象。一般用增加声音的强度来体现。重音有语法重音和强调重音两种。

（1）语法重音

在不表示什么特殊的思想和感情的情况下，根据语法结构的特点，把句子的某些部分重读的，叫语法重音。语法重音的位置比较固定，常见的规律如下。

①一般短句子里的谓语部分常重读；

②动词或形容词前的状语常重读；

③动词后面由形容词、动词及部分词组充当的补语常重读；

④名词前的定语常重读；

⑤有些代词也常重读。

如果一句话里语法成分较多，重读也就不止一处，往往优先重读定语、状语、补语等连带成分。例如，我们是怎样度过这惊涛骇浪的瞬息；快把那炉火烧得通红……值得注意的是，语法重音的强度并不十分强，只是同语句的其他部分相比较，读得比较重一些罢了。

（2）强调重音

强调重音指的是为了表示某种特殊的感情和强调某种特殊意义而故意说得

重一些的音，目的在于引起听者注意自己所要强调的某个部分。语句在什么地方该用强调重音并没有固定的规律，而是受说话的环境、内容和感情支配的。同一句话，强调重音不同，表达的意思也往往不同。

例如：我去过上海。（回答"谁去过上海"）

我去过上海。（回答"你去没去过上海"）

我去过上海。（回答"北京、上海等地，你去过哪儿？"）

因而，在朗诵时，首先要认真钻研作品，正确理解作者意图，才能较快较准地找到强调重音之所在。强调重音与语法重音的区别如下。

从音量上看：语法重音给人的感觉只是一般的轻重音有所区别，而强调重音则给人鲜明突出的印象。强调重音的音量大于语法重音的音量。

从出现的位置看：强调重音可能与语法重音重叠，这时语法重音服从于强调重音，只要把音量再加强一些就行了。有时，两种重音出现在不同的位置上，此时，强调重音的音量要盖过语法重音的音量。从确定重音的难易上看，语法重音较容易找到，在一句话的范围内，根据语法结构的特点就可以确定，而强调重音的确定却与朗诵者对作品的钻研程度、理解程度紧密相连。

示例：（师读，生分析）

A. 我请你跳舞（请求）

B. 我请你跳舞（请你跳舞的不是别人）

C. 我请你跳舞（不请别人）

D. 我请你跳舞（不是请你唱歌）

（二）举例

乡愁

作者：余光中

小时候

乡愁是一枚小小的邮票

我在这头

母亲在那头

长大后

乡愁是一张窄窄的船票

我在这头

新娘在那头

粤语版《乡愁》

细啯阵

乡愁系一枚小小嘅邮票

我喺呢头

阿妈喺啯头

大啯阵

乡愁系一张窄窄嘅船票

我喺呢头

新娘喺啯头

诗朗诵《乡愁》《再别康桥》《致橡树》剧照

英文版《乡愁》

When I was young,

my home sickness was a small stamp,

I was here,

my mother was there.

After growing up,

my home sickness was a narrow ticket,

I was here,

my bride was there.

作者简介:

余光中(1928—2017),祖籍福建永春。1947年就读于金陵大学外文系,翌年转入厦门大学。同年随父母去香港,次年到台湾。1952年从台湾大学外文系毕业。1957年主编《蓝星》周刊。1959年获美国爱荷华大学艺术硕士学位。主编《现代文学》及《文星》。1974年至1985年任香港中文大学中文系教授。1985年返台任教。已出版诗集《在冷战的年代》《白玉苦瓜》《天狼星》《紫荆赋》《守夜人》等。

思考 / 探索

1. 请找出诗歌中的重音并标记出来。
2. 体会作者的情感并大声朗诵。

拓展 / 实践

蒹葭

作者:佚名

蒹葭苍苍,白露为霜。
所谓伊人,在水一方。
溯洄从之,道阻且长。
溯游从之,宛在水中央。

蒹葭萋萋,白露未晞。
所谓伊人,在水之湄。
溯洄从之,道阻且跻。
溯游从之,宛在水中坻。

蒹葭采采，白露未已。

所谓伊人，在水之涘。

溯洄从之，道阻且右。

溯游从之，宛在水中沚。

周南·关雎

作者：佚名

关关⁽¹⁾雎鸠⁽²⁾，在河之洲。窈窕⁽³⁾淑女，君子好逑⁽⁴⁾。

参差⁽⁵⁾荇菜⁽⁶⁾，左右流之⁽⁷⁾。窈窕淑女，寤寐⁽⁸⁾求之。

求之不得，寤寐思服⁽⁹⁾。悠哉悠哉⁽¹⁰⁾，辗转反侧⁽¹¹⁾。

参差荇菜，左右采之。窈窕淑女，琴瑟友之⁽¹²⁾。

参差荇菜，左右芼⁽¹³⁾之。窈窕淑女，钟鼓乐之⁽¹⁴⁾。①

词语注释：

（1）关关：象声词，雌雄二鸟相互应和的叫声。雎鸠（jūjiū）：一种水鸟名，一般认为就是鱼鹰，传说它们雌雄形影不离。即王鴡。

（2）洲：水中的陆地。

（3）窈窕淑女：贤良美好的女子。窈（yǎo）窕（tiǎo），身材体态美好的样子。窈，深邃，喻女子心灵美；窕，幽美，喻女子仪表美。淑，好，善良。

（4）好逑：好（hǎo）逑（qiú），好的配偶。逑，"仇"的假，匹配。

（5）参差：参（cēn）差（cī），长短不齐的样子。

（6）荇（xìng）菜：一种可食的水草。圆叶细茎，根生水底，叶浮在水面，可供食用。

（7）左右流之：时而向左、时而向右地择取荇菜。这里是以勉力求取荇菜,隐喻"君子"努力追求"淑女"。流,义同"求",这里指摘取。之:指荇菜。

(8)寤寐:醒和睡。指日夜。寤(wù),醒觉。寐(mèi),入睡。又,马瑞辰《毛传笺注通释》说:"寤寐,犹梦寐。"也可通。

(9)思服:思念。服,想。《毛传》:"服,思之也。"

(10)悠哉悠哉:意为"悠悠",就是长。这句是说思念绵绵不断。悠,感思。见《尔雅·释诂》郭璞注。哉,语气助词。悠哉悠哉,犹言"想念呀,想念呀"。

(11)辗转反侧:翻覆不能入眠。辗,古字作展。展转,即反侧。反侧,犹翻覆。

(12)琴瑟友之:弹琴鼓瑟来亲近她。琴、瑟,皆弦乐器。琴五或七弦,瑟二十五或五十弦。友:用作动词,此处有亲近之意。这句说,用琴瑟来亲近"淑女"。

(13)芼:芼(mào),择取,挑选。

(14)钟鼓乐之:用钟奏乐来使她快乐。乐(lè),使动用法,使……快乐。

创作背景:

周代由文、武奠基,成、康繁盛,昭、穆以后,国势渐衰。后来,厉王被逐,幽王被杀,平王东迁,进入春秋时期。春秋时期王室衰微,诸侯兼并,夷狄交侵,社会处于动荡不安之中。周代设有采诗之官,每年春天,摇着木铎深入民间收集民间歌谣,把能够反映人民欢乐疾苦的作品,整理后交给太师(负责音乐之官)谱曲,演唱给天子听,作为施政的参考。反映周初至春秋中叶社会生活面貌的《诗经》,就整体而言,正是这五百年间中国社会生活面貌的形象反映,其中有先祖创业的颂歌,祭祀神鬼的乐章;也有贵族之间的宴饮交往,劳逸不均的怨愤；更有反映劳动、打猎以及大量恋爱、婚姻、社会习俗方面的动人篇章。

周南指周以南之地，是周公旦的封地，即今河南西南部及湖北西北部一带。《周南》大多数诗是西周末年、东周初年的作品。其中第一篇《关雎》是有关爱情的诗篇，是男子追求女子的情诗。

诗经时代，婚俗正处在一个重要的过渡阶段，其时封建礼教为基础的专偶婚制尚未稳固形成，而人们还享有较多性爱的原始自由。正是在这种情况下，方才产生了《周南·关雎》这样热烈奔放的情歌。[2][3][4]

参考资料：

① 朱熹. 诗经集传. 上海：上海古籍出版社，1987：1-2

② 王秀梅译注. 诗经（上）：国风. 北京：中华书局，2015：1-4

③ 姜亮夫，等. 先秦诗鉴赏辞典. 上海：上海辞书出版社，1998：1-6

④ 周啸天. 诗经楚辞鉴赏辞典. 成都：四川辞书出版社，1990：3-7

原创诗朗诵

我的二高，我的母校

作者：刘尚源

男：愿得此身长报国，何须生入玉门关。

女：为什么我的眼里常含泪水？

因为我对这土地爱得深沉……

男：我是新刷出的雪白的起跑线，是绯红的黎明，正在喷薄！

女：我和我的祖国一刻也不能分割，无论我走到哪里，都流出一首赞歌。

男：古往今来，多少中华儿女用文字用歌声表达热爱祖国的心声，多少英雄豪杰用信念用行动践行热爱祖国的誓言！

女：迈入新时代的今天，二高人将用最美的语言、最美的歌声赞美你——伟大的祖国，下面有请师生代表及全体师生为祖国献词、献歌。

男：请全体同学坐下。谢谢全体师生由衷的赞美和祝福！祝我们伟大的祖国——

合：繁荣昌盛，生日快乐！

女：江山如此多娇，引无数英雄竞折腰。

男：数风流人物，还看今朝！

合：壮丽七十年，奋斗新时代！

女：同学们，让我们眼眸有星辰，心中有梦想，以梦为马，不负韶华，践行三实理念。

合：让青春在奋斗中闪光，矢志复兴，共圆中国梦！

课程管理

课时建议：1课时

课程评价

1. 了解重音的相关知识点。

2. 能否将所学内容灵活运用在课堂所选文章片段中。

3. 了解《乡愁》作者的经历和本诗的创作背景，理解诗歌的内容，感受其情感。运用本节知识点准确地表达处理并朗诵诗歌《乡愁》。

4. 通过普通话、方言和英语的结合对语言的运用产生新的理解，并对其产生浓厚的兴趣。

节 奏

课程目标

1. 掌握节奏的定义及相关基础知识。

2. 把握节奏的运用。

3. 通过所选片段，感受到节奏的变化对情感的影响，理解节奏和情感的关系。

课程功能

通过对节奏的了解和掌握，帮助学生学会如何控制语言的节奏，并帮助学生更好地表达与沟通。

课程内容

一、节奏的定义

节奏是朗诵技巧的一种，语句的节奏指一定时间内语词的疏密程度。鲜明的节奏能使语音表达得更具有层次性和剔透感。掌握好节奏技巧，一是要有快慢之分，二是快慢交替进行，三是随材料内容情感需要分清主导节奏和辅助节奏。

二、节奏与语速的区别

朗读或朗诵时带有规律性的变化，叫节奏；语速则是指朗读或朗诵时的速度。语速只表示说话时的快慢，节奏包括起伏、强弱。

三、节奏的类型

节奏包括快节奏和慢节奏，其中快节奏有以下三种。

轻快型：多扬少抑，多轻少重，语词密度大，语言速度较快，常常表达喜悦欣慰的心情。

例如：朱自清的散文《春》；冯骥才的散文《珍珠鸟》。

高亢型：明亮高昂，扬而更扬，语言速度偏快，表达令人振奋、狂喜的激情。

例如：高尔基的散文诗《海燕》；矛盾的散文《白杨礼赞》。

紧张型：多扬少抑，多重少轻，音节短，气促，语言速度快，常表示急迫内容、焦急心情和恐惧心情。

例如：《最后一次演讲》。

慢节奏为以下三种。

凝重型：多抑少扬，多重少轻，语词疏，语言速度慢，严肃，肃穆，谈心的内容可用。

例如：电影《我的1919》中顾维钧在巴黎和会上的个人演讲；鲁迅的散文《藤野先生》；等等。

低沉型：声音暗沉，句尾显沉重，语速慢，叙述不幸事，表达悲哀之情多用此。

例如：《卖火柴的小女孩》。

舒缓型：轻松明朗，语言轻柔舒展，语言速度较慢，表达细细品味及感觉上的惬意舒心。

例如：《荷塘月色》。

四、确定节奏快慢的几个原则

1.感情原则：根据感情的需要，选择节奏的快慢。

2.语境原则：根据语言的环境调整。

3.内容原则：根据内容调整。

举例 1

春

作者：朱自清

盼望着，盼望着，东风来了，春天的脚步近了。

一切都像刚睡醒的样子，欣欣然张开了眼。山朗润起来了，水涨起来了，太阳的脸红起来了。

小草偷偷地从土里钻出来，嫩嫩的，绿绿的。园子里，田野里，瞧去，一大片一大片满是的。坐着，躺着，打两个滚，踢几脚球，赛几趟跑，捉几回迷藏。风轻悄悄的，草软绵绵的。

桃树、杏树、梨树，你不让我，我不让你，都开满了花赶趟儿。红的像火，粉的像霞，白的像雪。花里带着甜味儿；闭了眼，树上仿佛已经满是桃儿、杏儿、梨儿。花下成千成百的蜜蜂嗡嗡地闹着，大小的蝴蝶飞来飞去。野花遍地是：杂样儿，有名字的，没名字的，散在草丛里，像眼睛，像星星，还眨呀眨的。

"吹面不寒杨柳风"，不错的，像母亲的手抚摸着你。风里带来些新翻的泥土的气息，混着青草味儿，还有各种花的香，都在微微润湿的空气里酝酿。鸟儿将窠巢安在繁花嫩叶当中，高兴起来了，呼朋引伴地卖弄清脆的喉咙，唱出宛转的曲子，与轻风流水应和着。牛背上牧童的短笛，这时候也成天嘹亮地响着。

雨是最寻常的，一下就是三两天。可别恼。看，像牛毛，像花针，像细丝，密密地斜织着，人家屋顶上全笼着一层薄烟。树叶儿却绿得发亮，小草儿也青得逼你的眼。傍晚时候，上灯了，一点点黄晕的光，烘托出一片安静而和平的夜。在乡下，小路上，石桥边，有撑起伞慢慢走着的人，地里还有工作的农民，披着蓑戴着笠。他们的草屋，稀稀疏疏的，在雨里静默着。

天上风筝渐渐多了，地上孩子也多了。城里乡下，家家户户，老老小小，也赶趟儿似的，一个个都出来了。舒活舒活筋骨，抖擞抖擞精神，各做各的一份事去。"一年之计在于春"，刚起头儿，有的是工夫，有的是希望。

春天像刚落地的娃娃，从头到脚都是新的，它生长着。

春天像小姑娘，花枝招展的，笑着，走着。

春天像健壮的青年，有铁一般的胳膊和腰脚，领着我们上前去。

举例2

卖火柴的小女孩

作者：安徒生

天冷极了，下着雪，又快黑了。这是一年的最后一天——大年夜。在这又冷又黑的晚上，一个乖巧的小女孩，赤着脚在街上走着。她从家里出来的时候还穿着一双拖鞋，但是有什么用呢？那是一双很大的拖鞋——那么大，一向是她妈妈穿的。她穿过马路的时候，两辆马车飞快地冲过来，吓得她把鞋都跑掉了。一只怎么也找不着，另一只叫一个男孩捡起来拿着跑了。他说，将来他有了孩子可以拿它当摇篮。小女孩只好赤着脚走，一双小脚冻得红一块青一块的。她的旧围裙里兜着许多火柴，手里还拿着一把。这一整天，谁也没买过她一根火柴，谁也没给过她一个硬币。

可怜的小女孩！她又冷又饿，哆哆嗦嗦地向前走。雪花落在她的金黄的长头发上，那头发打成卷儿披在肩上，看上去很美丽，不过她没注意这些。每个窗子里都透出灯光来，街上飘着一股烤鹅的香味，因为这是大年夜——她可忘不了这个。

她在一座房子的墙角里坐下来，蜷着腿缩成一团。她觉得更冷了。她不敢回家，因为她没卖掉一根火柴，没挣到一个钱，爸爸一定会打她的。再说，家里跟街上一样冷。他们头上只有个房顶，虽然最大的裂缝已经用草和破布堵住了，风还是可以灌进来。

她的一双小手几乎冻僵了。啊，哪怕一根小小的火柴，对她也是有好处的！她敢从成把的火柴里抽出一根，在墙上擦燃了，来暖和暖和自己的小手吗？她终于抽出了一根。哧！火柴燃起来了，冒出火焰来了！她把小手拢在火焰上。多么温暖多么明亮的火焰啊，简直像一支小小的蜡烛！这是一道奇异的火光！小女孩觉得自己好像坐在一个大火炉前面，火炉装着闪亮的铜脚和铜把手，烧得旺旺的，暖烘烘的，多么舒服啊！哎，这是怎么回事呢？她刚把脚伸出去，想让脚也暖和一下，火柴灭了，火炉不见了。她坐在那儿，手里只有一根烧过了的火柴梗。

她又擦了一根。火柴燃起来了，发出亮光来了。亮光落在墙上，那儿忽然变得像薄纱那么透明，她可以一直看到屋里。桌上铺着雪白的台布，摆着精致的盘子和碗，肚子里填满了苹果和梅子的烤鹅正冒着香气。更妙的是这只鹅从盘子里跳下来，背上插着刀和叉，摇摇摆摆地在地板上走着，一直向这个穷苦的小女孩走来。这时候，火柴又灭了，她面前只有一堵又厚又冷的墙。

她又擦着了一根火柴。这一回，她坐在美丽的圣诞树下。这棵圣诞树，比她去年圣诞节透过富商家的玻璃门看到的还要大，还要美。翠绿的树枝上点着几千支明晃晃的蜡烛，许多幅美丽的彩色画片，跟挂在商店橱窗里的一个样，在向她眨眼睛。小女孩向画片伸出手去。这时候，火柴又灭了。只见圣诞树上的烛光越升越高，最后成了在天空中闪烁的星星。有一颗星星落下来了，在天空中划出了一道细长的红光。

"有一个什么人快要死了。"小女孩说。唯一疼她的奶奶活着的时候告诉过她：一颗星星落下来，就有一个灵魂要到上帝哪儿去了。

她在墙上又擦着了一根火柴。这一回，火柴把周围全照亮了。奶奶出现在亮光里，是那么温和，那么慈爱。"奶奶！"小女孩叫起来，"啊！请把我带走吧！我知道，火柴一灭，您就会不见的，像那暖和的火炉，喷香的烤鹅，美丽的圣诞树一个样，就会不见的！"

她赶紧擦着了一大把火柴，要把奶奶留住。一大把火柴发出强烈的光，照得跟白天一样明亮。奶奶从来没有像现在这样高大，这样美丽。奶奶把小女孩抱起来，搂在怀里。她们俩在光明和快乐中飞走了，越飞越高，飞到那没有寒冷，没有饥饿，也没有痛苦的地方去了。

第二天清晨，这个小女孩坐在墙角里，两腮通红，嘴上带着微笑。她死了，在旧年的大年夜冻死了。新年的太阳升起来了，照在她小小的尸体上。小女孩坐在那儿，手里还捏着一把烧过了的火柴梗。

"她想给自己暖和一下……"人们说。谁也不知道她曾经看到过多么美丽的东西，她曾经多么幸福，跟着她奶奶一起走向新年的幸福中去。

思考 / 探索

1.请自选一篇例文，划分出例文中每句话的节奏并标注出来。

2.判定文章的感情基调，结合节奏和语速大声朗读例文。

拓展阅读

白杨礼赞 [1]

作者：矛盾

白杨树实在不是平凡的，我赞美白杨树！

汽车在望不到边际的高原上奔驰，扑入你的视野 [2] 的，是黄绿错综的一条大毯子。黄的是土，未开垦的荒地，几百万年前由伟大的自然力堆积成功的黄土高原的外壳；绿的呢，是人类劳力战胜自然的成果，是麦田，和风吹送，翻起了一轮一轮的绿波，——这时你会真心佩服昔人所造的两个字"麦浪"，若不是妙手偶得，便确是经过锤炼的语言的精华。黄与绿主宰着，无边无垠，坦荡如砥 [3]，这时如果不是宛若 [4] 并肩的远山的连峰提醒了你（这些山峰凭你的肉眼来判断，就知道是在你脚底下的），你会忘记了汽车是在高原上行驶。这时你涌起来的感想也许是"雄壮"，也许是"伟大"，诸如此类的形容词；然而同时你的眼睛也许觉得有点倦怠，你对当前的"雄壮"或"伟大"闭了眼，而另一种的味儿在你心头潜滋暗长 [5] 了——"单调"！可不是？单调，有一点儿吧？

然而刹那间，要是你猛抬眼看见了前面远远有一排——不，或者只是三五株，一株，傲然地耸立，像哨兵似的树木的话，那你的恹恹 [6] 欲睡的情绪又将如何？我那时是惊奇地叫了一声的！

那就是白杨树，西北极普通的一种树，然而实在不是平凡的一种树！

那是力争上游的一种树，笔直的干，笔直的枝。它的通常是丈把高，像是加过人工似的，一丈以内绝无旁枝。它所有的丫枝一律向上，而且紧紧靠拢，也像是加过人工似的，成为一束，绝不旁逸斜出[7]。它的宽大的叶子也是片片向上，几乎没有斜生的，更不用说倒垂了；它的皮光滑而有银色的晕圈[8]，微微泛出淡青色。这是虽在北方风雪的压迫下却保持着倔强挺立的一种树。哪怕只有碗那样粗细，它却努力向上发展，高到丈许，两丈，参天耸立，不折不挠，对抗着西北风。

这就是白杨树，西北极普通的一种树，然而决不是平凡的树！

它没有婆娑[9]的姿态，没有屈曲盘旋的虬枝[10]，也许你要说它不美。如果美是专指"婆娑"或"旁逸斜出"之类而言，那么，白杨树算不得树中的好女子。但是它伟岸[11]，正直，朴质，严肃，也不缺乏温和，更不用提它的坚强不屈与挺拔，它是树中的伟丈夫！当你在积雪初融的高原上走过，看见平坦的大地上傲然挺立这么一株或一排白杨树，难道你就觉得它只是树？难道你就不想到它的朴质，严肃，坚强不屈，至少也象征了北方的农民？难道你竟一点也不联想到，在敌后的广大土地上，到处有坚强不屈，就像这白杨树一样傲然挺立的守卫他们家乡的哨兵？难道你又不更远一点想到，这样枝枝叶叶靠紧团结，力求上进的白杨树，宛然象征了今天在华北平原纵横决荡[12]，用血写出新中国历史的那种精神和意志？

白杨不是平凡的树。它在西北极普遍，不被人重视，就跟北方的农民相似；它有极强的生命力，磨折不了，压迫不倒，也跟北方的农民相似。我赞美白杨树，就因为它不但象征了北方的农民，尤其象征了今天我们民族解放斗争中所不可缺的朴质、坚强、力求上进的精神。

让那些看不起民众、贱视民众、顽固的倒退的人们去赞美那贵族化的楠木[13]（那也是直挺秀颀[14]的），去鄙视这极常见、极易生长的白杨树吧，我要高声赞美白杨树！

注释：

（1）礼赞：崇敬和赞美。

（2）视野：视力所及的范围。

（3）坦荡如砥（dǐ）：平坦得像磨刀石一样。

（4）宛若：很像，简直就是。

（5）潜滋暗长：暗暗地不知不觉地生长。滋，生长。

（6）恹恹（yān yān）：困倦的样子。

（7）旁逸斜出：意思是，（树枝）从树干的旁边斜伸出来。

（8）晕（yùn）圈：模模糊糊的圈。

（9）婆娑（suō）：树木的枝叶随风飘荡，像舞蹈一样的姿态。

（10）虬（qiú）枝：像龙一样盘旋的枝条。虬，传说中的一种龙。

（11）伟岸：魁梧，高大。

（12）纵横决荡：纵横驰骋，冲杀突击。

（13）楠（nán）木：常绿乔木，木质坚实，是贵重的木材。

（14）秀颀（qí）：美而高。颀，高大的意思。

课程管理

课时建议：1课时

课程评价

1. 能自己分辨出课堂中的朗诵稿件，并知道如何把握节奏，学会分辨其他文稿中如何合理运用节奏的方式。

2. 了解节奏与情感的关系并学会运用于课中选段。

提升语言表达能力——演讲

课程目标

1. 了解演讲的相关概念。

2. 敢于开口尝试，从说服身边的一个人开始。

课程功能

通过对"演讲"的了解和训练，明白敢于开口的重要性，并掌握简单的演讲技巧。由于"演讲"常使用即兴式演讲的特殊性，所以"演讲"的课堂没有重复性的语言，这让课堂更具有趣味性和神秘感，让学生更加好奇。

教学分析

高中阶段有很大一部分学生容易害羞，害怕"冒尖"，不敢表现、表达自己。这对于学生的长期发展尤为不利，尤其是与人沟通的能力。本节课以针对此类学生设计，以引导学生先迈出"开口"的第一步，打开表达自我、与人沟通的大门。

课程内容

一、演讲的定义

演讲让人听懂是一个十分重要的内容。

无论是在生活中还是在工作中，演讲与口才都是非常重要的。口才是演讲的基础，而演讲则是口才的成功表现，有一副好的口才，可以应聘上一份好的工作，还能更好地与人交流，和领导沟通，可以加强人际关系。一个很有才能的人，如果没有好口才，不能把自己所想很好地表达出来，也就应了那一句俗语：茶壶里下饺子，有口倒不出。

如何练就一副好的口才？我们可以先了解演讲是什么？

演讲又叫讲演或演说，是指在公众场合，以有声语言为主要手段，以体态语言为辅助手段，针对某个具体问题，鲜明、完整地发表自己的见解和主张，阐明事理或抒发情感，进行宣传鼓动的一种语言交际活动。它是与人沟通的一种方式，是谋生的一种技巧，更是一门生动的语言艺术。

演讲的三个特性：说理性、动情性和鼓动性。

二、主要形式

演讲大体有如下四种：照读式演讲、背诵式演讲、提纲式演讲、即兴式演讲。

1. 照读式演讲

照读式演讲亦称读稿式演讲。演讲者拿着事先写好的演讲稿，走上讲台，逐字逐句地向听众宣读一遍。其内容经过慎重考虑，语言经过反复推敲，结构经过精心安排，话才能讲得郑重。它比较适合于在重要而严肃的场合运用，如各级党代会、人大、政协会议等大会报告，纪念重大节日的领导人讲话，外交部的声明，等等。其缺点是照本宣科，影响演讲者与听众之间的思想感情交流。据说，在英国下议院，照本宣读的演讲被认为是愚蠢的表现。在我国，一般场合采用这种演讲方式也不太受听众欢迎。

2. 背诵式演讲

背诵式演讲亦称脱稿演讲。演讲者事先写好演讲稿，反复照背，背熟后上讲台，脱稿向听众演讲。这种演讲方式比较适合演讲比赛和初学演讲者，可以在一定程度上检验和培养演讲者的演讲能力。其缺点是不便于演讲者临场发挥，使听众觉得矫揉造作，一旦忘词，就难以继续，往往要当场出丑。据说，英国首相丘吉尔曾有一次因背不出演讲稿而栽倒在讲台上。所以，运用这种演讲方式，必须做好充分准备，语言尽量口语化，表达自然，切忌有表演的痕迹。

3. 提纲式演讲

提纲式演讲亦称提示式演讲。演讲者只把演讲的主要内容和层次结构，按照提纲形式写出来，借助它进行演讲，而不必一字一句写成演讲稿，其特点是，能避免照读式演讲和背诵式演讲导致与听众思想感情缺乏交流的不足。演讲者根据几条原则性的提纲进行演讲，比较灵活，便于临场发挥，真实感强，又具有照读式演讲和背诵式演讲的长处——事先对演讲的内容有充分准备，可以有一定的时间收集材料，考虑演讲要点和论证方法，但不要求写出全文，而是提纲挈领地把整个演讲的主要观点、论据、结构层次等用简练的句子排列出来，作为演讲时的提示，靠它开启思路。这是初学演讲者进一步提高演讲水平的行之有效的一种演讲方式。

4. 即兴式演讲

演讲者预先没有充分准备而临场生情动意所发表的演讲，它是一种难度最大、要求最高，也是效果最佳的演讲方式。它可以根据实际情况，针对听众的心理和需要，灵活机动，迅速调动语言的一切积极因素，以生动、直观和形象的感染力带动氛围，是其他各种演讲方式都无法比拟的。使用这种演讲方式需要演讲者具有德、才、学、识、胆诸方面很高的修养，以及很强的记忆力、丰富的想象力和联想力、敏捷的思维能力、大量的语言和材料储备……如果不具备这些条件，即使使用这种演讲方式，也不会取得理想的演讲效果。相反，往往还会出现信口开河、漫无边际、逻辑混乱、漏洞百出的现象。这样反倒会影响演讲的效果。虽然如此，每个演讲者必须争取掌握这种演讲方式。只要下苦功，肯定是会学到手的。

三、演讲小技巧

1. 敢于开口，迈出勇敢而伟大的第一步。

2. 论点鲜明，直入主题，绝不拐弯抹角。

3. 大量准备论据，从中再精选典型论据，并事先做自我模拟，根据听众的反应选择使用的论据（听众情绪反应热烈或冷淡，逐渐信服或针锋相对），确保在大多数可预知的情况下不至于措手不及。

4. 下结论时坚决果敢，尝试用坚定而让人舒服的方式来做结语。

5. 可使用排比句和循环句，运用递进的手法可以得到事半功倍的效果，吸引听众。

6. 言简意赅，不说废话。

7. 语言的层次和论据的准备会决定演讲的好坏，情绪的控制和节奏的把握决定演讲的品质。

思考 / 探索

1. 请谈谈演讲和脱口秀的区别是什么。

2. 老师上课是否算演讲？

实践与体验

1. 口才的训练非一朝一夕能够练就的，请从以下给出的 50 个话题中选一个，用 5 分钟时间进行构思和准备，准备好后尝试以自选话题说服身边的人。可以从最简单的照读式演讲开始。

2. 完成第一项后可尝试挑战其他的演讲形式。如果想更进一步锻炼自己的口才，克服自己的紧张感，可以多多练习，逐步提升自己的演讲能力。如果觉得难度太大，可以给大家两个模板参考，从敢于开口做起。

例 1：单刀直入，直接切入

大家好，我叫 ×××，我今天的演讲题目是"梦想"。

梦想是一个非常笼统的概念，它通常指的是一个人内心深处的渴望和追求。梦想可以是对未来的期望，也可以是对自己或世界的愿景。

梦想在人的生活中起着关键的作用。它可以激励人们去努力、去奋斗，去追求更好的自己。梦想是前进的动力，也是人们面对困难和挫折时的精神支柱。

每个人都有自己的梦想，这些梦想可能涉及职业、家庭、健康、财富等方面。无论梦想是什么，它们都是人们生活的重要组成部分，值得为之努力和奋斗。

实现梦想需要付出努力和坚持。有时候，梦想可能会面临各种挑战和困难，但只有通过不断的努力和奋斗，才能最终实现梦想。同时，实现梦想也需要不断地学习和成长，不断地提升自己的能力和素质。

总之，梦想是人生中不可或缺的一部分。它激励人们去追求更好的自己，去创造更美好的未来。无论梦想是什么，都值得我们去努力和追求。

例2：名人名言引出主题，故事/事件论证主题

尊敬的听众们：

大家好！

今天，我要和大家聊一个超级有趣的话题，有人说一分钟，有时候像一个漫长的世纪，有时候又像一道转瞬即逝的闪电！

不知道大家有没有过这样的经历？等公交车的时候，感觉时间就像停滞了一样，一分钟仿佛被拉长成了一个漫长的等待。或者在排队买心爱的冰激凌时，前面的队伍仿佛是蜗牛在爬，一分钟仿佛成了折磨人的小恶魔。这种时候，一分钟的长度就像被我们的焦虑和期待给玩坏了，变得漫长！

然而，有时候一分钟又变得超级短暂，仿佛一眨眼就过去了。想象一下，当你正在玩一个超级好玩的游戏，或者和朋友们疯狂地聊天时，一分钟就像闪电一样，唰的一下就过去了。我们的注意力完全被吸引，

一分钟的短暂也变得微不足道了。

那么，为什么一分钟会有这么戏剧性的变化呢？其实，这都取决于我们的心态和体验。当我们焦虑、等待或者压力大的时候，心态就会变得急躁和不耐烦，感觉时间就像蜗牛在爬。而当我们投入、专注、享受的时候，心态就会变得轻松和愉悦，感觉时间就像闪电一样飞逝。

所以，亲爱的朋友们，一分钟的长短并不是固定的，而是由我们的心态和体验来决定的。我们要学会调整心态，积极面对生活中的各种情境。无论是漫长的等待还是短暂的瞬间，我们都要珍惜每一分钟，用心感受生活的美好。

最后，我想用一句话送给大家："时间就像海绵里的水，只要你愿意挤，总还是有的！"让我们珍惜每一分钟，用心感受生命的每一个瞬间，让生命变得更加精彩和有趣吧！

谢谢大家！

50 个即兴演讲话题——说服你身边的一个人

[1] 我最尊敬的人

[2] 我最感兴趣的事

[3] 幸福

[4] 时间

[5] 未来

[6] 我最要好的朋友

[7] 心相印的纸巾外包装上有一句很有意思的话："有时候一分钟很长，有时候又很短。"体会其中的深意，并以此为话题演讲。

[8] 但丁说：走自己的路，让别人说去吧。但现实中也存在着很多需要察纳雅言、虚心接受别人意见的时候。请说说你的看法。

［9］人生处处是考场

［10］这是不是一个看脸的社会?

［11］举报作弊的我错了吗?

［12］祖国为我而骄傲

［13］我的爱好

［14］一次难忘的旅行

［15］给我深刻印象的一部电影（或电视剧）

［16］我最感兴趣／难忘的一件事（一个人）

［17］一句格言给我的启示

［18］我的读书生活

［19］我的父亲母亲

［20］我的梦想

［21］你如何理解"越长大越孤单"这句话?

［22］谈谈自己对某一社会现象的看法

［23］Nothing is impossible

［24］成长路上的一次挫折

［25］我最爱的一首歌

［26］有人说，教师是红烛，是春蚕，是人梯，是园丁……你认为教师是什么? ——对教师的隐喻实在够多了，为什么还要凑热闹，必须要我说，那就是"教师是人，普普通通的人"而已。

［27］世界上最美的语言是赞美，请用具体的赞美方式，赞美你心中最重要的人!

［28］我最喜欢的科目

［29］我最喜爱的运动

［30］感恩

［31］我是先行示范高中生

［32］假设你考了班级倒数第一名，请你来说感想。

［33］假如你家是巨富，你打算怎么生活？

［34］善良

［35］我和网络

［36］你不能够左右天气，但你能够改变情绪。

［37］伟大与平凡

［38］欲速则不达

［39］文明应不应该用法律来规范。

［40］请以"不必要完美"为话题进行演讲

［41］网络文明该不该迎合大众？

［42］勿以善小而不为，勿以恶小而为之。

［43］描述一位你心中的英雄，并诠释你心中对英雄的定义。

［44］"贪婪是最真实的贫穷，满足是最真实的财富"，到底什么是"贫"，什么是"富"？说说你的看法。

［45］不论你从什么时候开始，重要的是开始之后就不要停止。

［46］创新

［47］我的答案

［48］长大后我愿成为你

［49］昨天·今天·明天

思考 / 探索

1. 如何克服当众演讲时的紧张感？

2. 如何做到条理清晰？

3. 演讲时如果忘词了应该如何应对？

拓展阅读

语言表达能力是指在口头语言（说话、演讲、做报告）及书面语言（回答申论问题、写文章）表达的过程中运用字、词、句、段的能力，二者均以语言为基础媒介，虽然书面语言可以是对口头语言的归纳总结，但是两者并无直接关系，口才不好不一定文才也不好。

语言表达能力具体指用词准确，语意明白，结构妥帖，语句简洁，文理贯通，语言平易，合乎规范，能把客观概念表述得清晰、准确、连贯、得体，没有语病。

语言表达能力还来自发音，口才是语言表达能力的一种体现，唯美的语言是自身素质的体现，更多来自教育和后天的学习。它包括口头语言和书面语言。

以下为提升语言表达能力的一些方法。

（1）多听。多听是在与别人交流的时候多听别人的说话方式，从中学习其好的说话技巧，从而提高自己的语言表达能力，也是为多说做准备。由于国考申论的特殊性，所以听的时候一方面要学习好的说话技巧，另一方面听的时候要有侧重点。例如，听《新闻联播》，学习其对时事的报道性、概括性、新闻性的语言。

（2）多读。多读是多读好书，培养好的阅读习惯，从书中汲取语言表达的方式、方法和技巧，知识会增加语言的素材，提升一个人的气质涵养，而多读也是为多写作准备。而读的时候也和听的时候一样，一方面要增加素材，另一方面要有侧重点。可多读《人民日报》的社论，学习其对事物评价、分析的表述方法和语言。

（3）多说。多说并不是逮什么说什么，乱说一气，而是有准备、有计划、有条理地去说，或者是介绍，或者是演讲，要说得好、说得精彩，必须有充分的准备，而这一准备过程和实际说的过程，也就是在练习语言表达的过程。

（4）多写。平日养成多动笔的习惯，把日常的观察、心得以各种形式记录下来，定期进行思维加工和整理，日积月累提高写作技巧，在平时的写作练习过程中，也可以同时养成书写整洁的好习惯，在申论考场上不会因格式、字谜、标点或卷面给阅卷老师留下不好的印象。[①]

课程管理

课时建议：1~2 课时

课程评价

1. 能否认真聆听演讲的选段，是否能理解何为演讲。

2. 是否敢于开口尝试。

3. 是否能积极参与演讲的实践活动，较好地掌握要点。

主持人

课程目标

1. 了解何为主持人，它的起源与发展。

2. 了解主持人的相关知识。

3. 以学生在校接触最多的广播为例，了解广播节目与在校学生的关系。

---

① 张厚粲，徐建平. 现代心理与教育统计学 [M]. 北京：北京师范大学出版社，2009.

课程功能

通过对主持人这个职业的了解，思考各个职业的功能及存在的意义，思考自己对各个职业的理解。

课程内容

主持人

主持人是指，具有采、编、播、控等多种业务能力，在一个相对固定的节目的个人，集编辑、记者、播音员于一身。在广播或电视中，出场为听众、观众主持固定节目的人，叫作节目主持人。由固定的真实人物为听众或观众主持固定的节目，叫作主持人节目。

主持人职业的起源与发展

主持人最早出现在美国的新闻节目，由主持人播报新闻。

中国最早在 1981 年，电台广播《空中之友》栏目设主持人，由徐曼女士担任电台主持人。1981 年央视在赵忠祥主持的《北京中学生智力竞赛》节目中使用"节目主持人"一词开了中国电视节目主持人之先河。

1993 年，中国的各大电台涌现出大量优秀的节目主持人，这一年被称为"中国的广播主持人年"。

主持形式

有报幕式、串场式、播报式、操作式、解说式、组织式、访问式……这样的划分，主要在于主持人的思维方式，一类是背诵已经准备好的稿子，或眼看提示器说出，或稍加变动说出，或边动边说；另一类则是在准备好思路的基础上即兴组织语言。前一种情况比较容易适应，后一种情况要依靠一定的语言能力和知识基础。

节目内容

主持人大体可分为新闻类（传递第一手的资讯）、综艺类（以娱乐为目的）、社教类（以社会教育为宗旨）。此外还有经济类、文艺类、文化类、体育类、服务类、少儿类、学术类……如果细分，每一类下面还可能分若干类别，特别是新闻类栏目，涉及社会生活多方面，如经济、法制、军事、教育、人物等。这样的划分，主要是依据主持人自身的知识结构、个人兴趣爱好和气质面貌。

随着技术的不断发展，主持人慢慢发展为广播主持人、电视主持人、网络主持人、自媒体节目主持人等。

对于主持人的要求有哪些？

政治上

主持人首先要有强烈的社会责任感和较高的政治思想水准，主持人的形象、气质、人格、修养、风度等。

精神上

（1）高尚的道德情感；（2）人格及魅力；（3）较强的应变能力；（4）良好的气质；（5）良好的心理素质。

业务上

（1）主持人需要具备深厚的知识底蕴。

做到"腹有诗书语自华"，要做到广、博、精、深。知识储备量丰厚才能做到"信手拈来"且让观众或听众有认同感。

（2）良好的语言素养。

首先语言要纯，讲一口标准的普通话。

其次要有优美的音色，宽广的音域。

最后主持人需要有较强的口语能力：语言流利且有较强的表现力、穿透力、感染力，简洁、明了、生动、耐听。

（3）主持人应具备一定的临场应变和即兴发挥能力。

（4）策划和组织能力。

策划：有很强的思考能力，能提前思考各种方案。

组织能力：具备整个节目的制作和操控能力。

（5）主持人应具备个性鲜明的主持风格。各个节目定位的观看/收听人群不同，节目要求的风格也各不相同，主持人必须具备自己的主持特色，才能获得观众/听众的认可并"生存"下去。

播音员与主持人的区别

从事广电等媒体新闻播报的人被称作播音员。同模特儿一样，他们所从事的工作是将信息传达给每个人。就好比模特儿只能体现服饰，不能过度强调自己一样，播音员在播报新闻的时候，一般字正腔圆，不带任何感情色彩。所以说，对一个播音员来说，更为重要的是自己的语言、音质，形象次之。主持人则需要把控全场，如果发生任何突发事件，作为主持人要能及时妥善应对。主持人的主持词一般都是提前准备好，有经验的主持人甚至不需要准备全稿，一般来说对整场活动了解清楚后会准备主持词的大纲，准备几种主持预案，确保能随时处理各种不可控的情况。

一档广播节目需要准备些什么

编辑——节目的主题，内容的选定，相关的案例、故事等，节目音乐、风格，包括推送的文字，等等。

采访——主持人连线，采访。

控场——遇到突发状况，能否很好地收回来。

播——传递有效的资讯。

当节目被打断时该怎么办？

在做节目前提前做好预案，主持人需要制作至少3个预案以确保应对各种突发状况时能够冷静并且头脑清晰。

网络发达的时代，广播节目的意义是什么

掌握第一手资讯。

使用半导体播报信息，即使网络中断或信号不佳的时候也不会停止播报，确保听众能掌握更多更全的消息，为生活带来便利。

广播节目与在校学生有什么关系

1.丰富知识。

2.开阔眼界。

3.对表达能力有帮助。

拓展阅读

随着网络和各大平台的飞速发展，网络直播主持人诞生并迅速走红。网络直播主持人是指那些在网络上进行直播活动，以主持人的身份与观众进行互动的个体。他们通常负责引导节目流程、与嘉宾进行对话，以及维护直播间的氛围。在一些情况下，网络直播主持人也可能会参与电商活动，推广产品或服务。

思考 / 探索

相较于主持人，网络直播主持人更具有时代的需求和流量，主持人多在电视、晚会和广播中出现，是否过时？

身边熟悉的职业有哪些？

你对哪些职业感兴趣？

未来的理想职业是什么？为什么？

课程管理

课时建议：1 课时

课程评价

清晰了解主持人的定义和相关知识。

清晰判断各个职业有什么要求和价值，判断自己与哪些职业更契合。对未来有初步的职业规划。

演员

课程目标

1.对演员这个职业有初步的了解。

2.了解演员这个职业的起源与发展。

3.对演员这个职业有清醒的认知。

课程功能

通过对演员这个职业的了解明白这个职业的性质，同时对"明星"有正确而清醒的认知。

课程内容

演员

演员指扮演某个角色的表演者，或参加戏曲、戏剧、电影、电视剧、舞蹈、曲艺等表演的专业人员。演员在古代被称为伶人，或蔑称戏子，统称演艺人员，简称演员。古代演员普遍地位低下，是由身份较为底层的人迫于生计而做的行业，近现代这个职业的地位有所提升。

行业分类

演员因面对不同的观众，表演不同的内容而出现影视演员、话剧演员、戏曲演员、小品演员、相声演员、歌唱演员、舞蹈演员、杂技演员等。根据所表演内容的重要程度和内容不同，分为主要角色、群众演员、跟组演员、特约演员、特型演员、特技演员、武行等。

表演形式

根据表演的场地和形式不同，分为舞台剧表演（包括话剧、歌剧、音乐剧、戏曲表演、杂技表演、小品表演等）、镜头前表演（包括电影、电视剧等）两种。

不管是哪种形式的表演，均要求演员具备临场应变能力，较强的语言、肢体和情感的表达能力。

行业的起源和发展

在 20 世纪 40 年代以前，中国多数地区还沿袭着戏剧演员死后牌位不能进宗庙祠堂的规矩。中国早期多称演员为"优伶"，后又有"戏子""粉头"的称呼，这些称呼多带有贬义，表现了传统中国演员地位的低下。随着时代的变迁，演员的社会地位明显提升，其中成就卓著者，已经获得了社会承认。尤其是 20 世纪 50 年代以后，演员终于在整体上获得了与其他行业的人平起平坐的地位。

马连良、荀慧生、盖叫天、裘盛戎、周信芳等优秀的戏曲演员，得到了群众的喜爱。

在传统中国，女演员的称呼有女伶、坤伶、坤角等；在现代，女伶、坤伶、坤角等则多指戏曲女演员，或引申为其他国家传统戏剧的女演员。演艺圈在近代以后的发展和提升，是近代开始崛起的工商业资产阶级提携之故，如在民国时代的大上海，不仅工商业资产阶级声威赫赫，大明星演员也是大众追捧的对象。但旧时代的惯性仍然存在，民国时期是一个新旧交替的时期，如一些前清的王爷去唱戏被视为堕落，还不如拉车的，或是娶了唱歌演戏的艺人，是要被断绝家族关系赶出家门的，也就是说，以前唱歌演戏在演艺圈混饭是一种不体面的职业，甚至和妓女、乞丐等同，有倡优之说。

新中国成立后，秉承人人平等，职业没有高低贵贱之分，演员及其他文艺工作者获得了平等的社会地位。在当今社会，我国的文化体制完善，涌现出一大批优秀的演员，其中不乏一些具有国际影响力的实力派演员。演员的社会地位从旧社会的下九流"戏子"提升到了"国家层面"，很多有知名度的演员都来自全国各大文艺院团，比如，中国国家话剧院、中国国家京剧院、中央芭蕾舞团、爱乐乐团、北京人民艺术剧院等；也有一部分是部队编制的，比如，总政歌舞团、总政话剧团等。出现"明星"的称呼，收入相较普通百姓也极为丰厚。甚至出现因热爱某个角色某个演员而出现"追星"的情况。

职业要求

1.具有较高的文化素养、艺术修养和思想品德，能够带动观众情感共鸣，引导观众感悟人生的真谛。

2.具备良好的专业素养和业务素质，能够熟练掌握表演技法以及角色塑造方法，做到角色身心合一，形神兼备。

3.善于思考，有创新精神，能够对剧本、角色进行深入的分析和理解，不断挖掘角色内在的情感和思想层次，展现出非同寻常的艺术魅力。

4.具有良好的团队合作精神和应变能力，能够与导演、编剧、其他演员等各方面进行协作，合作完成作品。

技能要求

具备出色的表演技巧和语言表达能力，能够通过肢体语言、语音语调、眼神表情等多种手段把角色生动地呈现出来，让观众产生共鸣。优秀的演员必须经过专业的训练，通过对演员的声乐、台词、形体和表演进行专业的训练，让演员们在舞台形象的塑造上更加贴切吻合。

良好的身体素质是演员的基本功，需要有身体柔韧性、形象气质和音乐感以及表演的综合素质。

具备较强的学习能力和适应能力，能够快速适应新角色的性格和特点，通过艺术创新来丰富角色的内涵和个性。

具有一定的创作技能和创意能力，能够独立完成创作者需要的创作任务，为角色和作品注入新的艺术元素。对于生活和角色有自己独到的理解，能够通过自己的理解塑造角色的特点，让角色具备典型性并让观众得到共鸣。

拓展阅读

在中国古代，演员专指戏曲演员。后来因晚会等形式的现场表演的产生和普及而逐步产生舞台剧演员，如杂技演员、小品演员、话剧演员等。随着电视和电影的诞生，电影演员和电视演员也相应地诞生了。

20世纪90年代影视剧逐渐普及，很多人开始追星，对自己喜欢的演员迷恋，尤其是年轻人，少部分人会对影视人物进行模仿，影响到其生活、学习。有些人则看到演员高昂的收入，光鲜亮丽的外表，前呼后拥的出行方式，羡慕不已，从而也尝试踏入演艺圈，却发现并不是想象中的那么美好。光鲜亮丽的背后，有着很多的付出和牺牲。比如，不能像普通人一样逛街，拍戏可能要连着拍通宵，对角色的理解和塑造不到位可能面临被替换掉的风险，甚至吃官司，等等。

思考 / 探索

你是否会因为某些喜欢的演员而改变自己的生活方式，以及对事物的认知?
谈谈盲目追星的现象和看法。

课程管理

课时建议：1 课时

课程评价

1. 了解演员这个职业。
2. 理性看待"明星"。

第三单元　戏剧常识

　　在这个单元为大家介绍戏剧的基本知识，包括戏剧的概念，戏剧包含哪些剧种，西方戏剧与中国戏剧有什么不同，有哪些表现形式，戏剧与影视之间的联系与区别，优秀影视作品推荐，等等。

　　素质教育的根本目的是"立人"，是全面提高人的综合素养，注重开发个体的智慧潜能，注重个体性的发展。而高中的普及性戏剧教育并非培养演员，而是培养具备一定戏剧艺术素养的学生，使其在人文素养和精神层面更为丰富。戏剧常识的普及是戏剧教育中不可或缺的一部分，尤其是中国戏剧则更是我国的文化底蕴和骄傲。

　　自有戏剧以来，它的目的始终是反映人生，显示善恶的本来面目，给它的时代看看它自己演变发展的模型。

——莎士比亚

　　一切戏剧都有要求提高人类生活目标的意义，绝不是用来开心取乐的。也许有人说是为吃饭穿衣，难道我们除了演玩意儿给人家开心取乐就没有吃饭穿衣的路走了吗？我们不能这样没志气！

——程砚秋

戏 剧

课程目标

1. 了解戏剧的相关基础知识。

2. 能够通过视频选段鉴别戏剧种类。

课程功能

通过对戏剧的简介，让学生明白戏剧的始末，填补学生在戏剧常识这部分的空白。

课程内容

1. 起源

戏剧的起源实不可考，目前有多种假说。比较主流的看法有二：一为原始宗教的巫术仪式，比如，上古中文，"巫""舞""武"三字同源，可能是对一种乞求战斗胜利的巫术活动的合称，即戏剧的原始形态。另一为劳动或庆祝丰收时的即兴歌舞表演，这种说法的主要依据是古希腊戏剧，它被认为起源于酒神祭祀。

2. 定义

戏剧是演员将某个故事或情境，以语言、动作、舞蹈、音乐、木偶等形式达到叙事目的的舞台表演艺术的总称。戏剧借助多种艺术手段塑造舞台艺术形象，目的是揭示社会矛盾，反映现实生活。

文学上的戏剧概念是指为戏剧表演所创作的脚本，即剧本。戏剧的表演形式多种多样，常见的包括话剧、歌剧、舞剧、音乐剧、戏曲、皮影戏、木偶戏等。戏剧是由演员扮演角色在舞台上当众表演故事的一种综合艺术。

3. 戏剧的元素

戏剧包含"演员""故事（情境）""舞台（表演场地）"和"观众"四个元素。"演员"是四者当中最重要的元素，是角色的代言人，必须具备扮演的能力，戏剧与其他艺术类最大的不同之处便在于扮演了，透过演员的扮演，剧本中的角色才得以伸张，如果抛弃了演员的扮演，那么所演出的便不再是戏剧。

4. 戏剧三要素

一是戏剧冲突（主要表现为剧中人物的性格冲突）；二是戏剧语言；三是舞台说明。

紧张激烈的矛盾冲突是戏剧的基本要素。即通过具体的舞台形象，再现社会生活、塑造典型人物、揭示社会矛盾，从而激起观众强烈的情感反应，达到审美效果和社会教育的目的。

戏剧的语言，包括台词和舞台说明。戏剧语言有五个特色：一是动作性；二是个性表现力；三是抒情性；四是有潜台词；五是动听上口，浅显易懂。

舞台说明是帮助导演和演员掌握剧情，为演出提示的一些注意点的有关说明的叙述和描写的语言。说明的内容有关于时间、地点、人物、布景的，有关于登场人物的动作、表情的，有关于登场人物上场、下场的，有关于"效果"的，有关于开幕、闭幕的，等等。

戏剧鉴赏方法：（1）把握戏剧冲突。（2）揣摩人物语言。（3）探究舞台说明。

5. 戏剧的种类

从表现形式看，戏剧可分为话剧、歌剧、舞剧、歌舞剧等；从作品的容量看，可以分为多幕剧和独幕剧；从时代来看，可以分为历史剧和现代剧；从情节主题来看，戏剧又分为悲剧、喜剧和正剧；从演出场合看，又分为舞台剧、广播剧、电视剧等。

6. 重点介绍情节主题种类

悲剧——指描写主人公因和现实环境的冲突，或因本身的过错而失败、受难以致毁灭的一种戏剧。悲剧的主人公大多是正面人物或英雄人物。

悲剧的戏剧冲突表现为：正面主人公所追求的进步理想或所从事的正义事业，在具体的历史条件下，为强大的现实势力阻挠而不能实现，最后以主人公的失败、受难或毁灭告终；或主人公虽不是英雄人物，甚至有严重缺点，但他要实现的某种希望还有合理因素，却因受到恶势力的打击而失败、受难或毁灭。

喜剧——一般以讽刺和嘲笑丑恶落后现象，从而肯定美好的进步的现实和理想为主要内容。喜剧的矛盾冲突包括先进、美好的同落后、丑恶的之间的对立和冲突，也包括丑恶与丑恶之间、先进与先进之间的某种冲突。喜剧的本质是对旧事物的讽刺和否定，对新事物的歌颂、赞美和肯定，如莫里哀的《伪君子》、果戈理的《钦差大臣》等。

正剧——因兼有悲剧和喜剧的因素，也叫悲喜剧。正剧由于兼有悲剧和喜剧的特点，能够多方面地反映社会生活，增强了戏剧反映生活的广泛性和深刻性，如《白毛女》《丹心谱》《西安事变》等。

拓展阅读

在西方国家，戏剧和话剧可以通用。在我国，戏剧是各种剧种的总称，包括京剧、越剧以及名目繁多的地方小戏。这些统称为戏曲。什么是戏曲呢？王国维在《戏曲考源》中这样说："戏曲者，谓以歌舞演故事也。"这成为今天的经典解释。在我国，地方戏曲源远流长，博大精深。此外，还包括歌剧、舞剧等。这些剧种各自表演形式与状态都不一样，形成了自己的风格特征。

现代的戏剧观念强调舞台上下所有演出元素统一表现以实现综合的艺术效果。演出元素包括演员、舞台、道具、灯光、音效、服装、化装，以及剧本、导演等，也包括台上演出与台下互动的关系（一般称为"观演关系"）。

规定情境——假定出的人物"此时""此地"所处的具体境况和特殊遭遇。有了规定情境，演员在人物的创作中才能合情合理地演绎出人物的行动和生活。如话剧《茶馆》中的规定情境是：在茶馆里，发生的事情。

举例：

古希腊戏剧起源于对哪个神的祭祀

古希腊戏剧是世界上最古老的戏剧，产生于公元前 6 世纪，公元前 5 世纪达到鼎盛时期。雅典最早的戏剧传统起源于祭奠酒神狄奥尼索斯的宗教活动。这一起源经考证证实准确，因为雅典最早的戏剧表演便出现在一年一度的酒神节上。

古希腊最早的戏剧传统起源于祭奠酒神狄奥尼索斯的宗教活动。传说酒神跟一群叫萨提罗斯的半人半羊的怪物住在葡萄园里，于是人们在祭祀游行时便常常身披羊皮模仿羊叫。在希腊语中山羊写作 tragos、歌手写作 oidos，山羊歌手这一称呼便是现代名词"悲剧"（tragedy）的语源。戏剧演员在舞台后面的帐篷（skene）里化装，这便是现代"布景"（scenery）一词的语源。亚里士多德在他的《诗学》中说：希腊悲剧的诞生要早于萨堤尔剧（satyr play）和喜剧，而悲剧则由颂扬狄奥尼索斯的酒神赞美诗演变而来。这些赞美诗都是人们在酣醉时即兴创作的。公元前 600 年，诗人阿利翁将酒神赞美诗发展成了一种由歌队吟唱、具有叙事性特征的新的艺术样式，他也被认为是第一个创作酒神颂的人。在公元前 534 年，一个名叫泰斯庇斯（Thespis）的人成为最早在这种叙事剧中扮演主要角色的人物，并且得到了城市的酒神节（City or Great Dionysia）所举办的第一次悲剧竞赛的冠军。他通过背诵台词和切身表演，试图完全融入角色；同时他还使自己的表演和歌队结合。在这种戏剧的雏形中，歌队扮演的是叙事者和评论者的角色。泰斯庇斯被认为是古希腊最早的演员，因此以后的演员就常被叫作泰斯庇斯之徒（Thespians）。

咬文嚼字

戏

【戏班】（～儿）戏曲剧团的旧称。也叫戏班子。

【戏班子】见"戏班"。

【戏报子】旧称戏曲演出的招贴。

【戏本】（～儿）戏曲剧本的旧称。也叫戏本子。

【戏本子】旧称戏曲剧本。

【戏兵】①戏弄兵器。②即象戏，古博戏的一种。

【戏场】表演杂技、戏曲的场所。

【戏倡】俳优。古代以乐舞谐戏为业的艺人。

【戏车】①在车上表演杂技。②供表演杂技的车。

【戏出儿】模仿戏曲的某个场面而绘画或雕塑的人物形象，大多印成年画或制成工艺品。

【戏词】（～儿）戏曲中唱词和说白的总称。

【戏单】开列剧目和演员姓名的单子。

【戏德】演戏者的职业道德。

【戏法】（～儿）见〖魔术〗。

【戏房】演员化装的房间。犹今言后台。

【戏歌】把戏曲唱腔和通俗歌曲结合起来的一种艺术形式。

【戏馆】剧场的旧称。

【戏馆子】剧场的旧称。

实践／体验

分角色表演，读出各个角色的台词。

思考 / 探索

1.尝试从表现形式、作品容量、时代背景、情节主题、演出场合来判定《变色龙》的种类。

2.尝试找出剧本中的戏剧冲突、舞台说明和戏剧语言。

举例

变色龙

时间：一天中午

地点：俄国某市场广场旁边（广场上一片寂静，一个人也没有，饭店和商店的门无精打采地敞着）

人物：奥楚蔑洛夫（以下简称"奥"）——警官，穿着崭新的军大衣，提着小包。

巡警叶尔德林（以下简称"巡"）——火红色头发，端着一个筛子，盛满没收来的醋栗。

狗——白毛小猎狗，尖尖的脸，背上有一块黄斑。

赫留金（以下简称"赫"）——首饰匠，穿着浆硬的花布衬衫和敞开怀的坎肩。

厨师普洛诃尔（以下简称"厨"）——将军家的厨师。

群众若干。

奥、巡上（巡紧跟奥后，穿过广场）

赫（从远处叫喊）：好哇，你咬人？该死的东西！伙计们，别放走它！这年月，咬人可不行！逮住它！哎哟……哎哟！

奥、巡看去，狗、赫上（木柴场口，赫身子往前一探，扑倒在地，抓住那条狗的后腿，传来狗叫声）

赫：别放走它！

众人上，表情惊奇。

巡：（对奥）仿佛出乱子了，长官！

奥楚蔑洛夫把身子微微往左边一转，迈步往人群那边走过去。在木柴场门口，他看见上述那个敞开坎肩的人站在那儿，举起右手，伸出一根血淋淋的手指头给那群人看。

奥（挤进人群中）：这儿出了什么事？（转向赫）你在这儿干什么？你干吗竖起手指头？……是谁在嚷？

赫：（凑着空拳头咳嗽，无辜地）我本来走我的路，长官，没招谁没惹谁……我正跟密特里·密特里奇谈木柴的事，忽然间，这个坏东西无缘无故把我的手指头咬一口……请您原谅我，我是个干活儿的人……我的活儿是细致的。这得赔我一笔钱才成，因为我要有一个礼拜不能用这个手指头……法律上，长官，也没有这么一条，说是人受了畜生的害就该忍着……要是人人都遭狗咬，那还不如别在这个世界上活着的好……

奥：（点头，咳嗽几声，动了动眉毛，严厉地）嗯！……不错……（虚张声势地）不错……这是谁家的狗？这种事我不能放过不管。我要拿点颜色出来叫那些放出狗来闯祸的人看看！现在也该管管不愿意遵守法令的老爷们了！等到罚了款，他，这个浑蛋，才会明白把狗和别的畜生放出来有什么下场！我要给他点厉害瞧瞧……（对巡）叶尔德林，你去调查清楚这是谁家的狗，打个报告上来！这条狗得打死才成。不许拖延！这多半是条疯狗……（对群众）请问，这到底是谁家的狗？

群众里：这好像是席加洛夫将军家的狗！

奥：（若有所思地）席加洛夫将军家的？嗯！……（对巡）你，叶尔德林，把我身上的大衣脱下来……天好热！大概快要下雨了……（对赫）只是有一件事我不懂：它怎么会咬你的？（怀疑地）难道它够得到你的手指头？它身子矮小，可是你，要知道，长得这么高大！你这个手指头多半是让小钉子扎破了，后来却异想天开，要人家赔你钱了。（鄙视地）你这种人啊……谁都知道是个什么路数！我可知道你们这些鬼东西是什么玩意儿！

群众里一人（独眼）：（指着赫，对奥）他，长官，把他的雪茄烟戳到它脸上去，拿它开心。它呢，不肯做傻瓜，就咬了他一口……他是个荒唐的人，长官！

赫：（气恼地）你胡说，独眼龙！你什么也看不见，为什么胡说？长官是明白人，看得出来谁说谎，谁敢当着上帝的面一样凭良心说话……我要胡说，就让调解法官审判我好了。他的法律上写得明白……如今大家都平等了。（对奥，平和地）……不瞒您说……我弟弟就在当宪兵……

奥：（突然插话）少说废话！

巡：（深思地）不，这条狗不是将军家的……将军家里没有这样的狗。他家里的狗大半是大猎狗……

奥：（拿不定主意地，对巡）你拿得准吗？

巡：拿得准，长官……

奥：我也知道。将军家里的狗都是些名贵的、纯种的狗。（鄙夷地，对狗）这条狗呢，鬼才知道是什么东西！毛色不好，模样也不中看……完全是下贱胚子……（对群众）他老人家会养这样的狗？！你的脑筋上哪儿去了？要是这样的狗在彼得堡或者莫斯科让人碰上，你们知道会怎样？那儿才不管什么法律不法律，一转眼的工夫就叫它断了气！（对赫）你，赫留金，受了苦，这件事不能放过不管……得教训他们一下！是时候了……

巡：（疑惑地）不过也可能是将军的狗……它脸上又没写着……前几天我在他家院子里就见到过这样一条狗。

人群里：（附和）没错儿，是将军家的！

奥：（对巡，语气奇怪地）嗯！……叶尔德林，给我穿上大衣吧……好像起风了……怪冷的……你带着这条狗到将军家里去一趟，在那儿问一下这到底是不是将军的狗……你就说这条狗是我找着，派你送去的……你说以后不要把它放到街上来。也许是名贵的狗，要是每个猪崽子都拿雪茄烟戳到它脸上去，要不了多久就能把它作践死。狗是娇嫩的动物嘛……（对赫，恼怒地）你，蠢货，把手放下来！用不着把你那根蠢手指头摆出来！这都怪你自己不好！

（厨上）

奥：将军家的厨师来了，我们来问问他吧。（对远处的厨师）……喂，普洛诃尔！你过来！你看看这条狗……是你们家的吗？

厨：（走过来看了一眼狗，确定地）我们那儿从来也没有过这样的狗！

奥：（急切地）那就用不着费很多工夫去问了，这是条野狗！用不着多说了……既然他说是野狗，那就是野狗……弄死它算了。

厨：（又说）这条狗不是我们家的，这是将军哥哥的狗，他前几天到我们这儿来了。我们的将军不喜欢这种狗。他老人家的哥哥喜欢。

奥：（脸上露出笑容，温和、虚伪、献媚地，对厨）乌拉吉米尔·伊凡尼奇来了？这可了不得！我还不知道呢！他是要来住一阵吧？

厨：是来住一阵的。

奥：（百般恭维地）哎呀，天！他是惦记弟弟了……可我还不知道呢！那么这是他老人家的狗？很高兴……你把它带去吧……这条小狗怪不错的……挺伶俐……一口就把这家伙的手指咬破了！哈哈哈哈！（对狗）……唉，你干吗发抖？呜呜……呜呜……它生气了……小坏蛋……好一条小狗……

厨师把狗叫过来，带着它离开了木柴场……人们就对着赫留金哈哈大笑。

奥：（对赫，威胁地）我早晚要收拾你！

说完，奥把身上的大衣裹紧，穿过市场的广场径自走了。

课程管理

课时建议：1~2 课时

课程评价

1. 了解戏剧的定义。

2. 是否能投入角色中，并找出剧本中的戏剧冲突、舞台说明和戏剧语言。

3. 尝试从表现形式、作品容量、时代背景、情节主题、演出场合来判定《变色龙》的种类。

4. 是否能分辨戏剧的不同种类。

台 词

课程目标

1. 了解台词是什么。

2. 课上朗读教师所选台词（节选），掌握如何区分独白、对白和旁白，感受台词的魅力。

课程功能

简单介绍何为台词，让学生明白台词在戏剧中的重要性，填补学生在戏剧常识这部分的空白。体验戏剧中的人物对话，感受人在与不同人物沟通时的心理变化过程，领悟台词的独特魅力。

课程内容

台词的由来

世界上早期戏剧剧本的台词都是诗体的。17世纪，散文体的台词开始在喜剧剧本中确立稳固的地位；18世纪，悲剧台词也逐渐使用散文体；19世纪中叶以后，散文体最终替代诗体成为剧本台词的基本形式。

台词

台词是戏剧表演中角色所说的话语，是剧作者用以展示剧情、刻画人物、体现主题的主要手段，也是剧本构成的基本成分。[1]

---

[1] 夏衍. 电影艺术词典 [M]. 北京：中国电影出版社，2005：204.

戏剧台词

戏剧台词一般包括对白、独白和旁白。朗诵是台词中不可或缺的一部分，与戏剧对白统称为"台词"。

台词的形式

西洋歌剧中的台词以诗体唱词为主；在中国戏曲中，则是韵文体的唱词和散文体的念白的综合运用。戏曲的念白是一种富有音乐性的艺术语言，分为散白、韵白等多种念白形式。

对白，是剧本中角色间的相互对话，也是戏剧台词的主要形式。

独白，是角色在舞台上独自说出的台词，它从古典悲剧发展而来，在文艺复兴时期的戏剧中使用十分广泛，是把人物的内心感情和思想直接倾诉给观众的一种艺术手段，往往用于人物内心活动最剧烈最复杂的场面。

旁白，是角色在舞台上直接说给观众听，而假设不为同台其他人物听见的台词。内容主要是对对方的评价和本人内心活动的披露。中国戏曲中的"打背供"就是旁白的一种。

台词的作用

台词通过一段或一句话，甚至是一个字，将演员、剧作家想要表达的情感表达出来，感染观众。

此外，台词还可以交代情节、展现冲突、揭示思想、刻画人物、感染观众，使戏剧变得更完整、更生动、更富有情感色彩，能够体现戏剧演员的专业性，让戏剧具有艺术价值且更加完整。

学生通过对台词的学习和研究，能够对学生的理解能力、沟通能力、想象力都有一定的提升。此外，学习如何鉴赏台词还能对学生的表达能力起到至关重要的作用。

台词和朗诵的异同

朗诵和台词都是有声语言创作，两者之间有着千丝万缕的联系，但也各自保留着自己的特点。朗诵艺术的一大特征是文学性强，通常以诗歌和散文为主。

台词普遍以现实生活语言为主，而在戏剧舞台上，某些经典剧目的台词也具有文学价值，因此这部分的台词表演渐渐被模糊成了朗诵艺术。尽管如此，我们仍然能够从以下几点找到区分的办法。

1. 身份不同。演员是第三人称，"演员"扮演角色是再现形象；而朗诵者是第一人称，一个人将一篇作品（或片段）完整地传达给听众。

2. 欣赏角度不同。演员扮演角色，有视觉和听觉的双重冲击；朗诵则和音乐一样，是可以让人们直接用听觉来接受，并通过想象、联想，达到如临其境、如见其人的感官共鸣。

3. 对象感不同。演戏的交流对象主要是同台对手，通过与对手的交流来影响观众；而朗诵是直接面向观众，向观众传达情感，观众是朗诵者的交流对象。

潜台词

通俗来讲就是"话里有话"的意思，是指戏剧台词中没有直接说出但观众通过思考都能领悟的言语。即不明说的言外之意或戏剧术语，指台词的内在实质，包括说话的目的、言外之意和未尽之言等。亦借指某种暗含的意思。以电影《霸王别姬》中的一句台词为例。

师傅：要想人前显贵，必得人后受罪。今儿个是破题，文章还在后头呢。（潜台词是今天还只是刚刚开了个头，以后你要受的罪还多着呢！）

于演员而言，潜台词是角色行动过程中真实的内心表现，是演员塑造角色的重要依据；于观众而言，潜台词是品评角色塑造得是否有层次、有深度的评判标准；于学生而言，学会听懂潜台词，是学会沟通、交流、提高情商的重要手段。

思考 / 探索

1. 台词是偏生活化的语言，那么生活中的对话能算台词吗？说说你的理由。

2. 请说出你最喜欢的一句 / 一段台词，说说为什么喜欢。

拓展 / 实践

电影《霸王别姬》经典台词（节选）

1. 小癞子：他们怎么成的角啊？得挨多少打啊？得挨多少打啊？我什么时候才能成角啊？

2. 师傅：要想成角就得自个儿成全自个儿。

3. 众徒弟：传于我辈门人，诸生须当敬听：

　　　　自古人生一世，须有一技之长，

　　　　我辈既务斯业，便当专心用功，

　　　　以后名扬四海，根据即在年轻。

4. 我本是女娇娥，又不是男儿郎。

5. 段小楼：我是假霸王，你才是真虞姬。

6. 师傅：要想人前显贵，必得人后受罪。今儿个是破题，文章还在后头呢。

7. 虞姬她怎么演，最后都是一死。

8. 关师傅：一个人有一个人的命。

9. 段小楼：一个个他妈忠臣良将的模样，这日本兵就在城外头，打去呀，敢情欺负的还是中国人！

那坤：瞎哄哄，学生不都没娶过媳妇吗？又没钱找姑娘，总得找个地界煞煞火不是！

10. 师傅：成，一字不差，手伸出来。打你，是让你记着，下回还得这么背！

11. 妓院老鸨：真他妈想当太太奶奶拉你？做你娘的玻璃梦去吧！你当出了这门把脸一抹擦，你还真成了良人啦？你当这世上狼呀虎呀的就都不认得你啦？

菊仙：哟可吓死我啦！

妓院老鸨：我告诉你那窑姐永远是窑姐，你记住我这话，这就是你的命。

12. 程蝶衣：师哥，我要让你跟我——不对，就让我跟你好好唱一辈子戏，不行吗？

段小楼：这不小半辈子都唱过来了吗？

程蝶衣：不行！说的是一辈子！差一年、一个月、一天、一个时辰，都不算一辈子！

13.这条小蛇可是你把他给焐活的，如今人家修炼成龙了，这能不顺着他吗？

14.段小楼：你可真是不疯魔不成活。唱戏得疯魔，不假，可要是活着也疯魔，在这人世上，在这凡人堆里，咱们可怎么活呀？

15.程蝶衣：青木要是活着，京戏就传到日本国去了。

16.程蝶衣：楚霸王都跪下来求饶了，京戏能不亡吗？

电视剧《大宅门》经典台词（节选）

1.景琦："我，白景琦，光绪六年生，五十七岁，身板儿硬朗什么毛病都没有，一顿能吃一只烤鸭，喝一坛绍兴黄，离死还早着呢！可今儿……我要立遗嘱！""我，白景琦，生于光绪六年，自幼顽劣，不服管教，闹私塾，打兄弟，毁老师，无恶不作。长大成人更肆无忌惮，与私家女私订终身，杀德国兵，交日本朋友，终被慈母大人赶出家门；从此闯荡江湖，独创家业。一泡屎骗了两千银子，收了沿河二十八坊，独创'沱胶''保生''九宝''七秀'三十二张秘方，济世救民，兴家旺族；为九红，我坐过督军的大牢，为槐花，坐过民国的监狱，为香秀，得罪过全家老少，越不叫我干什么，我偏要干什么！除了我妈，我没向谁低过头，没向谁弯过腰！"

2.我，白景琦，生于光绪六年，今年八十六岁，人是老了，可身子板还硬朗，一只烤鸭是吃不动了，可酒还能喝个半坛子，神龟虽寿，犹有竟时，为昭示子孙后代，立此遗嘱：景琦一生，无愧于祖先，无愧于家人。自日寇侵华以来，屡遭迫害，身陷囹圄，保住了秘方，为抗日尽了微薄之力。为气节二字不曾丝毫动摇。光复之日，又遭诬陷，九死一生，虽百折而不屈……回首来路，刀光剑影，血迹斑斑，幸得解放，迎来盛世。景琦未敢稍稍息慢，举合营之首，献秘方于先，赴总理之茶话会，参政协之学习班，亦步亦趋，不甘落于同人之后。无奈子孙不肖，为夺财产，父子相争，夫妻反目，兄弟结仇，姊妹相残。景琦已无回天之力，又不忍见后世子孙专以争夺财产为能事不思进取……

3.三老太爷："人生一世图什么？吃喝玩乐啊！这儿有好多位都是财主，有的是钱，人嘛，只要有了钱想干什么就干什么——抽大烟，逛窑子，山珍海味，绫罗绸缎，人只要有了钱想干什么就干什么！！"

王喜光："对，对，对，白会长说得对！"

三老太爷："可你就有一样不能干——就是不能当汉奸！"

4.玉芬：退一步海阔天空。

七爷：我爷爷说得好，我凭什么退一步啊，我进一步多难啊。

掌柜：俗话说，小不忍则乱大谋嘛。

七爷：我妈说得好，你别让我忍过这口气来，忍过来了，我就一口一口把你咬死。

掌柜：孙老头现在怕是不行了。

玉芬：你快把他拖死了。

七爷：谁让他招我来着！

5.其实我不怕别人说我什么，做一件事，大家伙都高兴，就我一人不高兴，我宁可不做它。如果是大家伙不高兴，就我一人高兴，我还非做不可。为了大家高兴，就违心做自己不喜欢的事情，我活着都觉得多余！

6.姜：这白七爷是为了孙家的案子来的？

白：正是，还请府台大人您多费心哪。

姜：哟，我听说，提督府这陆大人跟你沾亲？

白：陆大人啊，是我堂姐的公公。

姜：哦。

白：啊。

姜：哦，这么回事。

白：哎嘿。

姜：那，这事儿让陆大人直接递个话儿来不就结了？你还单跑一回？

白：哎哟，府台大人，这话我这么跟您说得了。

姜：嗯？

白：就这事儿，我还真没跟他们提，我直接我就到您这来了。

姜：哦。

白：亲戚归亲戚，公务归公务啊。我不能让这亲戚扰乱了您的公务不是？

姜：县官不如现管是吧？

白：啊，我不能少了这个孝敬您老的机会啊。

姜：哈哈哈哈……

白：呵呵呵呵……

姜：哎呀，说起你们家这个亲戚来也真是的。

白：怎么啦？

姜：上个月这陆大人还给我派了一万多两银子的军饷。

白：啊。

姜：他老人家也不想想，我这儿是，是个清水衙门。

白：大人，这事儿您甭管了。就这件事儿啊，我还真替您往心里头去了。不就 1 万多两银子吗？我替您垫办就得了。

姜：哟。

白：您甭操心。

姜：那我可就指望你了。

白：啧，小事一桩您老。

姜：唉，有时候啊，嗯，啧，这当官儿还真难。

白：啧。

姜：还真比不了你们这些买卖人。

白：哟，您说……

姜：你就说去年吧。

白：啊。

姜：这钦差吴大人来回咱们济南府。

白：对呀。

姜：你猜怎么着？我，嘿……

白：怎么着？

姜：我就是一贫如洗了。

白：啊？

姜：唷，活活地我欠了三万多两银子的债。到如今我堵不上这窟窿。

白：（拍手）真的？

姜：嗯……

白：唷，就您这府台大人就这么清贫？

姜：你看……

白：不是你这话拿出去给谁说，谁信哪？

姜：没人信……

白：（伸手）借据，您给我。这事儿由我来办。

姜：嗯，那不行……

白：唷，你瞧你瞧你瞧……

姜：那不行……

白：你瞧你瞧你，咳，你这……

姜：不行不行……

白：你看……

姜：我，我穷有穷志气……咳，我头回见面，我怎么能使你银子呢？

白：嗨哟，一回生，二回熟。您说平常我想孝敬您，他哪儿轮得上我呀？是不是？呵，是吧？

姜：君子之交，君子之交。

白：呵。

姜：哈哈哈，淡如水，一提银子就没意思了。

白：是是是是……

姜：我穷有穷志气。我穷不怕，我怕什么呀？

白：嗯？

姜：我怕是尽不了这孝道。啧……

白：怎么呢？

姜：哎呀，我这老母亲哪，七十多岁了。

白：啊。

姜：不好别的，就好吃口你们家这个泷胶。你说你们家泷胶得多老贵？啊？

白：嗯。

姜：我跟老太太说了，咱不吃不成吗？

白：吃吃吃吃，一定得吃，咱什么都不吃，咱得吃它。

姜：吃？

白：啊。老太太泷胶打今儿起，您猜怎么着？我都包圆了。咱让老太太，吃她个长命百岁，吃她个万寿无疆。呵呵呵……

姜：哈哈哈，过意不去，过意不去。

白：咳，您这是……

姜：你看看我这太太也真是的，今年想点什么不成，非要修祖坟。你没个万儿八千的，修什么祖坟哪？啊？

白：祖坟，我来修。

姜：哎，这事儿就不说了。

白：啊。

姜：你说我这儿子吧……

白：嗯？

姜：啊，好赌。

白：啊——嗯，嗯？！

姜：一宿，就输三万多两银子。哟，哎我说你……

白：哎，哪家赌局这是？

姜：三河驿啊。

白：放心，我去啊。那家老板跟我是至交啊。

姜：哦。

白：啧，您放心得了，不是大侄子的事儿吗……

姜：嗯。

白：我管到底了。

姜：慢着。

白：嗯。

姜：还有。

白：什么？

姜：我们家还有谁来着？

白：（四处寻摸）您，您这是问，问我呢？我哪儿知道还有谁啊？

姜：哈哈哈哈……你看你看你看，这越说就越不像话了。

白：不是不是不是……我是诚心地来孝敬您，谁看不出来啊，您一任知府，两袖清风，是吧？你不能不给我面子啊，您没银子花，我这心里头我就过意不去啊，我心里头太难受了，是不是，您……

姜：就跟我这衣裳不够穿似的，我其实，我习惯了，再说了，为官嘛，是吧？你得清廉哪，你不能让老百姓戳咱们后脊梁骨……（拍桌子）这么得了，二十万两银子，我把事儿给你办了。

白：大人。

姜：嗯？

白：您别急呀。

姜：怎么了？

白：别，这官司，打个一年半载的都无妨……

姜：怎讲？

白：你看，孙家想打赢这官司，就少不了要孝敬您，还有三班衙役呢，这都得弄点散碎银两花呀。

姜：呵呵呵呵，小子，我这官儿，该你当。

白：您这是笑话我，您笑话我呢。嘿。

姜：得嘞，明儿我拿人。

白：明儿我就送银子来。

电视剧《士兵突击》经典台词（节选）

1.许三多：都说成功的时候，人会觉得眩晕，那天我晕得无人能比，指导员没能拍到我在单杠上的胜利，只拍到我单杠下的狼狈。结果这样让我觉得，人前的眩晕和说不出的苦处，这就是成功的味道吧。

2.袁朗：善一旦遇到恶，先受伤的总是善良。所以我后来对自己说，袁朗，你一定要做恶的善良人，因为你不能让你的部下受伤。

3.吴哲：其实，大家都一样，都是想做不正常的正常人。但就算你找到了你所谓的归宿，你也看不见尽头，因为，人生是没有穷尽的，也就没有什么归宿。

4.史班长：许三多同志，中国人民解放军，就这七个字，能让你有啥特殊的想法？

许三多：特殊想法就是那个 Chinese People's Liberation Army.

5.连长：给我写 5000 字检讨。

指导员：连长对你很好，知道吗？

许三多：知道。

指导员：好，说说。

许三多：锻炼写作能力。

6.被褥要求：整整齐齐，平四方，侧八角，苍蝇飞上去劈叉！蚊子飞上去打滑！

7. 白铁军：狗熊是怎么死的？

许三多：怎么死的？

白铁军：笨死的。

许三多：怎么笨死的？

8. 成才在征兵时用朗诵的语气：报告首长，从小我就有一个伟大的理想，那就是加入光荣的中国人民解放军。啊，遥想当年，长征抗战，三大战役，南昌城头点燃的星星之火，燃烧了全中国。那个时候我就在想，如果有一天，我能穿上神圣的军装，接过前辈的钢枪，那是一件多么荣幸的事儿啊！保卫祖国，保卫人民，成为百万雄师中的一员，就像一颗晶莹璀璨的小水滴，融入那茫茫的大海里！报告首长，回答完毕！

9. 袁朗：大家是客人，客人我就要好好儿招待，所以接下来给大家准备的是，直径一百公里范围内的两天行程，对你们来说小 case 吧，武器在提供的范围内，随便挑！食品，随便挑！再挑也只是一份早餐式的野战口粮。

10. 成才被老 A 退回，跟许三多道别时说：许三多，你是一棵树，有枝子，有叶子。我是根电线杆，枝枝蔓蔓都被自己砍光了。

许三多：不是的。

成才：是，从咱俩离开家乡，登上那列军列，那一天开始我就把自己砍光了。

许三多：你不是这样的。

成才：是，我要回去，回去找自己的枝枝蔓蔓了。

11. 钢七连列兵许三多入伍宣誓词：

伍六一：列兵许三多。

许三多：到！

伍六一：你必须记住，你是第四千九百五十六名钢七连的士兵！

许三多：是！

伍六一：列兵许三多。

许三多：到！

伍六一：有的连因为某位战斗英雄而骄傲，有的连因为出了将军而骄傲，钢七连的骄傲是军人中最神圣的一种！钢七连因为上百次战役中战死沙场的英烈而骄傲！

许三多：是！

伍六一：列兵许三多。

许三多：到！

伍六一：钢七连的士兵必须记住那些在五十一年连史中牺牲的前辈，你也应该用最有力的方式，要求钢七连的任何一员都要记住我们的先辈！

许三多：是！

伍六一：列兵许三多。

许三多：到！

伍六一：抗美援朝时钢七连几乎全连阵亡被取消番号，被全连人掩护的三名列兵却九死一生地归来。他们带回一百零七名烈士的遗愿，在这三个平均年龄十七岁的年轻人身上重建钢七连！从此后钢七连就永远和他们的烈士活在一起了！

许三多：是！

伍六一：列兵许三多。

许三多：到！

伍六一：从这个意义上来说，我们是活在烈士的希望与荣誉之间的！

许三多：是！

伍六一：列兵许三多。

许三多：到！

伍六一：我们是记载着前辈功绩的年轻部队，我们也是战斗的部队！

许三多：是！

伍六一：列兵许三多。

许三多：到！

伍六一：下面跟我们一起朗诵钢七连的连歌。最早会唱这首歌的人已经在一次阵地战中全部阵亡，我们从血与火中间只找到歌词的手抄本，但是我们希望，你能够听到四千九百五十六个兵吼出的歌声！一声霹雳一把剑，一群猛虎钢七连。钢铁的意志钢铁汉，铁血卫国保家园。杀声吓破敌人胆，百战百胜美名传。攻必克，守必坚，踏敌尸骨唱凯旋。

电影《无间道》经典台词（节选）

刘建明和陈永仁在天台的经典台词：

刘建明：挺利索的。

陈永仁：我也读过警校。

刘建明：你们这些卧底真有意思，老在天台见面。

陈永仁：我不像你，我光明正大。

陈永仁：我要的东西呢？

刘建明：我要的你都未必带来。

陈永仁：哼，什么意思，你上来晒太阳的啊。

刘建明：给我个机会。

陈永仁：怎么给你机会？

刘建明：我以前没得选择，现在我想做一个好人。

陈永仁：好，跟法官说，看他让不让你做好人。

刘建明：那就是要我死。

陈永仁：对不起，我是警察。

刘建明：谁知道？

电视剧《亮剑》经典对白（节选）

1. 李云龙：又来个白面秀才，不会喝酒你来独立团干啥？

赵刚：我是来打仗的，不是来喝酒的，独立团更不是接收酒囊饭袋的。

李云龙：你少给我咬文嚼字，咱老粗一个，靠玩嘴皮子可打不走鬼子。我让孔副团长搞点儿副业，万家镇来了几百匹马，我让一营给牵回来。

赵刚：这几百匹马可不是一袋烟，谁抽都是抽。

李云龙：赵刚，你少给老子卖狗皮膏药，我在鄂豫皖打仗那会儿，你在哪儿哪？怎么的，是我干的，要杀要剐我顶着，你向师长打报告吧。

赵刚：是啊，你在鄂豫皖打仗那会儿我还是个学生，你是老革命，所以我尊重你，我是新人，但并不妨碍我的革命思想啊。青年怎么了，青年是国家的未来和希望，没有了青年你打的仗又有什么用呢？革命不讲长幼，不分先后，不分党派，这是毛主席说的。李团长你这是相对狭隘的英雄主义思想。革命不也是要讲接班人吗？这怎么连这些都忘了。

2.李云龙：弟兄们，知道我李云龙喜欢什么吗？我喜欢狼，狼这种畜生又凶又滑，尤其是群狼，老虎见了都要怕三分。从今往后我李云龙要让鬼子知道，碰到了我们独立团就是碰到了一群野狼，一群嗷嗷叫的野狼。在咱狼的眼里任何叫阵的对手都是我们嘴里的一块肉，我们是野狼团，吃鬼子的肉还要嚼碎他的骨头。狼走千里吃肉，狗走千里吃屎。咱独立团啥时候吃肉，啥时候改善伙食啊？啥时候改善装备啊？那就是碰到小鬼子的时候！

3.李云龙：天下没有打不破的包围圈，对我们独立团来说，老子就不把它当成是突围战，当成什么？当成进攻。向我们正面的敌人发起进攻，记住，全团哪怕只剩一个人，也要继续进攻，死也要死在冲锋的路上。

4.李云龙：什么叫亮剑？古代剑客们在与对手狭路相逢时，无论对手多么强大，就算对方是天下第一剑客，明知不敌也要亮出自己的宝剑，即使倒在对手的剑下也虽败犹荣，这就是亮剑精神。

5.李云龙：兵熊熊一个，将熊熊一窝。只要我在，独立团就嗷嗷叫，遇到敌人就敢拼命，要是哪一天我牺牲了，独立团的战士也照样嗷嗷叫。我就不相信他们会成为棉花包，为什么呢？因为我的魂还在！

6.任何一支部队都有自己的传统，传统是什么？传统是一种性格，是一种气质，这种传统性格，是由这支部队组建时首任军事首长的性格和气质决定的，他给这支部队注入了灵魂。从此不管岁月流逝、人员更迭，这支部队灵魂永在。同志们，这是什么？这就是我们的军魂。我们进行了二十二年的武装斗争，从弱小逐渐走向强大，我们靠的是什么？我们靠的就是这种军魂，我们靠的就是我们军队广大指战员的战斗意志，纵然是敌众我寡，纵然是身陷重围，但是我们敢于亮剑，我们敢于战斗到最后一个人，一句话，狭路相逢勇者胜，亮剑精神就是我们这支军队的军魂。剑锋所指，所向披靡。

7. 你听说过新一团吗？我刚接手新一团的时候，部队还没有形成战斗力，部队缺少训练，战士缺少实战经验，最关键是缺少武器装备，轻机枪全团不到十挺，重机枪一挺都没有，步枪是老套筒，汉阳造，膛线都磨平了，就这样，两个人都分不到一支枪，我去找旅长，你猜旅长怎么说？旅长说，要枪没有，要命一条，你李云龙看我的脑袋值几条枪你就砍了去，拿去换枪。我说旅长啊，我好歹也是堂堂正规军的团长了，总不能连县大队都不如吧，这不是砸咱们师的牌子吗？你猜旅长怎么说？我有装备我要你干什么啊，你既然有能耐当团长，你就有能耐出去搞枪，要不然你就回家抱孩子去，别在这给我丢人现眼。得了，我等的就是这句话，不给我枪可以，但是你别给我戴紧箍咒啊，你总得给我点自主权吧，不能什么都让你大旅长占了去，又想让我搞枪，又想让我当乖孩子，就叫不讲理啊。旅长说，我什么都不管，我什么都不问，去去去，别在这烦我，我警告你李云龙，你少拿这些屁事来烦我。就这么着，不到一年的工夫，咱们新一团什么都有了，九二式、歪把子、掷弹筒、迫击炮，手里的家伙全了，咱们的腰杆子就硬。没有这个家底我敢跟板田联队硬碰硬地去干，做梦吧。

8. 某团长：我去过李云龙那个团，我的感觉是这支部队很特别，从团长到士兵都有一种气质。

副总指挥：说详细点，什么气质？

某团长：桀骜不驯、性如烈火，这么说吧，整个部队就像一大堆干柴，平时堆在那并不起眼，只要有一颗火星，轰的一下就是冲天大火，能点着这堆火的人就是李云龙。往往在投入战斗时，李云龙几句话一煽，全团人就嗷嗷叫着往上冲，这样的部队往往战斗力很强。

9.老师长：我们这支从山沟里浴血拼杀出来的军队，今天终于有了自己统一制式的军服、统一制式的装备和严格的规章制度、条令条例，这在我军的历史上是具有划时代意义的。关于军队正规化的问题，我是有很多感触的，那还是在淮海战役的时候，中野和华野的部队一会师，大家互相看一看总觉得那么不对劲，为什么呢？都是解放军，我们穿的衣服、军装的制式、颜色五花八门，不一样的，有灰的、绿的、土黄的，当时我们没有这个条件，我们还没有统一的被服厂。今天，我们终于有了自己的陆军、海军、空军和其他技术兵种。我们知道，军人的职责是维护国家的统一和领土完整，消灭一切敢于来犯之敌。同志们，今天是个值得庆祝的日子，在座的所有同志，从将军到列兵，都应该为今天而感到自豪，我们可以拍着胸脯说：我，是一个兵。

10.剧终独白：分列式检阅开始，强大的陆海空部队迈着整齐的步伐走来，走在最前面的是军事学院的队伍，各军事学校和各兵种的队伍，这些具有高度训练水平的队伍，他们曾经扛着枪穿着草鞋，翻过雪山、越过草地，经过长期的艰苦奋斗，直到取得胜利。为了自由、为了和平，他们曾经付出过巨大的代价。现在，我们正在努力学习军事科学知识，为建设强大的现代化的国防军而奋斗。

课程管理

课时建议：2课时

课程评价

1. 了解何为台词。
2. 认真观看教师选取的视频，更深入地了解不同表演形式的台词的区别。
3. 了解台词对沟通的作用。
4. 学会运用台词表达自己，并与人进行沟通。

小 品

课程目标

1. 了解小品的基础知识点。

2. 课上分角色朗读教师所选小品剧本（节选），体验小品表演的乐趣。基本掌握如何鉴赏小品。

课程功能

把课堂的主动权交给学生，让他们用体验的方式感受戏剧的魅力，在学习知识的同时也能获得戏剧带来的快乐。

课程内容

1. 什么是小品

小品是最短小的戏剧作品，又称戏剧小品。

2. 种类

可分为话剧小品、戏曲小品和电视小品等。最初是一种用来进行表演和导演基础训练的形式，如表演训练中的单人小品、交流小品、集体小品、生活观察小品；导演训练中的事件小品、画面小品、音响小品、成语小品、主题小品等。目的在于通过这些不同的练习，使开始学习表演或导演的学生掌握表演和导演的最基本元素。后来逐渐发展成为一种舞台演出或利用电视进行转播的演出形式，成为广大观众喜闻乐见的艺术品种。

3. 小品三要素

（1）主题；（2）事件；（3）规定情境。

4. 小品四要求

（1）主题鲜明、寓意深刻；（2）事件典型；（3）结构精巧；（4）规定情境清楚。

5. 小品的特点

小品的特点是短小，但它仍应具有戏剧作品主要的因素。小品虽然短小，但能够在非常精练的表现篇幅时间里真实、深刻地反映和评价生活，并揭示出深刻的思想与哲理，塑造出鲜明生动的人物形象。小品亦可有不同的风格体裁，如喜剧小品、正剧小品、悲剧小品、荒诞小品等。在中国舞台与电视中的小品大多是喜剧小品。总结如下。

（1）短小精悍，情节简单。这是小品与其他艺术作品和艺术表现形式最基本的区别。小品的篇幅小，演出的时间一般在 15 分钟左右。虽然短小，但是它有中心的事件，有矛盾冲突。事件比较单纯，主题明确，人物性格鲜明，语言简练、生动、幽默。

（2）幽默风趣，滑稽可笑。小品是"笑"的艺术。好的小品大多有足够的笑料，让人在笑声中受到启发，得到教益。

（3）雅俗共赏，题材广泛。小品反映的小题材、小事件源于基层和老百姓的生活。人世冷暖、世相百态都是小品描写的对象，都可以通过小品这种形式在艺术上得到升华，在舞台上进行演出。

（4）贴近生活、角度新颖、语言精练、感染力强，这是小品创作的基本要求。只有贴近生活的作品，群众才喜闻乐见，才易于接受。源于生活、高于生活、适度夸张、事例典型，这是成功小品的要领。

（5）针砭时弊，内含哲理。透过表面现象，讽刺一些不合理的事物，揭示一定的哲理，寓教于乐。这既是小品的本意，也是人民群众对它的进一步要求。

6. 小品创作

（1）深入生活，贴近生活，体验生活，从生活中找灵感。要用艺术的眼光去发现题材、挖掘题材。

（2）题材宜小不宜大，要"大题小做"，不要"小题大做"。

切忌包罗万象，搞"高大全"，一个小品最好只反映一件事物，或者只反映一件事物的一个侧面。内涵丰富、说理充分的题材，是电视系列片或长篇小说的事，不要和小品混为一谈。

（3）要有笑料和"包袱"，语言要生动、幽默、诙谐，不要板着面孔说话。小品最宝贵的，是语言的生动有趣、妙语连珠。要巧妙地运用各种修辞手法，切忌平铺直叙。

（4）不要把小品写成相声或小戏剧，要突出小品的特点。有些小品作者用心良苦，立意也不错，总想把小品写得很有思想性，对人有教育意义。但表演效果适得其反，就是因为他们没有把戏剧和小品真正区别开来。

相关资料

小品名称大致起源于艺术学校和演艺团体。在美术界，一幅简洁的、单纯的小作品称为小品。它本身没有复杂的内涵，只反映事物的一个侧面或现象，表现形式较单一，如国画小品、版画小品、油画小品。在演艺界，通过形体和语言表现一个比较简单的场面或艺术形象的单人表演或组合表演，也称为小品。

小品最早是演艺界考试学员艺术素质和基本功的面试项目，一般由录取单位老师现场出题，应试者当场表演。1983 年，在第一届央视春节联欢晚会上严顺开表演的《阿 Q 的独白》，首次运用了"小品"这一表演形式。

1984 年的春节联欢晚会，陈佩斯和朱时茂表演的《吃面条》使小品正式成为一种独立的艺术表演形式。1985 年，中央戏剧学院表演系 80 班的一个观察生活练习《卖花生仁的姑娘》，作为戏剧小品被搬上了春节联欢晚会，岳红、高倩、丛珊、曹力诸明星朴实的表演，诙谐幽默的风格赢得了观众、专家、学者的一致好评，从此中央电视台春节联欢晚会有了一个新的艺术形式"小品"。由于春节联欢晚会这个媒介，小品作为不可或缺的独立的节目参与演出中。其活泼、诙谐的表演形式备受观众的喜爱。如陈佩斯、朱时茂的小品《吃面条》，其滑稽、幽默的形象动作获得了群众的高度赞赏和认可，并直接引发了春晚舞台上的小品表演风潮，具有深远的影响意义。受其影响，随后赵丽蓉、宋丹丹、巩汉林、赵本山、范伟、高秀敏、黄宏、郭达、郭冬临等一大批小品明星脱颖而出，小品这个新的演艺形式空前火爆，题材也空前丰富，小品反映社会现象的深度、广度及其表演形式也渐趋多样化。从此小品成为文艺舞台上不可或缺的独特的文艺节目。

拓展 / 实践

与同伴一起分角色大声朗读以下小品剧本，注意语言清晰，语气尽量贴合角色。

小品《快与慢》

儿子：爸，我回来了。

爸爸：儿子，你回来啦！

儿子：爸，你在干吗呢？

爸爸：我在做你最喜欢的红烧肉啊。

儿子：红烧肉啊，我最爱吃啦！

爸爸：我特意为你做的。

儿子：爸，看，录取通知书！

爸爸：啊，我太高兴啦！

三姑：呀，你儿子考上大学啦，你再也不用卖豆腐啦。

爸爸：哈哈哈哈哈，我再也不用卖豆腐了，我太高兴啦！

儿子：三姑呀，我爸这是咋啦？

三姑：你爸高兴死啦！

儿子：我爸高兴死啦。我太难受！

导演：停停停（冲上来）你们演的这是什么？啊？我根本都看不

下去了，要不然我能叫停吗？这人都死了，不紧不慢的怎么？（手指向爸爸）再一个你那个机位也不对啊，你得躺那儿啊，对不对？

（演员都装作懂了的样子，点点头）

导演：啊，码紧点，节奏快一点儿，这一个戏得拍多长时间啊，好，再来一次啊，快一点儿，来。

（导演下场，所有人重新准备）

导演：开始！

（快速地演）

儿子：爸，我回来了。

爸爸：儿子，你回来啦！

儿子：爸，你在干吗呢？

爸爸：我在做你最喜欢的红烧肉啊。

儿子：红烧肉啊，我最爱吃啦！

爸爸：我特意为你做的。

儿子：爸，看，录取通知书！

爸爸：啊，我太高兴啦！

三姑：呀，你儿子考上大学啦，你再也不用卖豆腐啦。

爸爸：哈哈哈哈哈，我再也不用卖豆腐了，我太高兴啦！

儿子：三姑呀，我爸这是咋啦？

三姑：你爸高兴死啦！

儿子：我爸高兴死啦。我太难受！

导演：停停停（冲上来）什么呀这是，我一揉眼睛我都没看着，怎么这么快呢？！

爸爸：你不是说快吗，码紧吗？

导演：不是你……码紧归码紧，但你们得把这个戏撑开咯演，对不对？

（演员互相看看对方）

导演：你得有节奏吧，慢点，慢点，太快了，慢点演。

爸爸：导演这费工。

（特别慢地演）

儿子：爸，我回来了。

爸爸：儿子，你回来啦！

儿子：爸，你在干吗呢？

爸爸：我在做你最喜欢的红烧肉啊。

儿子：红烧肉啊，我最爱吃啦！

爸爸：我特意为你做的。

儿子：爸，看，录取通知书！

爸爸：啊，我太高兴啦！

三姑：呀，你儿子考上大学啦，你再也不用卖豆腐啦。

爸爸：哈哈哈哈哈，我再也不用卖豆腐了，我太高兴啦！

儿子：三姑呀，我爸这是咋啦？

三姑：你爸高兴死啦！

儿子：我爸高兴死啦。我太难受！

导演：停停停停，你干什么呢？这是电影又不是电视剧。何况又不是偶像剧，你干什么呢？

爸爸：导演，这不是按你说的演呢吗？这多费工。

导演：你们得有节奏感啊，什么叫节奏感你知道吗？有快有慢。我让你快你就快成那样，让你慢你就慢成那样。

儿子：导演，那怎么办？那听你的。

导演：听我指示，先慢着演。

儿子：爸（导演说，快），我回来了。

爸爸：儿子，你回来啦！

儿子：爸，你在干吗呢？

爸爸：我在做你最喜欢的红烧肉啊。

导演：慢。

儿子：红烧肉啊，我最爱吃啦！

导演：快。（爸爸忘词了，导演说，慢）

爸爸：我特意为你做的。

儿子：爸，看，录取通知书！

导演：快。

爸爸：啊，我太高兴啦！

导演：慢。

三姑：呀，你——儿——子——考——上——（导演说，快）大学啦，你再也不用卖豆腐啦。

爸爸：哈哈哈哈哈，我再也不用卖豆腐了，我太高兴啦！

导演：慢——快。

儿子：三姑呀，我爸这是咋啦？

导演：慢。

三姑：你爸高兴死啦！

儿子：我爸高兴死啦。（导演说，快）我太难受！

导演：这才对嘛，节奏感。

三姑：什么导演？

爸爸：有病吧。

儿子：你会导戏吗？

导演：这就拿奖的片子，你们就不演了？

剧本引用自综艺节目《爱笑会议室》

课程实施

课时建议：2~3 课时

课程评价

1. 认真观看教师选取的视频，通过教师的讲解更加深刻地了解小品是什么。

2. 认真参与课堂实践活动，并表现出浓厚的兴趣。

戏剧与电影、电视间的联系

课程目标

1. 了解电影、电视剧的基本概念。

2. 了解戏剧与影视的异同点。

3. 学会如何鉴赏影视作品。

课程功能

通过对影视剧相关知识点的普及，学会如何品鉴影视作品的好坏，引导学生欣赏优秀作品。

课程内容

一、影视剧的基本概念

1. 电视剧

电视剧（又称为剧集、电视戏剧节目、电视戏剧或电视系列剧）是一种专在电视上播映的演剧形式。它兼容电影、戏剧、文学、音乐、舞蹈、绘画、造型等现代艺术诸元素，是一种应用电视广播特点、融合舞台和电影艺术的表现方法而形成的现代艺术样式。一般分单本剧和系列剧（电视剧集），利用电视技术制作并通过电视网放映。电视发明后得到不断普及，最后渐渐改变大家的艺术欣赏方式。电视剧的播放平台一般叫剧场。

电视剧是随着电视广播事业的诞生而发展起来的，幕后有一定的推动作用，一些电视剧网站孕育而生，比较典型的如分类电视剧在线观看网站很受大众的喜爱。生活中，电视剧的定义已经狭义化，仅指电视剧集系列，而非其他形式。

2. 电影

电影，起源于法国，是一种综合艺术，利用视觉暂留的原理用强灯光把拍摄的形象连续放映在银幕上，看起来像实际活动的形象。意大利诗人、电影先驱乔托·卡努杜在世界电影史上第一次宣称电影是一种表演艺术，并将电影定义为除建筑、音乐、绘画、雕塑、诗和舞蹈以外的"第七艺术"。

电影的分类：故事片、纪录片、动画片等。

三大电影节：威尼斯、戛纳、柏林国际电影节。

3. 影视

影视（Movieand Television）包含电影、电视剧、节目、动画等，它的载体为磁带、胶片、存储器等，影视剧的主要奖项有奥斯卡、金熊、金狮、金棕榈奖。

参考资料：

[1] 夏征农，陈至立. 辞海 [M].6 版. 上海：上海辞书出版社，2010.

[2]Ricciotto Canudo.The Birth of the Seventh Art[M].1911.

二、戏剧与影视的共同点

1. 形象的直观性

通过视听形象和演员的表演，直接具体、栩栩如生地呈现在观众面前，甚至无须思索、想象，便能轻松愉快地感受到生动、直观的审美愉悦。

2. 综合性艺术

戏剧、影视同时拥有了视觉与听觉、表现与再现、时间与空间艺术的审美功能。

3. 叙事性艺术

戏剧、影视的表演必须依赖于曲折有致、引人入胜的故事情节，展示紧张、激烈、集中的矛盾冲突。

4. 表演性艺术

戏剧、影视都具有二度创造性，表演性是其中心环节。

三、戏剧与影视的区别

1. 观演一体与观演分离的艺术

就戏剧而言，当演员在舞台上进行表演时，演到精彩处，观众通过自己的掌声、笑声、叹息、哭泣来表达他们对演员表演的认同，使演员和观众之间形成现场性与双向交流特点。而在影视表演过程中则体现出观演分离的特点，演员直接面对的是摄像机镜头，不是观众，等影视制作完毕，观众才能观看。

2. 演员表演的一次性与多次性

正是由于戏剧演员表演的现场性，与观众的双向交流性，所以需要演员多次排练，最后从头至尾、准确无误地一次性完成自己的表演。而影视演员的排练却是短暂的，他们依照剧本以即兴创作的方式来进行自己的表演，反复重拍，直到导演满意为止。

3. 假定性与纪实性艺术

在剧场内，演员表演的舞台空间是以假定性见长的。戏曲具有歌舞性、程式化、虚拟性的特点，舞台表演的语言多为夸张性。影视艺术营造的环境是极其逼真的，全景、中景、近景和特写等不同景别的运用，使观众多角度、多视点地欣赏到演员的表演，高清晰度、高灵敏度的话筒的运用，使影视演员可以用最自然、最松弛、最口语的方式完成角色语言的创作。

4. 按照剧本顺序与改变表演顺序

为了加快拍摄进度，节省拍摄经费，影视一般不按照剧情发展的顺序而是按照"打乱叙事顺序""时空跳跃"的方式进行拍摄。发生在同一场景中所有场次的戏都是集中在同一时间段里拍摄的，而不去考虑这些戏在剧本中的顺序。戏剧的表演则需要按照剧本顺序从头到尾在同一个舞台上表演，并不会改变演出场所。

另外，演员在影视表演的过程中，不但要打乱正常的表演顺序，而且还要将每段相对完整的戏"化整为零"，分解成若干更小的单位——"镜头"。以镜头为单位进行表演，是影视表演区别于戏剧表演的重要特征之一，蒙太奇是电影的本质。

四、对影视作品的欣赏、鉴赏和分析

进行影视赏析，需要对影视作品的各构成元素（如画面、音乐、人物、剧情等）有较清楚和深刻的认识和理解，具备相关理论知识，用评论、对比等方式阐述自己对影视作品的理解。

释义

欣赏电影自问的问题：

a. 影片片名与故事内容有什么关系？（破题）

b. 影片主题是什么？谁是主角？内容为何？（文本分析）

c. 影片描述的年代为何？拍制的时间又为何？（历史考证）

d. 这部影片与我看过类似的影片有什么相同或差异之处？（类型研究）

e. 本片与这个导演其他作品的差异是什么？（作者论）

f. 这部影片的形式与风格有何特殊之处？（例如，音乐的作用）（形式研究）

g. 为什么要用这种方式开场？如何说故事？又如何结束？（结构研究）

h. 这部影片有什么社会政治意涵？（意识形态批评）

影片讨论

1. 主题：这部片子是关于什么的故事？

2. 叙述结构：这个故事如何说出来？

3. 角色：有哪些人在故事里？

4. 观点：谁来讲这个故事？

5. 场面调度：这个故事如何被搬演？

6. 构图与镜头：摄影机如何呈现这个故事？

7. 画面剪辑（蒙太奇）：故事发展的逻辑关系为何？

8. 声音：声音与影像的关系为何？有无特殊表现？

9. 意识形态：影片是否呈现社会上关于种族、阶级、性别等想法？

拓展阅读

1. 场记：属于影片拍摄阶段的一项工作内容，也指担任这一工作的专职人员。主要任务是将现场拍摄的每个镜头的详细情况，如镜头号码、拍摄方法、镜头长度、演员的动作和对白、音响效果、布景、道具、服装、化装等各方面的细节和数据详细、精确地记入场记单。由于一部影片是分割成若干场景和数百个镜头进行拍摄的，拍摄时不能按镜头顺序进行，因此，场记所做的记录有助于影片各镜头之间的衔接，为导演的继续拍摄以及补拍、剪辑、配音、洗印提供准确的数据和资料。场记最重要的任务就是协助导演合理规划镜头，防止穿帮、越轴等失误出现。影片制作结束后，这些记录还可供制作完成台本之用。

场记在电影电视剧中有很重要的作用。一般场记必须准备三样东西，场记板、场记单、剧本。场记板是在每个镜头开拍时需要打板用的。在板子上记录摄像机将要拍的集数、场数、镜数。然后被摄像机拍摄。

场记单。场记单有一定的格式。先写上集数、场数、镜数、条数，再写上拍摄的内容，最后记录时间码，并且要对导演满意的条数做记录。

剧本是现场导演对记录画面的要求，比如，如何分镜、景别等，以及细节之类的。比如，演员在这场戏穿什么衣服、什么鞋子，需要与哪一场戏连戏，等等。

做一个场记要时时在导演身边及时记录导演所说的。

（1）对拍摄的每一个镜头和导演及主要创作人员的艺术处理进行详细的记录。

（2）对景号、镜号、拍摄内容、拍摄方法、镜头长度、演员的对话、服装、道具进行核对记录，保证被分割的若干场景和众多的镜头顺利拍摄，为后期剪辑、配音、洗印等提供数据和材料。

2.剧组服务简称剧务，是电视剧摄制过程中的日常事务负责人，其主要工作任务是在制作主任的直接领导下做好衣、食、住、行等方面的工作。

因摄制组人员众多，大的组可达一百多人。有些大的场景可达几千人甚至上万人。剧务主任还负责与这些人的所在单位及有关个人、家长等方面打交道。他要调动剧务组全体成员，与分派各处的场记及时联系，同时在预定的时间内做好各项准备工作。他们的工作重心在两头：一是开拍前，一是拍摄后，所有的"杂事"都由他们全权处理，别人、别的部门一概无权过问。

3.场工：场地布置、摆设安排之类的工作。

4.特约演员指的是电影中的小角色，通常只有几句台词，或在电影中具有某一片刻的戏剧意义，亦称"小配角"。要求：外形条件好；普通话流利；有一定的演戏经验；男生要高于1.75米，女生要高于1.6米；适合这部戏的人物角色。一览英才网的统计数据显示，深圳群众演员一般收入为每天30元，特约演员则分为大、中、小三个级别。小特约演员每天收入100元，有一两句台词，会在镜头前稍微露一下脸；中特约演员每天收入400~500元，需要有较好的演技和经验；大特约演员一天能有几千元的收入，在业内小有名气。

5.导演，是制作影视作品的组织者和领导者，是通过演员表达自己思想的人，是把影视文学剧本搬上荧屏的总负责人。作为影视创作中各种艺术元素的综合者，导演的任务是组织和团结剧组内所有的创作人员、技术人员和演出人员，发挥他们的才能，使众人的创造性劳动融为一体。

导演就好比军队的最高指挥者，一部影视作品的质量，在很大程度上取决于导演的素质与修养；一部影视作品的风格，也往往体现着导演的艺术风格和性格，更能体现出导演的价值观。

导演职责：导演与主要创作人员研究和分析剧本，为剧本找到恰当的表达形式，负责整部剧的艺术准则。

（1）与制片人联合提名和推荐演员角色人选。

（2）根据剧本和拍摄要求选择外景或指导搭建室内景。

（3）指导道具组完成道具的准备和布置工作。

（4）指导现场拍摄工作。

（5）与出片方商讨作品的宣传计划。

（6）指导拍摄现场的灯光、剧务、演员、摄像、录音、美术、化装、服装等各部门工作。

6.副导演，在剧组中担任部分导演职能，辅助导演工作并主管某一方面的人员。电影导演的主要助手。在导演的指导下，协助导演完成影片的艺术创作和拍摄工作。视工作的繁简，一个摄制组可有一个或几个副导演。副导演按工作划分为两大类——现场副导演和选角副导演。

7.编剧主要以文字表述的形式完成节目的整体设计，既可原创故事，也可对已有的故事进行改编（个别需获得授权），一般创作好剧本后，编剧会将剧本交付导演审核，若未通过审核，则可与导演一同进行二次创作（剧本的修改权归编剧所有）。因为各种编剧所从事的职业领域不同，一般分为电影编剧、电视编剧和话剧编剧等。编剧的艺术素养要求较高，一般要具有较强的文学表达能力，熟悉影视、戏剧、广告、专题片运作的相关流程和表现手法等。

编剧需要具备的基本能力如下。

①影视、戏剧、广告及专题片剧本的前期内容策划：题材选择、表现手法及方式创意。

②编写剧本，即创作出故事、台词、主戏以及过场戏，突出故事中心，塑造人物性格。

③把一定内容以剧本或稿本形式表现出来，掌握电视特性及创作规律，善于运用视听造型来表达事情。和导演一起研究剧本，做出修改，使其更加适合电视表现。

导演分类：

①影视导演

运用演员的身体及情绪、视线的选择、光线的调度、画面的构成、剪辑的逻辑、音声的搭配，将某个剧本呈现于影视屏幕上，从而将这个剧本，以及它的思想——如果有的话——表现给观众的人。

影视工业涵盖多元的专业技术，包括制片、摄影、灯光、美术指导、场务、演员、录音、混音、后期特效等，十分庞杂。绝大多数现代影视导演无法广泛专精以上各项专业技术，但他/她仍可以支配旗下所有各部门的专业人士，依照他/她的意志工作。

②舞台导演

舞台导演的工作是一个贯穿的完整过程，从剧本的阅读、演员的选择与合作，到舞台空间、服装化装、灯光等的设计，都是导演工作的组成部分，我国舞台导演孟欣、孟京辉、田沁鑫、米龙、张继刚等便是舞台导演的杰出代表。

③现场副导演

在创作方面，主要协助导演进行分镜头剧本的编写。

在影片进入拍摄时，根据导演的意图与指示，检查拍摄现场的准备工作，协助导演指挥现场，直至完成全部影片的后期工作。

根据导演的安排，有时也分工直接指挥拍摄某些次要的场景镜头或在导演的指导思想下代替导演执行全部现场拍摄工作。

④选角导演

在影片的筹备阶段和摄制前的准备阶段，协助导演选择演员；联系音乐、美工、造型、服装、道具等部门的创作设计；选看外景、排戏等。

在影片拍摄中负责招募群众演员、特约演员及小角色，并指导表演。

a.选演员

一号、二号主演按惯例由导演选择，副导演只是负责联络，看对方是否档期允许，对剧本和导演是否有兴趣合作，而其他主演，重要与次要角色的扮演者，则需要副导演去寻找。

b.指挥群众场面

拍摄前与导演商洽并领会该场面的导演意图，进场前监督群众演员的化装、服装、道具及时到位，到现场后，及时安排群众进入场地，走场、排练，让导演检验、调整。通过监视器了解拍摄中镜内空间范围，对群众演员少说戏，人多往往听不清，以动作作为指示。

c.监管化装、服装、道具

并非负责，主要是由三部门的主管执行、实施；副导演只监管现场的催场，检查化装、服装、道具是否准确。

咬文嚼字

【剧本】戏剧作品。

【剧场】供演出戏剧、歌舞、曲艺等用的场所。

【剧词】台词；亦作"剧辞"。

【剧辞】见"剧词"。

【剧乐】指歌剧。

思考 / 探索

分别观看一段舞台剧和影视剧作品，对比和感受其中的异同之处。

课程管理

课时建议：1~2课时

课程评价

1.认真观看教师选取的视频，通过教师的讲解更加深刻地了解影视剧是什么，以及其与戏剧的关系。

2.认真参与影片的讨论，从视听感受、寓意等角度进行讨论。

话 剧

课程目标

1.了解并掌握话剧、歌剧的基本概念、特征。

2.了解话剧的构成要素。

3.学会鉴赏话剧作品。

课程功能

通过对话剧、歌剧相关知识点的普及，学会品鉴话剧、歌剧作品的好坏，引导学生欣赏优秀作品。

课程内容

一、话剧

话剧，简单地说，就是以对话和动作作为表演的主要形态特征的舞台戏剧，是一门综合艺术。目前还没有一个全面而精确的定义。我们要弄清什么是话剧，首先要从它与戏曲、戏剧的区别入手。

二、话剧的特征

1. 舞台性：话剧是以舞台为依托进行表演的一门艺术，它要求当众表演，观众现场观赏。

2. 直观性：话剧表演是演员以角色的形态、动作、台词在舞台上表演，从服装、化装、道具等各方面去塑造角色，结合音效、PPT 等，通过视觉和听觉直接影响观众，让观众直观地了解剧中的人物形象。

3. 综合性：话剧表演综合剧本文学创作、演员的表演，以及灯光、服装、道具、音效、化装等方方面面，缺一不可。

4. 对话性：话剧表演与其他表演艺术最大不同之处，在于通过大量的舞台对话来展现剧情和塑造人物。

三、话剧的构成要素

1. 剧本：是一剧之本，是演出的思想基础和艺术基础。

2. 导演艺术：是戏剧由戏剧文学转变为舞台艺术的把控者。

3. 演员：舞台剧的中心，他们通过自己的表演将剧本中的文学形象转化为舞台形象。

4. 造型：舞台美术，包括布景、道具、灯光、服装、化装等，是为演员塑造舞台形象服务的。

5. 音响与音乐：音响有自然音响，也有创设的音响，音乐分烘托性和揭示性两种。

6. 节奏：存在于戏剧中的非直观的物质形态，包括外在时空节奏和内在情绪节奏。

歌　剧

课程内容

歌剧（opera）是将音乐（声乐与器乐）、戏剧（剧本与表演）、文学（诗歌）、舞蹈（民间舞与芭蕾）、舞台美术等融为一体的综合性艺术。

近代西洋歌剧产生于 16 世纪末的意大利，后逐渐流行于欧洲各地。中国宋元以来的戏曲，也属于歌剧性质。歌剧是一门西方舞台的表演艺术，简而言之，歌剧主要或完全是以歌唱和音乐来交代和表达剧情的戏剧（是唱出来而不是说出来的戏剧）。歌剧的演出和戏剧的所需一样，都要凭借剧场的典型元素，如背景、戏服以及表演等来展现。

一般而言，与其他戏剧不同的是，歌剧演出更看重歌唱和歌手的传统声乐技巧等音乐元素。歌剧的演唱方法以美声为依托，对表演者的演唱功底有着非常高的要求。歌手和合唱团常有一队乐器手负责伴奏，有的歌剧只需一队小乐队，有的则需要一个完整的管弦乐团。有些歌剧中会穿插舞蹈表演，如不少法语歌剧会有一场芭蕾舞表演。歌剧被视为西方古典音乐传统的一部分，因此和经典音乐一样，流行程度不及当代流行音乐，而近代的音乐剧被视为歌剧的现代版本。

世界上第一座歌剧院——圣卡西亚诺剧院（Teatrodi San Cassiano）于 1637 年在威尼斯揭幕，向一般观众开放，从而结束了歌剧由皇室和贵族垄断的时代，大大推动了歌剧的发展。

歌剧的代表作：《卡门》《图兰朵》、罗西尼的《塞维利亚的理发师》、莫扎特的《魔笛》《费加罗的婚礼》《茶花女》《奥赛罗》《蝴蝶夫人》和《艺术家的生涯》等。

拓展阅读

一、剧场性与文学性并重

对戏剧文本而言，剧场性表现为作者预设在作品中的现场观众感知的规定性；对剧场演出而言，剧场性既表现为一种对观众的现实拉力，又表现为观众的反作用力，是一种互动效应。舞台上演员的表演对观众会产生视觉和听觉的刺激，同时观众在观看过程中所产生的反应也时刻牵动演员的表演，又成为"观演关系"。这种观演刺激是荧幕无法给予的。在戏剧中，剧场性强，戏剧的效果就好，戏剧的生命力也就强。剧场性融戏剧性、舞台性、表演性、假定性为一体。

文学性就是作品对于社会人生深刻的认识、把握与表现，是揭示人生世相本来面目的特征。它是以形象和典型作为内核的，以语言为外在表现形态。文学性与剧场性是戏剧的主要特征，二者不可偏废。但中国的戏曲、歌剧、舞剧的文学性都比较弱，只有话剧才能做到。

二、真实性与通俗性的统一

话剧是贴近生活的生活化的戏剧，真实又通俗易懂。

当代话剧形式多种多样，出现了传统话剧、实验话剧、先锋话剧等多种话剧的表现形式。话剧体系也走向多样化。

三、三大戏剧体系

1. 体验派

代表人物有英国演员 H. 欧文、意大利演员萨尔维尼、俄国的 K.C. 斯坦尼斯拉夫斯基等。

对演员的要求为："在舞台上，在角色的生活环境中，和角色完全一样正确地、合乎逻辑地、有顺序地、像活生生的人那样地去思想、希望、企求和动作。"他称此为体验角色（真听，真看，真感受）。

2. 表现派

主张演员要把工具锻炼得像雕塑家手里的一堆柔软的黏土，可以让扮演者随心所欲地捏成各种形状。

3. 程式性

中国戏曲表演的主要特征就是它的程式性，戏曲表演必须遵循一定的程式规则，舞台上不允许有自然形态的原貌出现。一切自然形态的戏剧素材，都要按照美的原则予以提炼、概括、夸张、变形，使之成为节奏鲜明、格律严整的技术格式，即程式。比如，服装的样式、脸谱化的形象（把忠臣或好人扮成红脸；把奸臣或坏人扮成白脸；把性格严肃、不苟言笑又威武有力的扮成黑脸）、唱腔唱法、舞台上走路的步数都是规定好的，不得随意改动。

以下为话剧的经典剧目。

1.《雷雨》（作者：曹禺）

2.《这不过是春天》（作者：李健吾）

3.《日出》（作者：曹禺）

4.《原野》（作者：曹禺）

5.《上海屋檐下》（作者：夏衍）

6.《夜上海》（作者：于伶）

7.《放下你的鞭子》（作者：陈鲤庭）

8.《屈原》（作者：郭沫若）

9.《法西斯细菌》（作者：夏衍）

10.《梁上君子》（作者：佐临）

11.《风雪夜归人》（作者：吴祖光）

12.《升官图》（作者：陈白尘）

13.《桃花扇》（作者：欧阳予倩）

14.《龙须沟》（作者：老舍）

15.《马兰花》（作者：任德耀）

16.《关汉卿》（作者：田汉）

17.《茶馆》（作者：老舍）

18.《蔡文姬》（作者：郭沫若）

19.《于无声处》（作者：宗福先）

20.《大风歌》（作者：陈白尘）

21.《陈毅市长》（作者：沙叶新）

22.《松赞干布》（作者：黄志龙执笔，次仁多吉、洛桑次仁口述）

23.《风雨故人来》（作者：白峰溪）

24.《一个死者对生者的访问》（作者：刘树纲）

25.《狗儿爷涅槃》（作者：刘锦云）

26.《北京往北是北大荒》（作者：杨宝琛）

27.《天下第一楼》（作者：何冀平）

28.《李白》（作者：郭启宏）

29.《立秋》（作者：姚宝瑄、卫中）

30.《黄土谣》（作者：孟冰）

31.《有一种毒药》（作者：万方）

32.《暗恋桃花源》（作者：赖声川）

咬文嚼字

【演播】通过广播表演、讲说。

【演播室】播送无线电广播或电视节目的房间或场所。

【演唱】表演（歌曲、戏曲）。

【演出】把戏剧、舞蹈、曲艺、杂技等演给观众欣赏。

【演出本】也称"台本"。专指经过导演处理而作为舞台演出底本的剧本。

【演词】演说词。

【演辞】演词。

【演稿】演说的稿子。

【演古劝今】演，表演。表演古代的故事劝诫今天的人。

思考 / 探索

分别观看一段话剧和歌剧作品，对比和感受其中的异同之处。

课程管理

课时建议：1 课时

课程评价

1.认真观看教师选取的视频，通过教师的讲解更加深刻地了解何为话剧和歌剧。

2.认真参与讨论，从视听感受等角度进行讨论。

舞　剧

课程目标

1. 了解并掌握舞剧、音乐剧的基本概念。

2. 了解舞剧、音乐剧的异同点。

3. 学会鉴赏舞剧、音乐剧作品。

课程功能

通过对舞剧、音乐剧相关知识点的普及，学会品鉴舞剧、音乐剧作品的好坏，引导学生欣赏优秀作品。

课程内容

舞剧是舞台剧本的一种，是以舞蹈作为主要表达手段的舞台艺术。舞剧由若干要素组成，其中最主要的是人物、事件、矛盾冲突。舞剧作为舞蹈、戏剧、音乐相结合的表演形式，在我国历史上源远流长。在可供查证的史书典籍中尚未见有关舞剧艺术起源的记载，不过，具有戏剧因素的乐舞却可追溯至公元前11世纪左右的西周时期，著名的《大武》就是综合了舞、乐和诗等艺术形式，表现武王灭商这一历史事件的情节性大型歌舞。后来出现的《九歌》，虽具有更强的舞剧因素，但依然不是我们今天所认识的严格意义上的舞剧。至于明、清以后，虽有舞蹈融入戏曲的史实，也不能说舞剧已经诞生。

作为一门独立的艺术形式，中国舞剧于20世纪30年代方初见端倪。从某种意义上说，经过"外来艺术"的引进，以及吴晓邦、戴爱莲、梁伦等新舞蹈艺术先驱的探索，才形成了相对完整的中国民族舞剧艺术。1939—1949年，中国舞剧总共不足 10 部，1949—1979 年则出现了 100 多部，1979—2009 年则有 300 多部舞剧，到 2011 年年初为止总共有 500 多部舞剧，数量上为世界第一。[①]

音乐剧

课程内容

音乐剧（英语：Musical theater，简称 Musicals），早期也称为歌舞剧，是一种舞台艺术形式，结合了歌唱、对白、表演、舞蹈。通过歌曲、台词、音乐、肢体动作等的紧密结合，把故事情节以及其中所蕴含的情感表现出来。

虽然音乐剧和歌剧、舞剧、话剧等舞台表演形式有相似之处，但它的独特之处在于：它对歌曲、对白、肢体动作、表演等因素给予同样的重视。音乐剧在全世界各地都有上演，但演出最频密的地方是美国纽约市的百老汇和英国的伦敦西区。

音乐剧的文本由以下几个部分组成：音乐的部分称为乐谱（score），歌唱的字句称为歌词（lyrics），对白的字句称为剧本（book/script）。有时音乐剧也会沿用歌剧里面的称谓，将歌词和剧本统称为曲本（libretto）。

音乐剧的长度并没有固定标准，但大多数音乐剧的长度都介于两小时至三小时之间。通常分为两幕，间以中场休息。如果将歌曲的重复和背景音乐计算在内，一出完整的音乐剧通常包含二十至三十首曲目。

音乐剧擅长以音乐和舞蹈表达人物的情感、故事的发展和戏剧的冲突，语言无法表达的强烈情感，可以利用音乐和舞蹈表达。在戏剧表达的形式上，音

---

① 罗斌《新中国舞剧及其精神》。

乐剧是属于表现主义的。在一首歌曲之中，时空可以被压缩或放大，如男女主角可以在一首歌曲的过程中由相识变成坠入爱河，这在一般写实主义的戏剧中是不容许的。

音乐剧与歌剧的区别

音乐剧经常运用一些不同类型的流行音乐以及流行音乐的乐器编制，在音乐剧里面可以容许出现没有音乐伴奏的对白。音乐剧里面亦没有运用歌剧的一些传统，如没有了宣叙调和咏叹调的区分，歌唱的方法也不一定是美声唱法。但音乐剧和歌剧的区分界限仍然有不少学者对其有争议，如格什温（Gershwin）作曲的《波吉与贝丝》（中国台湾翻译《乞丐与荡妇》）（*Porgyand Bess*）就曾同时被人称作歌剧、民谣歌剧（Folk Opera）和音乐剧。一些音乐剧如《悲惨世界》是从头到尾都有音乐伴奏，而一些轻歌剧如《卡门》却有对白。

音乐剧普遍比歌剧有更多舞蹈的成分，早期的音乐剧甚至是没有剧本的歌舞表演。虽然著名的歌剧作曲家华格纳（Richard Wagner）在19世纪中期已经提出总体艺术，认为音乐和戏剧应融合为一，但在华格纳的乐剧（music drama）里面音乐依然是主导。在音乐剧里，戏剧、舞蹈的成分更重要。

音乐剧与歌舞片关系

很多音乐剧后来又被移植为歌舞片，而剧场版本和电影版本并不一定完全相同。因为剧场擅长场面调度和较为抽象的表达形式，利用观众的想象去幻想故事发生的环境，而电影则擅长于实景的拍摄和镜头剪辑的运用。《西区故事》（*West Side Story*）是其中一个将舞台版本成功移植为电影版本的音乐剧，在横街小巷取景，开创了后来很多音乐电影的先河。亦有歌舞片移植为音乐剧的例子，如《雨中曲》（*Singing in the Rain*）是先有歌舞片，后来才被移植成音乐剧的。

拓展阅读

百老汇

像"好莱坞"与美国电影的关系一样，一提起"百老汇"人们便会很自然地想到美国戏剧。"百老汇"是纽约市曼哈顿区的一条大街的名称。这条大街的中段一直是美国商业性戏剧娱乐的中心，因此"百老汇"就成为美国戏剧活动的代名词了。

百老汇曾经有非常辉煌的历史，这是与美国商业音乐剧的历史密切联系的。百老汇音乐剧（Broadway Musicals）的前身是黑人游艺表演、滑稽剧、歌舞杂剧等，比较多地受爵士乐、摇摆乐的影响，其舞蹈有独创的百老汇风格。1904 年，比特尔·琼斯明确了音乐剧的概念，真正有代表性的剧目是 1927 年的《演出船》，它做到了把歌曲、舞蹈和故事情节、话剧表演合起来表演。可以说，是音乐剧把美国风格的爵士乐和与爵士乐配合的摇摆性很强的舞蹈成功地结合在一起。《俄克拉荷马》《西区故事》《歌舞线上》（Achorusline）都是在百老汇相继走红的重要音乐剧剧目。此外在百老汇经年不衰的音乐剧有《歌剧魅影》《悲惨世界》《西贡小姐》《猫》等。

"百老汇"实际上有三个含义：第一个含义是地理概念，指纽约市时代广场附近 12 个街区以内的 36 家剧院；第二个含义是在百老汇地区进行的演出；第三个含义是整个百老汇这个产业，这样的产业也包括在纽约市以外的地区，主要以演出百老汇剧目为主的这些剧院。总的来说，百老汇是西方戏剧行业的一个巅峰代表，在戏剧和剧场这个行业代表着最高级别的艺术成就和商业成就。

百老汇剧院区上演的剧目有六大类，根据所占比例，依次为音乐剧、音乐喜剧、话剧、喜剧、舞蹈音乐会和个人秀。纽约有 100 多个舞蹈团、近 60 个音乐团体，都常驻于百老汇剧院区进行演出。

百老汇剧院区同时还推出大量形式各异的衍生艺术产品，包括唱片、卡带、音乐资料、剧本，以及印有百老汇标志或百老汇上映剧目图案的海报、纪念册、T 恤、日用品等等。

自 20 世纪 20 年代起，百老汇名家辈出，经典佳作频频登台，商业操作生意兴隆，持续铸造了数十年的辉煌。百老汇音乐剧发展史上，除科恩、格什温兄弟等风云人物外，在 20 世纪四五十年代有过密切合作的作曲家罗杰斯和剧作家哈默斯坦也为音乐剧事业做出过巨大贡献。他俩合作的《俄克拉荷马》于1943年3月在纽约圣詹姆斯剧院首演，获得空前成功。剧中巧妙运用双人舞、三人舞，与剧情和谐巧妙地结合，舞姿舞步做了民俗化、美国化的改革，以区别古典概念的芭蕾舞。《俄克拉荷马》是一部里程碑式的作品，成功实践了多种要素的完美综合。此后，罗杰斯和哈默斯坦又合作完成了《旋转木马》《南太平洋》《国王与我》，还有一部中国观众十分熟悉的音乐剧，就是《音乐之声》。这部音乐剧后来被搬上了银幕，作品中的许多歌曲，可谓脍炙人口，流传甚广。

20世纪五六十年代是百老汇音乐剧的全盛时期，在强化歌唱、舞蹈、表演、剧情的有机综合功能方面又做了一系列大胆革新。精湛的专业化创作技巧和美国作风的音乐舞蹈浑然一体，将音乐剧的艺术品位和演员的多能性表演艺术提升到新的境界。1957年9月16日，由普林斯制作、伯恩斯坦作曲、劳伦茨编剧、桑岱姆作词、罗宾斯导演的《西区故事》在百老汇首演，标志着音乐剧艺术最佳发展阶段的开始。此剧于1961年拍成电影，荣获十项奥斯卡奖。作品从莎士比亚名剧《罗密欧与朱丽叶》获得灵感，地点从维罗那古城变为现代曼哈顿西区，人物关系由原剧两个有世代宿怨的贵族家族移植为落后、贫穷的移民集聚地的两个青年团伙争夺地盘的恶斗，男女主人公托尼和玛丽亚分属一个群体，最后以悲剧告终。该剧融会了复杂的爵士节奏和富于冲击力的音响律动，歌曲音调着重深入揭示人物内心情感，将音乐完全置于剧情之中。虽为爵士流行风，却不追求听觉的效果，给了观众以细细咀嚼回味的余地。剧中歌曲《玛丽亚》《今晚》《阿美利加》等韵味十足，百听不厌。

继《西区故事》之后，百老汇陆续推出一些风格迥异的音乐剧，《吉卜赛》（1959）、《音乐之声》（1959）、《卡米洛特》（1960）、《您好，多莉》（1963）、《屋顶上的小提琴》（1964）、《滑稽女郎》（1964）、《油脂》（1972）、《平步青云》（1975）、《芝加哥》（1976）、《安妮》（1977）、《第42街》（1980），红极90年代的《美女与野兽》《狮子王》《化身博士》《为你疯狂》，21世纪的颠覆之作《Q

大道》（2003）、《摩门经》（2011）等，令人目不暇接。其中不少作品从纽约到世界，从舞台到屏幕，展示了音乐剧这一独特艺术品种的千姿百态。

思考 / 探索

分别观看一段舞剧和音乐剧作品，对比和感受其中的异同之处。

课程管理

课时建议：1 课时

课程评价

1.认真观看教师选取的视频，通过教师的讲解更加深刻地了解何为舞剧、音乐剧。

2.认真参与讨论，从视听感受等角度进行讨论。

不老传说——中国戏曲（世界戏剧之一）

课程目标

1.了解戏曲的相关基础知识。

2.学生课前了解，课上说出你知道的三个戏曲演员的名字及其故事。

课程功能

通过对中国戏曲的学习，了解戏曲的基础性知识，让中国戏曲的常识性知识得以传承。

课程内容

一、戏曲是什么

戏曲指的是中国传统的戏剧，是汉族传统艺术之一，剧种繁多有趣，表演形式为载歌载舞，有说有唱，有文有武，集"唱、念、做、打"于一身，综合了对白、音乐、歌唱、舞蹈、武术和杂技等多种表演方式，在世界戏剧史上独树一帜。其主要特点以集汉族古典戏曲艺术大成的京剧为例，一是男扮女、女扮男；二是划分生、旦、净、丑四大行当；三是有夸张性的化装艺术——脸谱；四是"行头"（戏曲服装和道具）有基本固定的式样和规格；五是利用"程式"进行表演。综合性、程式性、虚拟性，是中国戏曲的主要艺术特征。

二、综合性

中国戏曲是一种高度综合的汉族民间艺术。这种综合性不仅表现在它融会了各个艺术门类（诸如舞蹈、杂技等）而出以新意方面，而且还体现在它精湛的表演艺术上。各种不同的艺术因素与表演艺术紧密结合，通过演员的表演实现戏曲的全部功能。其中，唱、念、做、打在演员身上的有机构成，便是戏曲的综合性最集中、最突出的体现。唱，指唱腔技法，讲究"字正腔圆"；念，即念白，是朗诵技法，要求严格，所谓"千斤话白四两唱"；做，指做功，是身段和表情技法；打，指表演中的武打动作，是在中国传统武术基础上形成的舞蹈化武术技巧组合。这四种表演技法有时相互衔接，有时相互交叉，构成方式视剧情需要而定，但都统一为综合整体，体现出和谐之美，充满着音乐精神（节奏感）。中国戏曲是以唱、念、做、打的综合表演为中心的富有形式美的戏剧形式。

三、程式性

中国戏曲的另一个艺术特征，是它的程式性，如关门、上马、坐船等，都有一套固定的程式。程式在戏曲中既有规范性又有灵活性，所以戏曲艺术被恰当地称为有规则的自由动作。

四、虚拟性

虚拟是戏曲反映生活的基本手法。它是指以演员的表演，用一种变形的方式来比拟现实环境或对象，借以表现生活。中国戏曲的虚拟性首先表现为对舞台时间和空间处理的灵活性方面，所谓"三五步行遍天下，六七人百万雄兵""顷刻间千秋事业，方丈地万里江山""眨眼间数年光阴，寸灶香千秋万代"，这就突破了西方歌剧的"三一律"与"第四堵墙"的局限。其次是在具体的舞台气氛调度和演员对某些生活动作的模拟方面，诸如刮风下雨、船行马步、穿针引线等，可以更集中、更鲜明地体现出戏曲的虚拟性特色。

五、戏剧与戏曲的异同

中国戏曲之特点，一言以蔽之，"谓以歌舞演故事也"（清末学者王国维语）。戏曲与话剧，均为戏剧之属，都要通过演员扮演人物，运用对话和动作去表现一定长度的故事情节。所不同者，戏曲是运用音乐化的对话和舞蹈化的动作（歌舞的手段，也即人们所熟知的"唱、念、做、打"）来表现现实生活。

戏剧是演员将某个故事或情境，以对话、歌唱或动作等方式表演出来的艺术。戏剧有四个元素，包括"演员""故事（情境）""舞台（表演场地）"和"观众"。

共同点：演故事。

戏曲表演遵循一个原则：美。

戏剧表演遵循的原则：真实（真听，真看，真感受）。

戏曲注重写意，戏剧注重写实。

六、举例

1.电视剧《青衣》片段节选

2.舞台剧《青衣》片段

戏剧与戏曲的现状

	戏剧	戏曲
现状	日益发展，从舞台延伸至荧幕，衍生出电影、电视剧等新分支	逐渐衰颓，观看的人逐渐减少
原因	语言通俗易懂，不分年龄、阶级、时间、地域都能看懂	1. 文化断层； 2. 载歌载舞，语言有一定地域性； 3. 不易懂

拓展阅读

梨园行的"头儿"是谁

《梨园原》一书记载："逢梨园演戏，明皇（唐玄宗）亦扮演登场，掩其本来面目。"

在唐朝初期，戏曲艺术尚未达到成熟阶段，但唐玄宗却对此表现出了极大的兴趣和热情。唐玄宗是一位精通音律、喜好音乐歌舞的皇帝。他曾在都城长安西北禁苑的梨园中，亲自挑选并教授了三百名坐部伎乐工学习法曲，同时还选择了数百名宫女居住在宜春院一同学习。在唐玄宗的亲自指导下，他们的技艺得到了极大的提高，因此被称为"皇帝梨园弟子"。

由于唐玄宗对戏曲艺术的热爱和投入，梨园逐渐成了唐朝戏曲艺术的中心。在唐玄宗的倡导下，梨园不仅培养了大批优秀的戏曲艺人，还吸收和融合了各种音乐、舞蹈和戏剧元素，为戏曲艺术的创新和发展提供了重要的支持和保障。后世的戏曲艺人为了纪念唐玄宗的贡献，便自称为"梨园弟子"，并将梨园视为戏曲艺术的发源地。因此，唐玄宗也被称为梨园行的"头儿"。而唐玄宗也因此成了后世戏曲艺人敬仰和追随的典范。

跌份儿和拔份儿

"跌份儿"通常用来形容某人失去了原有的地位、面子或尊严。

在戏曲行业中，"跌份儿"与演员的工资直接相关。旧时戏曲行业和其他服务行业一样，并不直接采用现代意义上的工资制度，而是采用了一种"份子"

制度。这种制度下，总收入被分成若干份，然后按照职位、人头等因素分配给各个成员。班主和头牌演员通常能拿到大份，而其他成员则根据职位和条件拿到不同数量的份子。

在这种制度下，"份儿"不仅代表了经济收益，更成了身份地位和面子的象征。一个人所能拿到的份子多少，直接反映了他在团队中的地位和社会上的面子。因此，如果一个人的"份儿"减少了，也就是他的收入降低了，那么在社会认知上，他的地位和面子也会相应地下降，这就被称为"跌份儿"。

相应地，"拔份儿"则意味着一个人的地位和收入得到了提升。这可能是因为他的表演技艺得到了认可，或者是因为他在团队中的地位得到了提升。无论是哪种情况，"拔份儿"都代表了一个人在社会上的地位和面子得到了提升。

总的来说，"跌份儿"和"拔份儿"这两个词，生动地反映了旧时戏曲行业中人们对于身份、地位和面子的重视。同时，这两个词也体现了中国传统文化中对于面子和尊严的看重。在现代社会，虽然工资制度已经发生了很大的变化，但这两个词仍然被广泛使用，用来形容一个人在社会地位和面子上的得失。

咬文嚼字

1.【曲本】唱本；戏曲作品。

2.【俳优】（pái yōu）古代指演滑稽杂耍的艺人。

3. 伶

【伶工】旧指乐师或演员。

【伶界】旧称戏曲界。

【伶人】古代乐人：钟成，伶人告和。也指歌舞艺人。

【伶优】优伶（yōu líng）。戏曲演员的旧称。

4.【歌舞伎】（gē wǔ jì）日本戏剧的一种，表演时演员不歌唱，只有动作和说白，另由伴奏音乐的人配合演员的动作在后面歌唱。

思考 / 探索

分别观看一段电视剧《青衣》片段和舞台剧《青衣》片段作品，对比和感受其中的异同之处。

课程管理

课时建议：1 课时

课程评价

1. 学生课前查阅资料，课上能够详细、清晰地为大家讲解戏曲知识。

2. 互动环节中能对戏曲，包括戏曲的传承有自己的理解。

艺术的瑰宝

课程目标

1. 了解中国五大戏曲剧种。

2. 了解五大戏曲剧种的起源和发展，掌握中国五大戏曲剧种的特点。

课程功能

通过对中国戏曲的学习，初步了解中国戏曲的五大种类，让学生在学习中感受中国戏曲不一样的魅力。

课程内容

中国五大戏曲剧种

中国戏曲主要是由民间歌舞、说唱和滑稽戏三种不同艺术形式综合而成。它起源于原始歌舞，是一种历史悠久的综合舞台艺术样式。经过汉、唐到宋、金才形成比较完整的戏曲艺术，它由文学、音乐、舞蹈、美术、武术、杂技以及表演艺术综合而成。中国戏曲剧种种类繁多，据不完全统计，中国各地区的戏曲剧种有 360 多种。

它的特点是将众多艺术形式以一种标准聚合在一起，在共同具有的性质中体现其各自的个性。中国的戏曲与希腊悲剧和喜剧、印度梵剧并称为世界三大古老的戏剧文化，经过长期的发展演变，逐步形成了以"京剧（有'国剧'之称）、越剧（有'中国第二大剧种''第二国剧'之称）、黄梅戏、评剧、豫剧"五大戏曲剧种为核心的中华戏曲百花苑。采用如此表述的书籍出版物有数十种，覆盖教育、旅游、戏曲、电影、网络、民俗、文化、电视、国学、艺术、漫画等各领域。

戏曲脸谱的变形大胆而夸张，但是，这种大胆和夸张，并非随便涂抹而成的，是有一定的规律和方法的。脸谱艺术非常讲究章法，将点、线、色、形有规律地组织成装饰性的图案造型，由此也就产生了戏曲脸谱各种各样的格式与规则，也就是形成了一定的程式。

京剧，又称平剧、京戏，是中国影响最大的戏曲剧种，分布地以北京为中心，遍及全国。[1]

清代乾隆五十五年（1790）起，原在南方演出的三庆、四喜、春台、和春四大徽班陆续进入北京，与来自湖北的汉调艺人合作，同时接受了昆曲、秦腔的部分剧目、曲调和表演方法，又吸收了一些地方民间曲调，通过不断的交流、融合，最终形成京剧。[1]

京剧在文学、表演、音乐、舞台美术等各方面都有一套规范化的艺术表现程式。京剧的唱腔属板式变化体，以二黄、西皮为主要声腔。京剧伴奏分文场和武场两大类，文场以胡琴为主奏乐器，武场以鼓板为主。京剧的角色分为生、旦、净、丑、杂、武、流等行当，后三行已不再立专行。各行当都有一套表演程式，唱、念、做、打的技艺各具特色。京剧以历史故事为主要演出内容，传统剧目有 1300 多个，常演的在 300 个以上。[1]

京剧流播全国，影响甚广，有"国剧"之称。以梅兰芳命名的京剧表演体系被视为东方戏剧表演体系的代表，为世界三大表演体系之一。京剧是中华民族传统文化的重要表现形式，其中的多种艺术元素被用作中国传统文化的象征符号。[1]

拓展阅读

2006 年 5 月，京剧被国务院批准列入第一批国家级非物质文化遗产名录。[2]

京剧表演的四种艺术手法：唱、念、做、打，也是京剧表演的四项基本功。

唱指歌唱，念指具有音乐性的念白，二者相辅相成，构成歌舞化的京剧表演艺术两大要素之一的"歌"。"做"指舞蹈化的形体动作，"打"指武打和翻跌的技艺，二者相互结合，构成了歌舞化的京剧表演艺术两大要素之一的"舞"。

戏曲演员从小就要从这四方面进行训练，虽然有的演员擅长唱功（老生），有的行当以做功（花旦）为主，有的以武打为主（武净）。但是要求每一个演员必须有过硬的唱、念、做、打四种基本功。只有这样才能充分发挥京剧的艺术特色，更好地表现和刻画戏中各种人物的形象。

京剧有唱，有舞，有对白，有武打，有各种象征性的动作，是一种高度综合性的艺术。[3]

京剧行当的划分，除依据人物的自然属性（性别、年龄）和社会属性（身份、职业）外，主要是按人物的性格特征来分类。京剧班社旧有"七行七科"之说：七行即生行、旦行（亦称占行）、净行、丑行、杂行、武行、流行。

京剧舞台上的一切都不是按照生活里的原貌出现的。京剧舞台上的角色也不是按照生活当中人的本来面貌出现的，而是根据所扮演角色的性别、性格、年龄、职业以及社会地位等，在化装、服装各方面加以若干艺术的夸张，这样就把舞台上的角色划分成生、旦、净、丑四种类型。这四种类型在京剧里的专门名词叫作"行当"。[4]

生

除了花脸以及丑角以外的男性正面角色的统称，分老生（又分重唱的安工老生，重做的衰派老生，重武的靠把老生）、武生（分长靠武生、短打武生并应工猴儿戏）、小生（分扇子生、雉尾生、穷生、武小生）。[4]

旦

女性正面角色的统称，分青衣（正旦）、花旦、闺门旦、刀马旦、武旦、彩旦。[4]

净

俗称花脸，大多是扮演性格、品质或相貌上特异的男性人物，化装用脸谱，音色洪亮，风格粗犷。"净"又分为以唱功为主的大花脸，分正净（重唱功，称铜锤、黑头）、架子花（重工架）、武二花、摔打花、油花（一称毛净）。[4]

丑

扮演喜剧角色，因在鼻梁上抹一小块白粉，俗称小花脸。分文丑（分方巾丑、袍带丑、老丑、荣衣丑，并兼演彩旦、婆子）、武丑（又称开口跳）等。各个行当都有一套表演程式，在唱、念、做、打的技艺上各具特色。[4]

唱腔分类

京剧主要分为"西皮"与"二黄"两大类。

1919—1935 年，梅兰芳的海外京剧演出消除了当时西方对中国戏剧甚至中国人的偏见，促进了中国京剧在海外的传播，增进了东西方文化交流。中国京剧这一东方艺术瑰宝在世界戏剧舞台上大放光彩。[5]

中华人民共和国成立后，京剧的对外交流主要是由文化和旅游部和外交部组织的，京剧成为国家的文化使者。[5]

中国派遣京剧团赴世界各地访问演出，其中梅兰芳先后于1952年、1957年和1960年赴苏联访问，1956年第三次访问日本，为中国传统文化在海外赢得了巨大荣誉。他的高超表演不仅让世界对中国的"国粹"京剧刮目相看，还对日本、欧美的戏剧及电影艺术产生了深远影响，戏剧大师斯坦尼斯拉夫斯基和布莱希特在他们的创作中，都汲取了梅兰芳表演艺术的精华。[5]

评价

傅谨："京剧是中国文化传统的重要表征之一。它是'地方戏时代'出现的最重要的剧种，是雅文化在中国文化整体中渐趋衰落的时代变革的产物。相对于超越了特定地域审美趣味的昆曲而言，它更多的是特定地域文化的产物；相对于昆曲所代表的文人士大夫趣味，它更接近于底层和民间的趣味，京剧的剧目系统更充分体现出其历史叙述的民间性或曰草根特性。"

法国荒诞戏剧家让·热内："京剧的主题、结构、表现手法之精妙绝顶。"[6]

英国著名戏剧理论家和舞美设计家戈登·克雷："中国京剧已经比西方任何其他戏剧更加能成为一种独立而优秀的艺术形式。"[6]

苏联著名剧作家特莱杰亚考亚考夫："中国戏剧蕴含着一种理性和国际性戏剧的种子，它那精确的方式方法可以适用于唤醒并引导磨炼过的群众争取一个美好的世界。"[6]

著名戏曲演员梅兰芳

梅兰芳，是中国京剧表演艺术大师，也是京剧旦角、四大名旦之首，被誉为"梅派"的创始人。

梅兰芳8岁学戏，9岁拜吴菱仙为师学青衣，11岁登台。之后，他又求教于秦稚芬和胡二庚学花旦。梅兰芳的艺术生涯非常丰富，他在50余年的舞台生活中，发展和提高了京剧旦角的演唱和表演艺术，形成了一个具有独特风格的艺术流派，世称"梅派"。他的代表作有《贵妃醉酒》《天女散花》《宇宙锋》《打渔杀家》等，并先后培养、教授学生100多人。

梅兰芳不仅在国内享有崇高的声誉，他还曾先后赴日本、美国、苏联演出，并荣获美国波莫纳学院和南加州大学的荣誉文学博士学位。他在国际上的演出，为中国京剧艺术的传播做出了巨大贡献。

1913 年他首次到上海演出，在四马路大新路口丹桂第一台演出了《彩楼配》《玉堂春》《穆柯寨》等戏，初来上海就风靡了整个江南，当时里巷间有句俗话："讨老婆要像梅兰芳，生儿子要像周信芳。"他吸收了上海文明戏、新式舞台、灯光、化装、服装设计等改良成分，返京后创演时装新戏《孽海波澜》。第二年再次来沪，演了《五花洞》《真假潘金莲》《贵妃醉酒》等拿手好戏，一连唱了 34 天。

回京后，梅兰芳继续排演新戏《嫦娥奔月》《春香闹学》《黛玉葬花》等。1916 年，他第三次来沪，连唱 45 天，1918 年后，移居上海，这是他戏剧艺术炉火纯青的顶峰时代。他多次在天蟾舞台演出，综合了青衣、花旦、刀马旦的表演方式，创造了醇厚流利的唱腔，形成独具一格的梅派。1915 年，梅兰芳大量排演新剧目，在京剧唱腔、念白、舞蹈、音乐、服装上均进行了独树一帜的艺术创新。

参考资料：

[1] 京剧 [EB/OL]. 中国非物质文化遗产保护网 .[2019-12-29].

[2] 国务院关于公布第一批国家级非物质文化遗产名录的通知 [EB/OL]. 中华人民共和国中央人民政府 .[2019-12-29].

[3] 中国京剧 [EB/OL]. 中国网 .[2014-05-10].

[4] 京剧行当 [EB/OL]. 中国网 .[2015-04-18].

[5] 李四清，陈树，陈玺强 . 中国京剧在海外的传播与影响 [J]. 理论与现代化，2014（1）.

[6] 二十一世纪世界戏剧生命态势 [EB/OL]. 中国艺术网 .[2015-04-18].

课程内容

越剧（汉语拼音为 yuè jù，英语为 Yue Opera）——中国第二大剧种[1]，有第二国剧之称[2]，也称绍兴戏，又被称为"流传最广的地方剧种"[3]，有观点认为其是"最大的地方戏曲剧种"[4-6]，在国外被称为"中国歌剧"[7]。亦为中国五大戏曲剧种（依次为京剧、越剧、黄梅戏、评剧、豫剧[8]）之一。越剧发源于绍兴嵊州，先后在杭州和上海发展壮大起来，流行于全国，流传于世界，在发展中汲取了昆曲、话剧、绍剧等特色剧种之大成，经历了由男子越剧到女子越剧为主的历史性演变。代表作品有《梁祝》《红楼梦》《碧玉簪》《沙漠王子》《西厢记》《五女拜寿》《白蛇传》等。

越剧长于抒情，以唱为主，声音优美动听，表演真切动人，唯美典雅，极具江南灵秀之气；多以"才子佳人"题材为主，艺术流派纷呈，公认的就有十三大流派之多。主要流行于浙江、上海、江苏、福建、江西、安徽等广大南方地区，以及北京、天津等大部北方地区，鼎盛时期，除西藏、广东、广西等少数省、自治区外，全国其他地区都有专业剧团存在。[8]

拓展阅读

2006 年 5 月 20 日，越剧经国务院批准列入第一批国家级非物质文化遗产名录。

2019 年 10 月 2 日，在 2019 中国戏曲文化周上，越剧参与其中。[9]

2019 年 11 月，《国家级非物质文化遗产代表性项目保护单位名单》公布，上海越剧艺术传习所（上海越剧院）、嵊州市越剧艺术保护传承中心获得越剧项目保护单位资格。[10]

"越剧"清末起源于浙江嵊州，因其是春秋越国所在地而得名，最初是从曲艺"落地唱书"发展而成，后又有称为"女子科班""绍兴女子文戏""的笃班""草台班戏""小歌班""绍兴戏剧""绍兴文戏""髦儿小歌班""绍剧""嵊剧""剡剧"等。1925 年 9 月 17 日，在小世界游乐场演出的"的笃班"，首次在《申报》广告上称为"越剧"。[11]1938 年起，多数戏班、剧团称"越剧"。但各戏报上的称谓依旧不统一，记者与投稿者经常各用各的。1939 年，《大公报》记者樊迪民，兼为姚水娟之"越吟舞台"的编导，受李白《越女词》之启发，兼考虑绍兴是越王勾践生聚教训击败吴国的复兴基地，而越剧发源地嵊州是绍属之一，又被越剧名伶姚水娟"我就是要越唱越响，越唱越高，越唱越远"的豪言触动，遂给茹伯勋编的《戏剧报》写稿，刊出正名为"越剧"的动机和意义的文章，告诸观众。[12]自此以后，各报"女子文戏"的广告陆续改称为"越剧"，中华人民共和国成立后，更是统一称为"越剧"。[12]中华人民共和国成立后，在党的文艺方针指引下，在越剧艺人的努力下，越剧以其真切细腻的表演、委婉动听的唱腔、优美抒情的风格，深受广大观众的欢迎，从而也促进了自身的繁荣发展，成为全国性的大剧种。

著名戏曲演员袁雪芬

袁雪芬中国越剧演员，工正旦。浙江省嵊州杜山村人。1933 年入科班学艺，专攻青衣、闺门旦，兼学绍兴大班和徽班的武戏。她的师傅是绍兴文戏男班艺人鲍金龙。在科班学艺初期，因为本名"雪雰"常被剧场写戏牌的人弄错，她改名为"雪芬"。满师后，她一度与女子越剧早期旦角演员王杏花同台，唱腔、表演受其影响。1936 年，她初次挂头牌并灌制了女子越剧的第一张唱片《方玉娘哭塔》。此后，她在越剧舞台上逐渐崭露头角，主演了多部经典剧目，如《恒娘》《香妃》等。1942 年，她开始进行越剧改革，推动了越剧艺术的发展。

1946 年，袁雪芬将鲁迅的小说《祝福》改编为越剧《祥林嫂》搬上舞台，这一创新尝试获得了巨大成功。

1947 年，袁雪芬发起了"越剧十姐妹"义演，这一活动为越剧艺术的推广和普及做出了重要贡献。新中国成立后，她历任华东戏曲研究院副院长、上海越剧院院长等职务，并主演了新中国第一部彩色戏曲影片《梁山伯与祝英台》，该片获得了国际电影节奖和文化和旅游部颁发的优秀影片奖。

她积极倡导越剧改革,不仅在唱腔和表演方面博采众长,真实细腻地刻画人物性格和内心活动,而且在逐步健全排演制度,运用灯光、布景以及服装等方面的改革,也是一位先驱。她的改革被越剧演员和其他剧种争相仿效,并为后学者所师承。代表剧目有《香妃》《红粉金戈》《王昭君》《山河恋》《祥林嫂》《梁山伯与祝英台》等。《梁山伯与祝英台》于 1953 年摄制成新中国成立后的第一部大型彩色戏曲片。

除了艺术上的成就,袁雪芬还积极参与社会公益活动。她在晚年发起创办了白玉兰戏剧艺术表演艺术奖,并定下"吃饭勿到,送礼勿要"的铁律。

袁雪芬的一生与越剧艺术紧密相连,她的艺术成就和人格魅力赢得了广泛的赞誉和尊重。她的表演和唱腔柔婉细腻、朴实深沉、韵味醇厚、节奏明快,重视人物性格刻画,世称"袁派"。她的去世是中国戏曲界的巨大损失,但她的艺术精神和人生态度将永远激励后人。

参考资料:

[1] 毕军 . 博大精深的中华文化事典 [M]. 长春:时代文艺出版社,2010:117.

[2] 陆丹 . 中国戏曲漫谈 [M]. 北京:中国少年儿童出版社,1996:18-19.

[3] 教师公开招聘考试专用系列教材编委会 . 学科专业知识中学音乐 [M]. 北京:教育科学出版社,2011:291.

[4] 陈云发 . 热点 QQ 网评 [M]. 上海:文汇出版社,2008.

[5] 苏唯谦 . 中国越剧百年 [M]. 北京:中国文联出版社,2008:205.

[6] 王文科,葛国生 . 探索与追求:嘉兴广播电视总台节目创优、获奖作品撷英 [M]. 北京:中国广播电视出版社,2009:367.

[7] 蔡子谔,陈旭霞 . 大化无垠:中国艺术的海外传播及其文化影响:下卷 [M]. 石家庄:花山文艺出版社,2011:390-400.

[8] 钱宏,中国越剧大典编委会 . 中国越剧大典 [M]. 杭州:浙江文艺出版社,

浙江文艺音像出版社，2006.

[9] 五大旦角流派齐聚 2019 中国戏曲文化周 [EB/OL]. 新华网 [2019-10-02].

[10] 文化和旅游部办公厅关于公布国家级非物质文化遗产代表性项目保护单位名单的通知 [EB/OL]. 中华人民共和国文化和旅游部 [2019-12-17].

[11] 越剧 [EB/OL]. 浙江在线 [2014-01-28].

[12] 金琪军 . 越剧戏说 [M]. 北京：中国戏剧出版社，2011.

课程内容

黄梅戏，原名黄梅调、采茶戏等，起源于湖北黄梅，发展壮大于安徽安庆。[1-5] 代表剧目《天仙配》《女驸马》《牛郎织女》。

黄梅戏与京剧、越剧、评剧、豫剧并称"中国五大戏曲剧种"，也是安徽省的主要地方戏曲剧种，湖北、江西、福建、浙江、江苏、香港、台湾等地亦有黄梅戏的专业或业余的演出团体，受到广泛的欢迎。[6]

拓展阅读

黄梅戏包括山歌、秧歌、茶歌、采茶灯、花鼓调，先于农村，后入城市，是逐步形成发展起来的一个剧种。它吸收了汉剧、楚剧、高腔、采茶戏、京剧等众多剧种的因素，逐渐形成了自己的艺术特点。黄梅戏唱腔淳朴流畅，以明快抒情见长，具有丰富的表现力；表演质朴细致，以真实活泼著称。一曲《天仙配》让黄梅戏流行于大江南北，在海外亦有较高的声誉。[6-7]

2006 年 5 月 20 日，黄梅戏经国务院批准列入第一批国家级非物质文化遗产名录。[8]

著名戏曲演员严凤英

严凤英是黄梅戏表演艺术家，同时也是"严派"的创始人。她原名鸿元，又名黛峰，艺名凤英，祖籍安徽桐城罗家岭。1930 年，严凤英生于安庆，3 岁时回到原籍桐城罗家岭，幼时因喜唱山歌和黄梅调，触犯族规，被迫离家。她 12 岁拜严云高学唱黄梅戏，为族人、家庭所不容，后离家出走正式搭班，改艺名为凤英。1946 年在群乐剧场演出，以《小辞店》《游春》轰动安庆。1951 年，她在群乐剧场登台演主角，并成功将京剧《梅龙镇》《玉堂春》移植为黄梅戏。1952 年，她在上海参加第一次华东戏曲会演，并凭借黄梅戏传统小戏《打猪草》和《路遇》赢得赞誉。1954 年，她参加华东区戏曲观摩会演，表演《天仙配》等三出戏，并荣获演员一等奖。此后，她在黄梅戏电影《天仙配》中饰演七仙女，名蜚全国。她还主演了《女驸马》《牛郎织女》等多部经典作品，使黄梅戏从田间小戏跻身全国五大剧种。

严凤英的唱腔亮丽沙甜、委婉动听、韵味浓郁，她吸收了京剧、越剧、评剧、评弹、民歌等唱腔之长，将其融会贯通并自成一家，被誉为"严派"。她的表演艺术广为流传，被后人作为"精品"传唱。

参考资料：

[1] 黄梅戏（申报地区或单位：湖北省黄梅县）[EB/OL]. 中国非物质文化遗产网 [2019-10-10].

[2] 黄梅戏（申报地区或单位：安徽省安庆市）[EB/OL]. 中国非物质文化遗产保护网 [2019-10-10].

[3] 黄梅戏 [EB/OL]. 湖北省人民政府 [2019-10-10].

[4] 黄梅戏 [EB/OL]. 安徽省人民政府 [2019-10-10].

[5] 黄梅戏 [EB/OL]. 中国国学网 .（2010-07-28）[2012-11-29].

[6] 黄梅戏进驻福田让传统艺术落地生根 [N/OL]. 南方都市报 [2019-10-10].

[7] 黄梅戏（申报地区或单位：安徽省黄梅戏剧院）[EB/OL]. 中国非物质文化遗产保护网 [2019-10-10].

[8] 国务院关于公布第一批国家级非物质文化遗产名录的通知 [EB/OL]. 中华人民共和国中央人民政府 [2019-10-10].

课程内容

评剧，流传于中国北方，汉族传统戏曲剧种之一，是广大人民所喜闻乐见的剧种之一，位列中国五大戏曲剧种。曾有观点认为其是中国第二大剧种。清末在河北滦县一带的小曲"对口莲花落"的基础上形成，先是在河北农村流行，后进入唐山，称"唐山落子"。[1]

评剧于 20 世纪 20 年代左右流行于东北地区，并出现了一批女演员。20 世纪 30 年代后，评剧表演在京剧、河北梆子等剧种影响下日趋成熟，出现了李金顺、刘翠霞、白玉霜、喜彩莲、爱莲君等流派。1950 年以后，《小女婿》《刘巧儿》《花为媒》《杨三姐告状》《秦香莲》等剧目在全国产生很大影响，出现新凤霞、小白玉霜、魏荣元等著名演员。评剧仍在华北、东北一带流行。[2]

拓展阅读

评剧有东路、西路之分，以东路评剧为主。

2006 年 5 月 20 日，评剧经国务院批准列入首批国家级非物质文化遗产名录。

评剧习称"蹦蹦戏"或"落子戏"，又有"平腔梆子戏""唐山落子""奉天落子""平戏""评戏"等称谓，但最终以"评剧"闻名全国。[3]"评剧"名称的由来，说法不尽统一。一种说法是，该名称由早期的著名女演员李金顺所起。另一种说法是，该名称由李大钊所起。因当时作为小剧种的评剧刚走进城市舞台时，与国家大戏京剧均称为"平剧"，引起京剧班主的忌妒，他们便挑拨武戏演员闹事。后来，当时在报界工作的李大钊出面调解。他出了一个主意，给平剧在"平"字边加了一个"言"字。他说，京剧是国家大戏，代表北平就叫平剧；评剧是民间小戏，它反映社会现实快，演唱形式简单，通俗易懂，把"平"字加上一个"言"字就成了"评"，这是以评论社会、评书说唱为重的意思。[4]

也有观点认为，当成兆才等人把莲花落演变成"唐山落子"时，吸收了河北梆子的全套乐器，他们给这个新剧种命名为"京东第一平腔梆子戏"，简称"平剧"，演唱时用本嗓。当时的代表性演员有月明珠、金开芳等。辛亥革命后，北京改称北平，京剧也随之称为平剧。以成兆才为首的"平剧"此时已经发展到了天津等地，和由京剧改称的平剧成对峙之势。于是就定名为评剧，寓"评古论今"之意。[5]

还有观点认为，1935 年蹦蹦戏在上海演出时，因为上演剧目多有"惩恶扬善""评古论今"的新意，采纳名宿吕海寰的建议，改称为"评剧"。1936 年，白玉霜在上海拍影片《海棠红》时，新闻界首次把"评剧"的名称刊载于《大公报》，从此，评剧的名字广泛传播于全国。[6]

著名戏曲演员新凤霞

新凤霞（1927—1998 年），原名杨淑敏，江苏苏州人，是中国著名的评剧表演艺术家和演员，也是评剧"新派"的创始人。

新凤霞年幼时被人贩子从苏州拐卖到天津，6 岁开始学习京剧，13 岁转向评剧。她勤奋刻苦，不畏艰难，坚持早起多练，甚至比别人付出更多的努力。尽管师父并不正经教戏，只让她扮演些丫鬟、宫娥的角色，但她依然会一丝不苟地对待，并利用一切机会向前辈及同行学习。

1941 年，年仅 14 岁的新凤霞在评剧《唐伯虎点秋香》中扮演主角秋香，获得观众好评，从而开始了她的艺术生涯。此后，她接连主演了《花田八错》《苏小妹》等曲目，逐渐在评剧界崭露头角。

1952 年，新凤霞获得第一届全国戏曲观摩演出大会演员一等奖，她的艺术才华得到了广泛的认可。1956 年，她主演了评剧电影《刘巧儿》，该片成为 20 世纪 50 年代全国放映次数最多的电影之一。新凤霞成功地塑造了刘巧儿的艺术形象，并创造了有其自己特点的评剧疙瘩腔唱法，进一步提升了她的知名度。

1963 年，新凤霞出演戏曲电影《花为媒》，她在其中以纯熟的演唱技巧，细致入微的人物刻画，塑造了青春美丽富有个性的少女张五可的艺术形象，从而将评剧新派艺术推向了高峰。

然而，1975 年，新凤霞因受重大刺激，脑出血发作导致左肢瘫痪，从此被迫离开舞台。在这之后，她开始转向写作，先后创作了《新凤霞回忆录》《新凤霞说戏》《我和皇帝溥仪》《以苦与乐》等 400 多万字的 20 余部著作，展现了她在文学领域的才华。

1998 年 4 月 12 日，新凤霞在江苏省常州市逝世，享年 71 岁。她的一生充满了坎坷和奋斗，但她凭借自己的才华和毅力，在评剧艺术领域取得了卓越的成就，成为一代评剧大师。

参考资料：

[1] 喻言 . 青少年不可不知的文化常识全集 [M]. 北京：中国城市出版社，2009：342.

[2] 张德玉 . 不可不知的文化常识 [M]. 长春：吉林大学出版社，2009：126.

[3] 王玉星，王月星 . 每天一分钟读懂五千年 [M]. 南宁：广西人民出版社，2011：164.

[4] 张宏彬 . 一本书读懂文化常识 [M]. 北京：中国三峡出版社，2011：259.

[5] 张超 . 中国戏剧文化入门 [M]. 北京：北京工业大学出版社，2012：229-231.

[6] 殷岊 . 中华传统文化精要普及读本：第三册 [M]. 北京：北京工业大学出版社，2007：169.

课程内容

豫剧（英文：Yu Opera），是中国五大戏曲剧种之一[1]，发源于河南开封。豫剧是在河南梆子的基础上不断继承、改革和创新发展起来的。中华人民共和国成立后，因河南简称"豫"，故称豫剧。代表剧目有《梵王宫》《花木兰》《穆桂英挂帅》《程婴救孤》等。

拓展阅读

豫剧以唱腔铿锵大气、抑扬有度、行腔酣畅、吐字清晰、韵味醇美、生动活泼、有血有肉、善于表达人物内心情感著称，凭借其高度的艺术性而广受各界人士欢迎。因其音乐伴奏用枣木梆子打拍，故早期得名河南梆子。

据文化部统计，除河南省外，湖北、安徽、江苏、山东、河北、山西、陕西、青海以及新疆、台湾等省市区都有专业豫剧团分布。

2019 年 11 月，文化和旅游部办公厅组织开展了国家级非物质文化遗产代表性项目保护单位检查和调整工作，豫剧保护单位为河南省非物质文化遗产保护中心。[2] 2006 年 5 月 20 日，经国务院批准，豫剧被列入第一批国家级非物质文化遗产名录。[3]

著名戏曲演员常香玉

常香玉，著名豫剧表演艺术家，1923 年 9 月 15 日出生在河南省巩县（今巩义市）董沟，原名张妙玲。她是豫剧常派创始人，豫剧六大名旦之一。9 岁随父张福仙学戏，初学小生、须生、武丑，后专演旦角。后拜翟彦身、周海水为师并随义父姓改名为常香玉。玉者，高雅纯洁、坚固之意，姓、名意义相联系，表现了她对艺术的执着追求，要艺术之花常香不败；为人处世，要有坚定的原则性，心灵纯洁，坚贞如玉。常香玉 10 岁登台，总汇于旦角。得王镇南先生帮助，13 岁主演六部《西厢》，名满开封。她原习豫西调，后在演出中逐渐融豫东、祥符各调于一炉，并广征博采，收各家各派及一些姊妹剧种之长，大胆创新，开豫剧唱腔改革之先河。后因病不能再演武戏，乃更 加潜心钻研青衣、花旦之表演艺术。日寇侵华时，她首演抗日时装戏《打土地》，显示了她作为一位爱国艺人的民族气节。1948 年，她在西安创办香玉剧校，后改为香玉剧社，为新中国培养了大批优秀演员。1951 年，为支援抗美援朝，她率领剧社在西北、中南等地区义演，以演出全部收入捐献"香玉剧社号"战斗机一架，体现出高度的爱国情怀，被誉为"爱国艺人"。

常香玉在戏曲行业的卓越贡献和面对家国仇恨的担当精神，赢得了党和人民的充分认可。1988 年，她自筹奖金设立"香玉杯艺术奖"，奖励艺术新人，振兴豫剧事业。她是第一至五届全国人大代表，国务院追授她"人民艺术家"荣誉称号。

参考资料:

[1] 中国五大剧种之豫剧简介 [EB/OL]. 中国社会科学网 [2016-02-11].

[2] 文化和旅游部办公厅关于公布国家级非物质文化遗产代表性项目保护单位名单的通知 [EB/OL]. 文化和旅游部办公厅 [2019-12-10].

[3] 第一批国家级非物质文化遗产名录 [EB/OL]. 中国政府网. [2015-06-09].

思考 / 探索

分别观看一段五大戏曲剧种的视频，对比和感受其中的异同之处并总结出来。

课程管理

课时建议: 1~2 课时

课程评价

1. 认真观看教师选取的视频，通过教师的讲解更加深刻地了解五大戏曲剧种。

2. 认真参与讨论，从视听感受等角度进行讨论。

画在脸上的中国色——脸谱

课程目标

1. 了解中国传统戏曲剧种川剧及其起源、发展。

2. 观看川剧选段，加深对川剧的了解和印象，逐步建立对传统文化系统的认知。

课程功能

通过对中国戏曲的学习，初步了解川剧，让学生在学习中感受中国戏剧的多彩多姿，感受前人的智慧，领会传统文化带给我们的奇妙感受。

课程内容

一般情况下，脸谱的脑门和两颊部位的颜色构成脸谱的主色，谱色分类就是按照脸谱的主色来分类。

谱色有相对固定的象征意义和特殊寓意，表现人物的基本性格特征。这是在长期的戏曲演出中，观演之间互动对话、约定俗成的结果。

川剧俗称川戏，主要流行于中国西南地区川渝云贵四省市的汉族地区，是融会了高腔、昆曲、胡琴（皮黄）、弹戏（梆子）和四川民间灯戏五种声腔艺术而成的传统剧种。[1]

川剧，是中国传统戏曲剧种之一，流行于四川东中部、重庆及贵州、云南部分地区。[2] 川剧脸谱，是川剧表演艺术中重要的组成部分，是历代川剧艺人共同创造并传承下来的艺术瑰宝。川剧由昆腔、高腔、胡琴、弹戏、灯调五种声腔组成。川剧分小生、须生、旦、花脸、丑角五个行当，各行当均有自成体系的功法程序，尤以"三小"，即小丑、小生、小旦的表演最具特色，在戏剧表现手法、表演技法方面多有卓越创造，能充分体现中国戏曲虚实相生、遗形写意的美学特色。[3] 2006 年 5 月 20 日，川剧经国务院批准列入第一批国家级非物质文化遗产名录。

名称由来

川剧的名称，始见于清末民初，当时叫川戏，后来统称川剧。虽然只有80 多年，但早在明代即有戏班在省内各地演出。川剧史家、艺术家谈到川剧的源流沿革，还有追溯到晚唐"杂剧"、南宋"川杂剧"的，甚至有川剧高腔尚早于江西"弋阳腔"、清代蜀伶魏长生所唱秦腔系四川之"秦腔"种种不同的说法。由此足见川剧的历史，还是一个没有完全定论而尚待继续研究探讨的学术问题。[4]

唐代起源

川剧在唐代，曾被称为"川戏"。有资料显示，唐宪宗元和元年（806），四川地区发生了一件令人哭笑不得的政治事件。当时，时任蜀中方镇（相当于省长）的刘辟是个大贪官，他在蜀中肆无忌惮地乱收苛捐杂税，搞得民不聊生。于是，当地的优人（戏曲演员）便将刘辟的作为编成戏剧——也就是历史上著名的川戏《刘辟责买》，准备通过此戏来为民疾呼。但这一戏曲虽然已排练熟练，却一直未能得到上演的机会。

直到后来刘辟叛唐造反，优人们认为时机已到，便开始公开演出。谁知朝廷昏庸，认为此戏涉及攻击朝廷，不但派兵砸了戏班的场子，还把演员抓来鞭打一顿后充了军。这些演员的冤屈令人愤懑，也因此为随后的反唐起义深深地埋下了伏笔。

这一事件，也从侧面反映了川戏重要的影响力。历史还记载，唐时期川戏的影响力在国内非常大，全国甚至出现了"蜀戏冠天下"的局面。在当时四川也出现了以干满川、白迦、叶硅、张美和张翱五人组成的著名戏班——这也是中国戏曲史上最早的戏班，《刘辟责买》《麦秀两歧》《灌口神》等著名川剧曲目在此时流行全国。

到了五代时期，中国历史上出现了一位将川戏推向巅峰的人，同时，他也是一位让后人啼笑皆非的皇帝——后唐庄宗李存勖（xù）。

李存勖于 923 年统一北方，建立后唐政权，史称后唐庄宗。他酷爱川戏，而且演技上佳，对川戏技艺有颇多改良，成为川戏的两位"祖师爷"之一——旧时川戏班一直有奉祀"祖师爷"的习惯，演员临上场前，都需朝挂在后台入场口的"祖师爷"画像顶礼膜拜，以祈成功。而被膜拜的"祖师爷"有两位：一位画作白面黑三绺须穿龙袍；另一位画作白面无须穿龙袍。前者正是大名鼎鼎的自誉为"梨园之首"的唐明皇李隆基；而后者，则正是这位后唐庄宗皇帝李存勖。

李存勖的人生因戏曲而丰富多彩，但他的结局却是令人惋惜的。当上皇帝没多久，李存勖就沉浸在了川戏等各种戏曲之中，甚至还给自己取了个艺名"李天下"，常常与戏子们一起粉墨登场。

也是由于这种关系，后唐戏子的地位空前提高，不仅可以随时出入宫廷，最后竟干预起了朝政，于是整个后唐成了戏子的舞台，大臣们反而成了观众——这样的后果是不言而喻的：926 年 3 月，后唐大将李嗣源发动叛乱，李存勖率领一帮戏子拼命抵抗，在混乱中被流箭射中面门，拔出箭来血柱冲天。没有医学常识的李存勖在此时又喝下了一碗人奶——人在失血过多的情况下接触到奶浆，更会促进血液循环，加速死亡。李存勖最终一命呜呼，只留下一段"因戏亡国"的悲剧故事流传世间。[5]

明清发展

川剧起源于何时，语焉不详，多有歧义，但形成于清代却有共识。重庆川剧受到重庆广博性情的陶冶，铸就了其包容的胸襟。

明末清初，由于各地移民入川，以及各地会馆的先后建立，多种南北声腔剧种也相继流播四川各地，并且在长期的发展演变中，与四川方言土语、民风民俗、民间音乐、舞蹈、说唱曲艺、民歌小调融合，逐渐形成具有四川特色的声腔艺术，从而促进了四川地方戏曲剧种——川剧的发展。[7]

　　清代雍正、乾隆年间，随着"花部"的勃兴，那些来自省外而分别流行于四川各地的高腔、昆曲、胡琴、梆子唱班，为适应群众欣赏习惯，与四川语音、习俗结合，逐渐在艺术上具有了四川的地方特色。20世纪初，由于工商业的发展，四川各地的戏班不断涌入城市，为扩大影响，加强演员阵容，争取更多观众，戏班逐渐走向各种声腔同台演出的经营方式。在这个过程中，各戏班艺人为提高表演艺术，增强竞争能力，又在艺术上纷纷相互吸收、彼此借鉴。才艺出众的艺人更讲究高昆胡弹不挡、文武唱做皆能，这就为川剧艺术风格的形成提供了条件。而最早使用川剧（川戏）这个称呼的，是在辛亥革命影响下由康芷林等人组成的著名班社"三庆会"。[4]

　　川剧为世人所喜爱并远涉重洋传遍世界，川剧名戏《白蛇传·金山寺》在国内外流传甚广。[8]

拓展阅读

行当

　　小生行一般指俊扮剧中的青年男性者，表演中均不挂"须"；旦角行不再统称小旦，而且绝大多数皆为女性演员应工；花脸行习分大花脸、二花脸，不再称大面、二面或净、副净；须生行指除小生、花脸、丑角以外俊扮的中、老年男性，不再包括小生而统称"生角"（清末民初，小生与老生的区别已趋明显）；所谓"末"，则专指扮演剧中下层人物的配角或次角，表演时皆要挂"须"；丑角行也不再称三面、三花脸或小花脸了。[9]

服饰

　　川剧戏装有很多种，蟒袍、靠子、官衣、褶子等，都对应有相对固定的角色，什么角色穿什么衣服，也都有严格规定。剧团历来对戏装都有严格而细致的分类，有所谓的"大衣"柜和"二衣"柜。大衣，就是剧中帝王将相、娘娘嫔妃、内阁大臣等所穿的服装，有蟒袍、官衣、蓝衫等；二衣，就是剧中元帅大将、马步兵丁等所穿的服装，有铠甲、靠子、袍子等。演员舞台上一亮相，身上的戏装就先透露了角色的身份、性格、情绪等。

服装样式有讲究，川剧服装色调上的选用也有不成文的规定：黄色多用于皇生，绿色多用于红生，白色多用于武生，蓝色多用于正生，黑色多用于净，红色常用于丑。了解了川剧穿衣诀窍后，再看戏时，人物一出场，就能把他的身份猜得八九不离十了。[10]

妆容

川剧演员在演出前，要在面部用不同色彩绘成各种图案，以展示人物的身份、形貌、性格特征。历史上川剧没有专职的脸谱画师，演员都是自己绘制脸谱。在保持剧中人物基本特征的前提下，演员可以根据自身的特点，创造性地绘制脸谱，以取得吸引观众注意的效果。故川剧脸谱的个性化和多样化特征，是各类地方剧种中少见的。[11]

川剧脸谱并不是死谱，而是活谱。"诗谱""词谱""曲谱"等谱中常常有所谓"又一体"云云，也表示"谱"的变化，说明有灵活性。而川剧的脸谱也同样如此。运用脸谱要根据具体人物做适当的增减或改动。如关圣人和赵匡胤，虽然都是开的红脸，但赵匡胤的眼皮上多了一根白色的线条以示区别。关羽为人忠厚，很讲信义；赵匡胤玩弄权术，杀伐功臣。前者是圣人，后者是歪人。更为典型的则是孙悟空的脸谱为猴，猪八戒的脸谱为猪，牛魔王的脸谱为牛。诸如此类脸谱，简直就是川剧舞台人物形象的标志。[12]

变脸

川剧演出中，随着剧情的转折、人物内心世界的变化，脸谱也需相应发生变化。如何在一出戏里让脸谱发生变化，川剧艺人创造发明了变脸、扯脸和擦暴眼的特技。这些特技都是在舞台演出现场，在不能被观众察觉的前提下使用的，以达到人物脸谱瞬间变化的强烈演出效果。

变脸最常用的方式是吹粉。扯脸是把脸谱绘制在薄绸上，在演出中迅速巧妙地将事前贴在脸上的薄绸一层一层地揭去。擦暴眼是让脸谱局部发生变化的方法，演出中演员将事前涂抹在手指上的黑色松烟迅速将眼睛周围涂黑。

例如，《治中山》中的乐羊子，当他得知眼前的肉羹是亲生儿子时，演员使用嘴吹金粉的方法，让乐羊子粉底本色脸突然变成了金色的脸，口条也由黑变白。这一变脸，刻画了乐羊子心灵受到的强烈刺激，"面为心变"得到了最为淋漓尽致的表现。《断桥》中的青儿要报复薄情寡义的许仙；《飞云剑》中的陈仓女魔要追食书生宁采臣。演出中，他们的脸都一变再变，强烈展现了青儿的法力和陈仓女魔的凶恶残忍，渲染了演出气氛。《水漫金山》中的紫金钵要降妖收服白蛇，双方交战斗法可谓惊心动魄。当剧情发展到高潮时，演员使用"扯脸"术，让紫金钵的脸在瞬间出现红（喜）、蓝（怒）、白（哀）、绿（乐）等各种颜色，刻画了紫金钵能够瞬息万变的神威和法力，生动形象地展现了他的复杂个性。《情探》中的新科状元王魁，新婚洞房之夜被前妻焦桂英的鬼魂前来索命，此时演员使用了"擦暴眼"的手法，以表现王魁失魂落魄的丑态。《坐楼杀惜》中，为表现宋江瞬间突然升起的杀人之念，演员也使用了"擦暴眼"手法。[1]

川剧中最有名的技巧为变脸，主要有拭、揉、抹、吹、画、戴、憋、扯这几种方法。在四川号称川剧变脸之王的是王道正先生。[1]

何谓变脸

变脸是川剧表演的特技之一，用于揭示剧中人物的内心及思想感情的变化，即把不可见、不可感的抽象的情绪和心理状态变成可见、可感的具体形象——脸谱[12]，成为当今赏川剧的一大特点。

脸谱演变

最初的脸谱是纸壳面具，后经改良，发展为草纸绘制的脸谱，表演时以烟火或折扇掩护，层层揭去脸谱。中华人民共和国成立后，随着变脸绝技的飞速发展，制作脸谱的材料也发展成为如今使用的绸缎面料，极大地方便了演员的表演。

脸谱造型

变脸脸谱会选用一些不知名人士，包括侠士、鬼怪之类的造型，而人们所熟知的脸谱，如关公、曹操、包公等人物的脸谱一般不用于变脸。绘制变脸脸谱笔锋要锐利、粗犷，颜色对比要强烈，这样才能形成炫目的礼堂效果，在颜色寓意的设计上，要以剧中人物的道德品质和角色种类为依据，或歌颂赞扬，或揭露讽刺，或鞭挞批判，或贬或褒，全都可以从脸谱色彩中反映出来。

脸谱的故事

脸谱的图案和色彩具有特定的象征意义。一般来说，红色代表忠勇、正直，如关羽；黑色代表刚烈、正直，如包拯；白色代表阴险、狡诈，如曹操；蓝色代表刚强、骁勇，如窦尔敦；绿色代表顽强、暴躁，如武天虬；黄色代表凶暴、沉着，如典韦；紫色代表威严、稳重，如托塔天王李靖；金、银色代表神秘、威严、庄严，如二郎神。这些色彩和图案的运用，不仅使得角色形象更加鲜明，也便于观众识别和理解。

在脸谱的演变过程中，不同剧种和流派也形成了各自独特的风格。例如，京剧中的脸谱就具有规整、细腻、精美的特点，每个角色的脸谱都有固定的勾画方法和色彩搭配。而川剧中的脸谱则更加注重夸张和变化，以适应其变脸的表演特色。

传承影响

2006年，当人们再次把目光投向川剧时，赫然发现，它已被被列入濒危非物质文化遗产名录，即将消失。于是，一场"振兴川剧"的保卫战再次打响。

早在20世纪七八十年代，大家就开始喊出了振兴川剧的口号。当一样东西需要振兴的时候，说明它已经不景气了。尽管四川各地川剧院以《金子》等多个国家精品剧、优秀保留剧目让业界惊羡，但依旧难逃人才断层、新剧创作乏力、名角稀缺等"疑难杂症"。

低收入造成川剧人才流失的同时，也让引进人才举步维艰。川剧舞台急缺演员，"生、旦、净、末、丑"五个行当无法凑齐，名角更是少之又少。因为没有年轻演员顶班，许多老演员无法退休，人才断层现状令人担忧。

以地方戏曲为例，20世纪50年代，我国共有367个传统戏曲剧种，已经消亡了 100 多种。一些极具特色的小剧种已成为戏曲史料，有的甚至没有留下任何音像资料。即使是仍然勉强留存的，大多数也是面临着后继无人、资金短缺、没有剧场、表演技巧消失等困难。[13]

保护措施

为更好地传承川剧艺术，让川剧剧目这份珍贵的遗产得以继承保留，传诸后世，人们对川剧传统剧目开展了一系列整理、保存工作，并加以出版。其中，《川剧传统剧目集成》自 2009 年整理出版以来，已整理出版 15 卷。《川剧传统剧目集成》已入选国家新闻出版署"十二五"时期（2011—2015）重点图书出版规划。此外，还出版《川剧经典折子戏》《川剧辛亥革命剧本选》《川剧精华》等川剧书籍。出版的《川剧名家名段》等系列光碟，保存了川剧传统音乐。

四川省艺术研究院建立非物质文化遗产川剧传习与展示基地，向 10 家院团授予"国家级非物质文化遗产川剧传习展示基地"，便于川剧的传承保护工作在全川范围内更加全面地开展。同时，启动"川剧河道艺术抢救保护"项目等。

四川省艺术研究院与各川剧院团合作，举办各种展演。举办了"《绣襦记》及折子戏抢救展演""川剧传统折子戏展演""'资阳河川剧艺术'代表剧目抢救展演"，承办"川剧界庆祝党的十八大胜利召开——川剧名家名段品牌展演""川昆抢救继承展演"等川剧展演活动，对川剧进行活态的保护。[14]

2019 年 11 月，《国家级非物质文化遗产代表性项目保护单位名单》公布，四川省艺术研究院、重庆市川剧院获得"川剧"项目保护单位资格。[15]

思考 / 探索

1. 观看 1~2 段川剧选段的视频，从视听感受等角度进行讨论，你从中感受到什么独特之处。

2. 川剧是我国独有的一门艺术，川剧中的"变脸"更是尤为独特，可是如今看得懂的人越来越少，会"变脸"的人更是少之又少。请问，为了让我国的经典文化艺术瑰宝能传承下去，作为高中生的我们应该做些什么？

课程管理

课时建议：1课时

课程评价

1.认真观看教师选取的视频，通过教师的讲解更加深刻地了解川剧和脸谱文化。

2.认真参与讨论，从视听感受等角度进行讨论，你从中感受到什么独特之处。

参考资料：

[1] 川剧的起源 [EB/OL]. 中国川剧网 [2014-05-01].

[2] 川剧变脸 [EB/OL]. 成都文艺网 [2020-08-03].

[3] 传统艺术的传承人——川剧演员 [EB/OL]. 新浪四川 [2016-05-02].

[4] 川剧的起源 [EB/OL]. 四川新闻网 [2016-04-26].

[5] 川剧会消失吗？"天下第一戏"现状报告 [EB/OL]. 新浪网 [2016-05-02].

[6] 什么是川剧？ [EB/OL]. 中国网 [2016-04-21].

[7] 川剧也是一种图腾 [EB/OL]. 凤凰文化 [2016-04-21].

[8] 戏曲宝库中的明珠——川剧 [EB/OL]. 华夏经纬网 [2016-04-26].

[9] 教育部办公厅关于公布第一批全国普通高校中华优秀传统文化传承基地名单的通知 [EB/OL]. 教育部 [2018-12-06].

[10] 五大旦角流派齐聚2019中国戏曲文化周 [EB/OL]. 新华网 [2019-10-02].

[11] 【非遗】历史悠久的川剧 [EB/OL]. 中国网 [2016-05-02].

[12] 中国川剧 [EB/OL]. 中国网 [2016-04-26].

[13] 川剧会消失吗？"天下第一戏"现状报告 [EB/OL]. 四川新闻网 [2016-05-02].

[14] 川剧 [EB/OL]. 四川省艺术研究院 [2016-05-02].

[15] 文化和旅游部办公厅关于公布国家级非物质文化遗产代表性项目保护单位名单的通知 [EB/OL]. 中华人民共和国文化和旅游部 [2019-12-14].

木偶戏（国家级非物质文化遗产）

课程目标

1. 了解中国传统戏曲剧种木偶戏和皮影戏的起源、发展。

2. 观看选段，加深对木偶戏和皮影戏的了解和印象，逐步建立对传统文化系统的认知。

课程功能

通过对中国戏曲的学习，初步了解木偶戏和皮影戏，让学生在学习中感受中国戏剧的多彩多姿，感受前人的智慧，领会传统文化带给我们的奇妙感受。

课程内容

木偶戏是用木偶来表演故事的戏剧。中国传统艺术之一，在中国古代又称为傀儡戏。

中国木偶戏历史悠久，普遍的观点是"源于汉，兴于唐"。三国时已有偶人可进行杂技表演，隋代则开始用偶人表演故事。

表演时，演员在幕后一边操纵木偶，一边演唱，并配以音乐。根据木偶形体和操纵技术的不同，有布袋木偶、提线木偶、杖头木偶、铁线木偶等。木偶戏是由演员在幕后操纵木制玩偶进行表演的戏剧形式。[1]

2006年5月20日，木偶戏经国务院批准列入第一批国家级非物质文化遗产名录。

由来

中国木偶艺术，历史悠久、源远流长、品种繁多、技艺精巧。中国木偶真正成为艺术，还在于它的戏剧特征——以木偶为媒介，"以歌舞演故事"。

木偶艺术是借助木偶为表演媒介的。木偶是如何产生的？迄今尚无定论。河南安阳殷墟出土了奴隶陶俑（商代，前16世纪初至前11世纪），春秋、战国（前770—前221）有了木俑（其中包括部分"乐俑"）。长沙马王堆西汉墓发掘出的乐俑、歌舞俑，工艺、种类和造型水准较前朝又有很大进步。这便是最初的木偶，它经历了一个由工艺到表演的变化过程：由祭仪而成为喜庆娱乐活动的一种方式。

1979年，山东莱西县院里乡岱墅村发掘的一具高193厘米的大木偶，肢体由13段木条组成，关节可活动，坐、立、跪兼善。它的发现，一则体现了木偶自丧葬而娱人的过渡；再则表明，木偶制作已达到与真人无二、活动裕如的境地，这为木偶戏的萌芽奠定了坚实的物质基础。因而多数人认为，中国木偶艺术"源于俑"（服侍木俑、木乐俑、可活动的木歌舞俑）。

中国木偶真正成为艺术，还在于它的戏剧特征——以木偶为媒介。

木偶戏的"演员"是双重的，真正当众演出的是"木偶"，木偶造型既是由人雕绘成的戏剧角色，又是为人操纵的戏具。

元、明、清以来，木偶戏由城入乡，多种风格、流派形成木偶的造型艺术，也因地域不同，出现多种多样的造型特色：福州串头戏、泉州嘉礼戏、漳州布袋戏、广东杖头、潮州铁枝、合阳线戏、吴桥扁担戏、四川大木偶，花样翻新。或行当齐备（生、旦、净、丑俱全），或工艺精良，或旷达写意，风韵各异，出现了江加走、徐子清这样闻名于世的雕刻大师。民国以后，尤其是近几十年，木偶戏由民间走向专业化，演出由露天走入剧场，木偶造型逐步现代化，雕绘工艺达到了相当高度，就整体而言，当今中国木偶造型艺术的水平，是与时代同步的。中国木偶造型艺术的轨迹，大体分三个阶段：

（1）三雕七画阶段。由艺人先雕头形，再画脸谱，以区别人物，造型主要靠画脸。

（2）雕绘结合阶段。造型、雕刻、绘画并重，讲求创造性和技法性，出现了专业偶头艺人和作坊。明清以前均属这两个阶段。

（3）可塑性与随意性阶段。现、当代木偶造型艺术家，充分利用现代科技产品，根据戏剧内容的需要和时代审美趋向，设计、制作木偶，使之更富夸张性，更具木偶艺术特点，不仅摆脱了单纯戏曲化的传统，而且以各自不同的艺术追求，构成了绚烂多姿的木偶造型世界。这是中国木偶造型艺术前所未有的繁荣时代。

木偶戏"以物象人"的表演特性，决定了木偶舞台的功能：遮蔽操纵者，分隔观、演区，突出木偶和吸引观众。

拓展阅读

传统傀儡戏舞台，很长时间承袭着戏曲舞美特征，甚至演出场所亦与戏曲合一。提线戏舞台，多数是露天舞台，背部设有遮挡操纵者的帷幕，以及"出将""入相"的木偶上下场门，演员持线板立于幕后操纵木偶表演，观众可从三面欣赏。布袋戏舞台具有中国殿阁建筑风格，木雕金饰、组合灵活、空间自由、典雅玲珑，堪称工艺绝品。近几十年来，成为剧场艺术的木偶，承前启后，借鉴现代戏剧艺术之长，采用新材料，声、光、电一体化，营造氛围，加设幕位、景别，强调舞台布局的全方位效果，形成了框式结构的多功能木偶戏舞台，突出其艺术的综合性。

木偶艺术精美绝伦，令人叹为观止。除了艺人的精彩表演外，偶人造型艺术和操作装备也是吸引广大观众的一个重要方面。造型艺术重在木偶的雕刻和设计，就一般情况而言，提线木偶造型较高，多在 2.2 尺左右。关键部位均缀以提线，最多可达 30 多条，至少也有 10 条，如进行特技表演还需根据需要增加若干辅助提线。木偶人表演各种舞蹈身段及武打技艺的水准，完全取决于艺人的操作技巧，这是提线木偶表演艺术水平高低的关键。杖头木偶高于提线木偶，一般偶高 3 尺左右，装有三条操作线，两条牵动双手，一条支配头部与身躯表演。布袋木偶造型最小，仅有 7 寸左右，靠艺人两手托举表演，操作技艺特别，不同于提线木偶和杖头木偶。根据木偶的结构和演员操纵方式等方面的差异，又可分为不同的种类。

托棍木偶又称杖头木偶，在木偶头部及双手部位各装操纵杆，头部为主杆，双手为侧杆，演员操纵时左手持主杆，右手持侧杆，举起木偶操纵其动作。手套木偶，又称掌中木偶、布袋戏等，偶人身高为 0.27 米或 0.40 米，头部中空，颈下缝合布内袋连缀四肢，外着服装，演员的手掌伸入布内袋作为偶人躯干，五指分别撑起头部及左右臂，相互协调操纵偶人做各种动作，偶人双脚可用另一手拨动，或任其自然摆动。

杖头木偶遍布中国大地的南北东西。各地木偶高差很大，从 8 寸至人高不等。

杖头木偶由表演者操纵一根命杆（与头相连）和两根手杆（与手相连）进行表演，有的为三根杆或"托偶"，依手杆位置有内、外操纵之分。头以木雕，内藏机关，使嘴、眼可动；命杆为木、竹制，各派长、短不同，手杆与手、肘相接。"内操纵"者多演传统戏曲剧目，宽袍大袖，便于表演戏曲程式，动作灵活，栩栩如生。"外操纵"多弯把式命杆，负担减轻，表现力增强；纸制偶头转向灵巧，便于控制，机关多样，动作丰富；因手杆在外，身体塑形自由，整体感增强，突破了传统造型的局限，更符合人物与时代需要；手的材料不断更新（木—塑料—树脂），手杆逐渐由钢丝替代，"打脚"也出现了"横飞燕""大跳"等舞蹈动作。这对剧目的开拓、表演的发展、观众的发掘，意义重大。时至今日，杖头木偶声势依旧。

提线木偶又称线偶或线戏，也叫悬丝木偶。古称"悬丝傀儡"，由偶头、笼腹、四肢、提线和勾牌组成，高约两尺。偶头以樟、椴或柳木雕成，内设机关，五官表情丰富；竹制胸腹，手有文、武之分，舞枪弄棒，笔走龙蛇，把盏挥扇，妙趣横生；脚分赤、靴、旦3种，勾牌与关节间有长约3尺的提线。木偶舞台演出区域扩展，泉州木偶剧团提线表演占据整个舞台空间，提线可达6尺，难度大，但表现力大增。提线一般为16条，据木偶动作需要取舍，合阳线戏基本提线5条，做特技时可增加到30余条，演来细腻传神，技巧高超。自古及今，备受称赞。

铁枝木偶流传于粤东、闽西，据说源自皮影戏，潮汕人称"纸影戏"。偶高1~1.5尺，彩塑泥头，桐木躯干，纸手木足；操纵杆俗称"铁枝"，一主二侧，铁丝竹柄。表演者或坐或立，于偶后操纵，形象规整，结构独特。近几年来，又加高了偶身，调整杆位，使其出现了新的转机。

布袋木偶又称"掌中木偶"，以福建漳州、泉州最盛。偶高尺余，由头、中肢和服装组成。它以樟木雕头，机关控制表情和肌肉运动；手分拳、掌，食指入头颈，中指、拇指操纵双手，动作敏捷，准确丰富，构成布袋木偶的主体；有时表演者以一小竹签插入偶袖捻动，丰富了手臂动作，而且他们可以凭借精巧技艺，做出开扇、换衣、舞剑、搏杀、跃窗等高难度动作，令人叫绝。布袋木偶剧目丰富，传统、现代、神话、童话，题材众多，新型工艺结构，不胜枚举。除此之外，民间偶有"水傀儡""药发傀儡"显现，但流布、影响甚微。"肉傀儡"虽流布较广，但已纯属民间表演艺术了。

20世纪80年代以来，木偶变革突飞猛进，突出"偶性"成为观念更新和探索的焦点。强调动作的假定性，打破框式结构，撤去遮挡物，人偶同台甚至走出舞台，一个作品中同时出现提线、杖头、布袋等几个木偶品种，"黑丝绒木偶"的使用、多景区的空间调度、大舞台手段的运用，无一例外地深化着木偶艺术的独立品格，同时也极大地吸引了观众的注意力。传统戏《金鳞记》《大闹天宫》《嫦娥奔月》、现代戏《英雄小八路》和儿童剧《马兰花》，均属木偶舞美的上乘之作。

中华人民共和国成立以后，木偶戏的表演更加丰富多彩。除了演出传统的戏曲节目外，还表演话剧、歌舞剧、连续剧，甚至出演广告等。与此同时，木偶戏也面临着与其他艺术形式的激烈竞争。传统的木偶戏蕴藏着各地、各民族人民的思想、道德和审美意识，应加以扶持和保护。[2]

参考资料：

[1] 木偶戏简介 [EB/OL]. 中华五千年 [2015-06-08].

[2] 木偶戏现状 [EB/OL]. 中华五千年 [2015-06-08].

皮影戏（国家级非物质文化遗产）

课程内容

皮影戏（Shadow Puppets），又称"影子戏"或"灯影戏"，是一种以兽皮或纸板做成的人物剪影表演故事的民间戏剧。表演时，艺人在白色幕布后面，一边操纵影人，一边用当地流行的曲调讲述故事，同时配以打击乐器和弦乐，有浓厚的乡土气息。其流行范围极为广泛，并因各地所演的声腔不同而形成了多种多样的皮影戏。

皮影戏是中国民间古老的传统艺术，老北京人都叫它"驴皮影"。据史书记载，皮影戏始于西汉，兴于唐朝，盛于清代，元代传至西亚和欧洲，可谓历史悠久、源远流长。[1]

2011 年，中国皮影戏入选人类非物质文化遗产代表作名录。[2]

2018 年 12 月，教育部办公厅公布上海戏剧学院为皮影戏中华优秀传统文化传承基地。[3]

起源

皮影戏从有文字记载，已经有两千多年的历史，汉武帝爱妃李夫人染疾故去了，武帝思念心切、神情恍惚，终日不理朝政。大臣李少翁一日出门，路遇孩童手拿布娃娃玩耍，影子倒映于地栩栩如生。李少翁心中一动，用棉帛裁成李夫人影像，涂上色彩，并在手脚处装上木杆。入夜围方帷，张灯烛，恭请皇帝端坐帐中观看。武帝看罢龙颜大悦，就此爱不释手。这个载入《汉书》的爱情故事，被认为是皮影戏的渊源。

中国皮影艺术从13世纪元代起，随着军事远征和海陆交往，相继传入了波斯（伊朗）、阿拉伯、土耳其、暹罗（泰国）、缅甸、马来群岛、日本以及英、法、德、意、俄等亚欧各国和地区。

明武宗正德戊辰三年（1508）北京曾举办百戏大会，皮影戏参加了演出。另传皮影自明中叶从兰州和华亭先传入河北涿州，后再传到京西、北郊农村，然后入城并形成东、西城两派。

从清人入关至清末民初，中国皮影戏艺术发展到了鼎盛时期。当时很多官第王府、豪门望族、乡绅大户，都以请名师刻制影人、蓄置精工影箱、私养影班为荣。在民间乡村城镇，大大小小的皮影戏班比比皆是，一乡一市有二三十个影班也不足为奇。无论逢年过节、喜庆丰收、祈福拜神、嫁娶宴客、添丁祝寿，都少不了搭台唱影。连本戏（连续剧）要通宵达旦或连演十天半月不止，一个庙会可出现几个影班搭台对擂唱影，热闹非凡，其盛状可想而知。

清代北京皮影戏已很普及。除深受农民、市民欢迎外，还进入宫廷。康熙时，礼亲王府设有八位食五品俸禄的官员专管影戏。嘉庆时，逢年过节等喜庆日子还传皮影班进宅表演。当时的北京影戏班白天演木偶，夜晚则于堂会唱影戏，有不少京剧演员也参加影戏班演出。

到了清代后期，曾有地方官府害怕皮影戏的黑夜场所聚众起事，便禁演影戏，甚至捕办皮影艺人。皮影艺人还曾受清末白莲教起义的牵连，被以"玄灯匪"的罪名查抄。日军入侵前后，社会动荡和连年战乱，民不聊生，致使盛极一时的皮影行业万户凋零、一蹶不振。

1949 年后，全国各地残存的皮影戏班、艺人又开始重新活跃，从 1955 年起，先后组织了全国和省、市级的皮影戏会演，并屡次派团出国访问演出，进行文化艺术交流，颇有成果。但到"文革"时，皮影艺术再次遭"破四旧"的噩运，从此元气大伤。

拓展阅读

2006 年 5 月 20 日，经国务院批准皮影戏被列入第一批国家级非物质文化遗产名录。2007 年 6 月 8 日，湖北省云梦皮影艺术团和山东省泰安市范正安皮影工作室获得文化部颁布的首届文化遗产日奖。

2011 年 11 月 27 日，总部位于巴黎的联合国教科文组织宣布，正在巴厘岛举行的保护非物质文化遗产政府间委员会第 6 届会议正式决定把中国皮影戏列入"人类非物质文化遗产代表作名录"。[4]

中国皮影戏申遗状况

年份	申报地区	代表作品	遗产名录
2006 年	河北唐山	唐山皮影戏	国家第一批非物质文化遗产（序号 235，项目名称：皮影戏）
	河北邯郸	冀南皮影戏	
	山西孝义	孝义皮影戏	
	辽宁瓦房店	复州皮影戏	
	浙江海宁	海宁皮影戏	
	湖北潜江	江汉平原皮影戏	
	广东汕尾	陆丰皮影戏	
	陕西渭南	华县皮影戏	
	陕西华阴	华阴老腔	
	陕西富平	阿宫腔	
	陕西乾县	弦板腔	
	甘肃环县	环县道情皮影戏	
	辽宁凌源	凌源皮影戏	

续表

年份	申报地区	代表作品	遗产名录
2008 年	北京宣武区	北京皮影戏	国家第一批非物质文化遗产扩展项目（序号235，项目名称：皮影戏）
	河南南阳	桐柏皮影	
	河北河间	河间皮影戏	
	辽宁鞍山	岫岩皮影戏	
	辽宁盖州	盖州皮影戏	
	黑龙江望奎县	望奎县皮影戏	
	山东泰安	泰山皮影戏	
	山东济南	济南皮影戏	
	山东定陶	定陶皮影	
	河南罗山县	罗山皮影戏	
	湖南木偶皮影艺术剧院、湖南衡山县	湖南皮影戏	
	四川阆中、四川南部县	四川皮影戏	
	青海省	河湟皮影戏	
2011 年	中国	皮影戏	世界非物质文化遗产名录

参考资料来源 [5]

参考资料：

[1] 汉书最早记载 [EB/OL]. 腾讯文化 [2016-10-14].

[2] 中国皮影戏入选人类非物质文化遗产代表作名录 [EB/OL]. 搜狐网 [2016-01-22].

[3] 教育部办公厅关于公布第一批全国普通高校中华优秀传统文化传承基地名单的通知 [EB/OL]. 中华人民共和国教育部政府门户网站 [2018-12-06].

[4] 皮影戏——宝贵的人类非物质文化遗产 [EB/OL]. 传统文化网 [2014-02-14].

[5] 皮影戏的溯源与传承 [EB/OL]. 中国戏剧网 [2014-07-10].

思考 / 探索

1.观看选段视频，对比木偶戏和皮影戏的异同，分别总结两种剧种的独特之处。

2.如何发展木偶戏和皮影戏?

课程管理

课时建议：1课时

课程评价

1.认真观看教师选取的视频，通过教师的讲解更加深刻地了解木偶戏和皮影戏分别是哪种表演形式，二者有什么异同之处。

2.认真参与讨论，从视听感受等角度进行讨论，你从中感受到什么独特之处。

傩戏（中国非物质文化遗产）

课程目标

1.了解中国传统戏曲剧种傩戏的起源、发展。

2.观看选段，加深对傩戏的了解和印象，逐步建立对传统文化系统的认知。

课程功能

通过对中国戏曲的学习，初步了解傩戏，让学生在学习中感受中国戏剧的多彩多姿，感受前人的智慧，领会传统文化带给我们的奇妙感受。

课程内容

傩戏，中国戏曲剧种，是在民间祭祀仪式基础上吸取民间歌舞、戏剧而形成的一种戏曲形式。[1]

傩戏起源于商周时期的方相氏驱傩活动，汉代以后，逐渐发展成具有浓厚娱人色彩和戏乐成分的礼仪祀典。在宋代前后，傩仪由于受到民间歌舞、戏剧的影响，开始演变为旨在酬神还愿的傩戏。[2]

傩戏是历史、民俗、民间宗教和原始戏剧的综合体，广泛流行于安徽、江西、湖北、湖南、四川、贵州、陕西、河北等省。傩戏在不同民族和地区，名称不一，如傩堂戏、端公戏、师道戏、僮子戏、地戏、关索戏等。

傩戏以面具为其艺术造型的重要手段，内容多与宗教鬼神有关；傩戏表演者，按角色戴彩绘面具，俗称"脸子"，分列为一末、二净、三生、四旦、五丑、六外、七贴旦、八小生；其表演俗称"跳傩"，场面多伴以锣鼓。[3]代表剧目有《捉黄鬼》《刘文龙赶考》《孟姜女》《张文显》《陈州放粮》《薛仁贵征东》《庞氏女》《龙王女》《桃源洞神》《梁山土地》等，此外还有一些取材于《目连传》《三国演义》《西游记》故事的剧目。[4]

2006年至2014年，傩戏（武安傩戏、池州傩戏、侗族傩戏、沅陵辰州傩戏、德江傩堂戏[5]、万载开口傩、鹤峰傩戏、恩施傩戏[6]、任庄扇鼓傩戏、德安潘公戏、梅山傩戏、荔波布依族傩戏[7]、临武傩戏、庆坛）相继被列入国家级非物质文化遗产名录。[8]

拓展阅读

产生背景

傩，古书解释为驱鬼逐疫。傩舞是古代祭祀仪式中的一种舞蹈，傩戏是在傩舞的基础上发展形成的一种戏剧形式。

傩戏被称为"中国戏剧活化石",是中国最古老的文化之一。有独特的审美价值和意蕴。"世界傩戏在中国,中国傩戏在贵州,贵州傩戏在德江。"[9]

傩祭源于原始社会的图腾崇拜,到商代形成了一种固定的用以驱鬼逐疫的祭祀仪式,周代时被称为"傩"。[10] 从中国古代商周时起,就把祭祀神灵作为重要的活动。古老的图腾崇拜和鬼神信仰,是民众渴望驱逐苦难,追求幸福生活最朴素的表达,国家要祭,民间也要祭。如日月星辰、风师雨师、五岳山林、上帝社稷都要祭。傩就是这种祭祀的方式之一,并且国家有大傩,民间有乡人傩。在祭祀的仪式中必然要有歌舞礼乐,这种歌舞也就是傩舞。傩在民间不断地发展变化,逐渐在歌舞中增加了故事情节,丰富了表演,向傩戏转化。而这种傩戏就是最原始的戏曲。[11]

发展过程

傩仪由天子所命的庄严祭祀,渐渐发展到民间,经历了逐疫、酬神、世俗化三个阶段。汉魏时期,傩事活动的规模变得更加盛大,仪式中的方相氏增至4个,另各有12个黄门弟子和神兽、120名傫从,其余装扮成各种神瑞的演员多达上千人。而随着道教的兴起和汉末佛教传入中国,傩变驱鬼逐疫而为酬神纳吉。主角方相氏让位于青龙、白虎及佛教中的金刚、力士等护法神。宗教世俗化后,其功能变酬神为娱人,传统的不可侵犯的神祇,一变而为傩公、傩母;再变则成灶公、灶母;至晚唐,就连乞丐也加入了傩仪的行列。至宋,神秘的宗教色彩逐渐淡化,而现实社会的习俗充塞傩祭仪式,从元旦至元宵,丐户戴面具,穿红衣,挈党连群,通宵达旦,遍索酒食,场面十分壮观。

唐宋以后,随着傩事活动的广泛流传,在驱鬼逐疫的鬼神信仰中也融入了大量的儒、道、佛等文化,有了许多神话和民间传说的借用,还有不少历史故事和战争题材的内容穿插其间,显示出浓厚的民间传统文化特色,《兰陵王》《目连救母》等傩戏剧目便一直延传至今。约在元明时,嬗变成傩戏。[12]

在傩戏形成的最初阶段,像戏曲的出现一样,它也作为一种新兴的文化现象被人们普遍接受。由于它符合民众的心理需求,因此传播渠道也很广泛,社会收效较为明显。明末清初，各种地方戏曲蓬勃兴起，傩舞吸取戏曲形式，发展成为傩戏。除少数地方外，全国大多数地区都十分流行，后来又传入一些边远地区，特别是巫术气氛较浓的边远落后地区，经过当地民众的吸收和利用，最后固定成俗，成为中国众多民俗文化之一。[13]

傩戏流行于四川、贵州、江西，安徽贵池、青阳一带以及湖北西部山区。湖南、湖北的傩堂戏吸收了花鼓戏的表演艺术长处，四川、贵州的傩戏吸收了花灯的艺术成分，江西、安徽的傩戏则吸收了徽剧和目连戏的优势。后世傩戏逐渐发展成一种娱乐性的民间舞蹈，不同地区有不同的名称，又称鬼舞、跳傩等，也有名之为跳神的。[14]随着社会的不断进步、文明程度的不断提高，人类对自然的认识也逐渐加深。人们思想上的宗教意识相应减少，而娱人庆典的气氛却日益增多，最终将是宗教成分的完全消失，变成纯粹娱人取乐，供人消遣的戏剧。

新中国成立以来，傩戏这种文化形态因要破除封建迷信而遭到摧毁，只在某些偏僻落后的山区还有所保留。20世纪六十至八十年代，傩戏一度被禁演。

现状

改革开放后，傩戏得到学术界的重视，成为一门内涵古老的新兴学科，20多年来迅速涌现了一大批研究性、记叙性成果，一些省份还依照《中国戏曲志》的编撰体例出版了《湖南傩戏志》《四川傩戏志》一类的志书，成果十分可观，并为今后傩文化学科的建设奠定了扎实的基础。但是，由于资料发掘与成书时间相对集中，难免在资料整理、认定、梳理、分类方面有所疏漏，在基础理论研究方面也相对薄弱。按照一门历史文化学科构建的标准来衡量，我国现有傩文化研究呈现出枝繁叶茂、主干不齐的状况，尚待改进和加强。此外，传统的傩戏演出形式变得罕见，绝大多数傩戏表演已脱离了祭祀仪式，演化为民俗活动、旅游节目中的舞蹈节目或民俗展示，其祭祀性逐渐弱化，为展示性所代替。

进入21世纪，国家对傩文化的发掘、抢救、保护和研究更为重视，各地许多傩文化项目进入国家和省市非遗名录。2006年5月20日，傩戏（武安傩戏、池州傩戏、侗族傩戏、沅陵辰州傩戏、德江傩堂戏）经国务院批准列入第一批国家级非物质文化遗产名录。[5]2008 年 6 月 7 日，傩戏（万载开口傩、鹤峰傩戏、恩施傩戏）被列入第一批国家级非物质文化遗产扩展项目名录。[6]2011 年 5 月 23 日，傩戏（任庄扇鼓傩戏、德安潘公戏、梅山傩戏、荔波布依族傩戏）被列入第三批国家级非物质文化遗产名录。[7]2014 年 11 月 11 日，傩戏（临武傩戏、庆坛）被列入第四批国家级非物质文化遗产代表性项目名录。[8]

2019 年 10 月 2 日，在 2019 中国戏曲文化周上，傩戏参与其中。[15]

传统剧目

傩戏的演出剧目不多，内容也相对简单，大都与宗教和驱疫纳福有关。一般来源于两方面：一是从请神的需要出发；二是从娱神娱人的需要出发，扮演一些与请神法事无关的剧目。傩戏可分"正八出"和"外八出"两种。"正八出"统属巫教仪式，"外八出"是有情节的折子戏和连台大戏。

傩戏剧目可分为以下三类。

一类是正本戏，多属巫师做法事必须唱的，如《仙姑送子》《梁山土地》《发五猖》等，这类剧目宗教色彩浓，情节简单，戴面具演出，多唱巫腔。

二是傩堂小戏，在傩坛和高台均能演出。如《采香》《造云楼》《打銮驾》《陈州放粮》《青家庄》[16]等。这类剧目宗教色彩淡一些，世俗及娱乐成分较重，常在法事程序中的"唱戏"部分演出，表演有一定的程式，唱腔有一定的板式变化。

三是一些称为"外台戏"的戏，如《孟姜女》《庞氏女》《龙王女》（又称《柳毅传书》或《骑龙下海》），民间经常把《龙王女》《孟姜女》《庞氏女》（东汉孝子姜诗及其妻子庞氏的故事）并称"三女戏"[17]。此外还有一些取材于《目连传》《三国演义》《西游记》故事的剧目。这类剧目戏曲化程度较高。傩戏剧目一般唱多白少，但也有一些白口戏。演出时以各地方言为主，生动朴实。

音乐

傩戏音乐比较丰富，主要包括民间歌曲、民间歌舞、宗教音乐、说唱和戏曲音乐。

一、民间歌曲

民间歌曲是傩戏音乐的基础，包括山歌、小调、叙事歌曲、劳动歌曲等。

二、民间歌舞

其中古代文化的层累面很清晰地展现，如汉代的绂舞、矰舞，唐代的胡腾舞、西凉伎等。曲调多属分节歌体的上下句结构，段与段之间用打击乐过渡，歌唱以一唱众和为主。

三、宗教音乐

多是佛曲和道曲，旋律简单，以口语性和吟诵性为主要特征，说一段故事，唱一段曲子。

四、说唱和戏曲音乐

通常在说唱中加入对唱和帮腔，台上台下应和。戏曲部分可看出变文、词话、傀儡、村俚歌谣乃至宋杂剧、南戏对其的影响。随着剧目的丰富，唱腔的戏剧性增强，表现力加大，还吸收融会了一些兄弟戏曲剧种的声腔音乐，角色唱腔已具雏形，初步形成了不同的行当唱腔和相对稳定的基本曲调。

五、表演艺术

角色行当

傩的表演者古称巫觋、祭师，被视为沟通神鬼与常人的"通灵"者，表演时装扮上各种服饰面具，模仿与扮演神鬼的动作形神，借神鬼之名以驱鬼逐疫、祈福求愿。角色分列为一末、二净、三生、四旦、五丑、六外、七贴旦、八小生，主要分为生、旦、净、丑四大行。多数戴面具表演。

傩戏在人物的塑造上借助面具来烘托，即木雕面具和兽皮面具。脸谱造型注重人物性格刻画，根据不同的人物选取不同的兽皮。面具用樟木、丁香木、白杨木等不易开裂的木头雕刻、彩绘而成，按造型可分为整脸和半脸两种，整脸刻绘出人物戴的帽子和整个脸部，半脸则仅刻鼻子以上，没有嘴和下巴。

演出形式

傩戏的演出形式很特别。首先，它的表演大多戴面具。早期的傩戏角色，便是靠面具来区分角色行当。面具又称脸子或脸壳子，多为木质，也有丝质，所绘花纹及色彩，各地大同小异。不同角色的面具造型不同，较为直观地表现出了角色性格。傩戏的面具来源甚古，可以追溯至远古先民的文面，是文面的再度夸张，既增加了自我狰狞与异状变形后的神秘感，对疫鬼增加了威慑力，又给人审美感受，增添了娱人功能。[18]

傩戏的演出形式与其他戏曲不同，它与冲傩等宗教活动融为一体。傩戏的演出一般分为三个阶段，即开坛、开洞、闭坛。开坛和闭坛是迎神送神的法事，打开洞门后就演出傩戏剧目。迷信的乡人遇上一病两痛、三灾六难，以为是鬼神作祟，便请求神灵庇护，并许下傩愿。一旦到了还傩愿的时候，还要备好香纸、法器和祭献的用品。清末傩戏班子，边做法事，边演傩戏。傩戏一般在愿主家的堂屋演出，背面祭着神像，三面向观众，时空虚拟。傩戏班子里的演员也兼法事主持，他们既能唱又能舞，还会"判卦""绘符""念咒"等法事技能。傩戏班多以"坛门"组合，艺人一般以做法事开始，以唱《盘洞》戏为结束。湘北一带还傩愿演出，则要经过发功曹、扎寨、请神、安位、出土地、点雄发狷、姜女团圆、勾愿送神等八大法事，有关剧目就穿插其中演出，法事与演出形同一体。

社会影响

傩戏具有悠久的发展历史、鲜明的地域特色、广泛的社会基础、丰富的文化内涵和艺术表现形式，正是这种混合性的古老艺术形式，对中国戏曲艺术的发展具有重要的影响作用。学界普遍认为，它是我国在演出形式、剧目、唱腔、面具、服饰、道具等方面所保存的最古老最完整的古戏曲之一，堪称"戏曲活化石"，对于研究古代文化艺术、宗教演变、宗族结构、民风民俗、山民思想和江南地区政治、经济均有极大的史料价值。[19]

傩戏是中国戏曲的源头之一。中国戏曲主要由民间歌舞、说唱和滑稽戏三种不同艺术形式综合而成，它的起源是原始歌舞。傩是原始祭祀仪式的重要活动，是原始舞蹈的源头，因此，它也可以说是中国戏曲的源头之一。

　　傩戏是中国戏曲的催化剂。傩戏的不断发展成熟，也带动了中国戏曲的发展进步，傩戏的文化内涵、表演内容、表现形式、社会影响等都为中国戏曲的发展奠定了良好的基础。

　　从思想文化方面而言，到中国封建社会中后期，傩戏将原始巫艺术融合了儒、释、道等文化。如傩戏宣传的儒家忠、孝、节、义等道德观也是中国戏曲的普遍主题；傩戏较早地受到佛学思想的影响，佛教宣扬的因果报应、轮回思想在中国戏曲的结局中也时常体现 [20]；傩戏中道教的神仙方术思想占据了重要的地位，更是从内容和形式上对古代戏剧产生了深刻的影响。

　　从表现方式而言，由于傩戏的早期演出没有特定的剧本，都是口耳相授的艺术经验，因此具有现场发挥的灵活性。这种即兴表演的发挥，也影响到中国戏曲的表演，为其积累创造了丰富的借鉴经验。

　　从艺术风格和内容而言，傩戏为中国戏曲发展提供了更直接的借鉴素材，是中国戏曲由实用性到审美性过渡的重要阶段。傩戏的音乐 [21]、语言、舞蹈、造型等，都能在中国戏曲的演绎中体现出它们的缩影。此外，面具作为傩戏造型艺术的重要手段值得一提。面具在傩戏中应用极广，渊源深厚，流派众多，是傩戏思想和表现人物特征的直观体现，具有很强的思想性、艺术性以及审美和娱乐功能。傩戏面具对中国戏曲脸谱等文化艺术也具有很大的影响力。

　　此外，在傩戏的演化形成过程中，农业民族的民族信仰以及思想意识都始终贯穿其中，其社会功能不仅仅在于某种精神的寄托和慰藉，同时还是某种精神的陶冶。这就是傩戏的娱人因素，显示出傩文化与民俗文化相互结合的倾向。 [22]

　　傩戏对研究中国戏曲具有重要价值。傩戏沉淀积累了从古至今各个阶段的文化和艺术，也包括戏曲艺术，从而在剧目、表演等方面形成了自己的独特风格并比较完整地传承下来。在一些地区，由于特殊的地理位置和历史沿革，傩戏原始粗犷的风格和文化形态保留得比较完整，同时还有很多流传久远的面具也得以保存下来，具有很高的文物价值。另外，作为民间草根文化的代表，由于民间祭祀和法事等表演需要，傩戏往往并无职业班底，也没有登大雅之堂的艺术改造，故而很少受到外来艺术的影响，现今还保留着宋杂剧、古南戏等古朴风貌。因此，傩戏对于研究古戏曲文化具有重要的学术价值。[23]

戏曲保护措施

傩文化应在现有条件下争取更好的生存空间。这需要人们对本土文化更加重视，也需要得到当地各级领导的重视。例如，对傩戏及相关传统文化艺术资源进行挖掘、收集和整理；开展展演活动并筹建傩文化原生态基地建设、傩文化传习所、傩文化陈列室等。

对文化的封闭和开放性，我们也应持辩证的态度。另外，更好地研究傩的价值，应从宗教、文艺、民俗、戏曲等不同角度广泛切入。

保护传承人，让传承人在良好文化生态环境中得到完整的保护和传承。[24]

走出去，请进来，加强国内外学术交流与展演。争取组团队参加国内外的展演和学术交流活动。[25]

拓展阅读

傩字介绍

要知道什么是傩文化，首先得了解"傩"是什么。"傩"乃人避其难之谓，意为"惊驱疫疠之鬼"。巫傩活动在生命意识上满足了广大信仰者的心理要求，长期以来，巫傩之风的传承与流布融入习俗之中，即使在现代，仍以传统文化的形态存留于民间。

"傩字是象形文字，由象形、会意、记音三要素组合而成。它的意义往往包含在它的象形之中。"傩字的繁体字由"亻""堇""佳"三字合成，"亻"字表示它与人事有关，"堇"是记音，"佳"就是雀。

因此"傩"就是崇拜神雀的农耕民族所举行的"神雀祭"。"傩文化"就是因祭祀神雀而产生的一系列"神雀文化"。雀、鸾是一音之转，因此，这种被中国人崇拜的神雀，也就是鸾鸟，在中国古籍上有雀、雏、鸾、丹雀、彩鸾、鸾凤、丹凤、凤凰等种种称谓。

这就是为什么"傩文化"就是"鸾文化"的原因。

傩公傩婆的传说

在傩仪的神坛上，供奉最为普遍并且来自神话传说的是始祖神、傩公和傩婆（或傩公、傩娘），他们是傩俗信仰中至高无上、最具威望的傩神。

相传，傩公、傩婆原系兄妹二人。在很早很早以前，天下发大水，淹没了人间的房屋、庄稼，千千万万的人畜被洪水吞噬，兄妹俩因逃到一座很高很高的山上，才幸免于难。眼见田地、房屋、人与牲畜惨遭灭顶之灾，人类面临灭绝的危险，兄妹二人心中十分焦急。二人反复商量，为了繁衍子孙后代，重建人间的美好生活，便决定结为夫妻。可是，世上没有兄妹结为夫妻的规矩，怎么办呢？兄妹二人商量了个办法，每人抱一扇石磨，从东西两边滚下山去，如果二人滚到一起，两扇石磨相合，就结为夫妻；如果滚不到一起，说明无缘，不能成亲。于是兄妹二人各抱一扇石磨从山上滚下，滚到山下平地时，恰好两人滚在了一起，石磨也完整相合，说明老天爷赞成他们的婚事（后人释为"天作之合"），兄妹便毅然成亲。从此，二人耕地种田、纺纱织布、生儿育女，一代又一代地繁衍生息，人间大地，又是一派生机。

所以，后来人们奉傩公和傩婆为人类始祖，把他们当作为人类带来平安、五谷丰登、儿孙满堂、凡事兴旺的福星而信奉倍至。依照当地习俗，凡婚久未育子女者，便向傩公、傩婆祈求，并许下心愿，以后身怀有孕或生了子女便请端公做法事一堂，或演戏酬谢；如遇家有凶事或遇猪瘟、鸡瘟、家人多病，便祈求傩公、傩婆佑福，年终隆重祭祀。在农村，此种酬神方式，人们统称"还傩愿"（演出之戏叫"傩愿戏"）。

傩坛特技

傩，是我国最古老的一种驱鬼逐疫、禳灾纳吉的仪式活动。法师在为愿主还愿时，一般都要根据不同需要使用驱赶巫术。贵州傩坛使用的驱赶巫术，从傩堂戏角度看，有不少是特技表演，这里择要介绍几种。

"踩刀"俗称"上刀山"，分"踩天刀"和"踩地刀"两种。"踩天刀"由掌坛师手执牛角，口念咒语，背着过关童子（有病的儿童），赤脚爬上由十二把或二十四把、三十六把利刀组成的刀杆上。"踩地刀"是将装在刀杆上的利刀平放在地，刀锋朝上，掌坛师赤脚牵引过关童子从刀上走过。程序一般为"请师""迎王""上座""拜表""上关"。在上述程序中掌坛师要念咒语、打卦。从巫术信仰看来，小孩多灾多难，是遇上了恶魔鬼怪，要在神灵护佑下，由巫师驱赶鬼怪，指引小孩闯过人生旅途的关隘，易长成人。在观众看来，则是一幕惊险、有趣的特技表演。

类似上面的巫术表演，还有含红耙齿——将铁耙齿烧红，巫师将它含在嘴上表演。"下火池"俗称"下火海"，是将若干砖块立起，排列成一沟槽，槽内烧木炭，将砖块烧红，巫师赤脚于烧红的砖块上行走、表演。傩戏演出中各种特技表演还有很多，如"开红山""捞油锅"等都很惊险。这些表演是演给鬼神看的，也是演给信徒和观众看的。前者在于告诉各路鬼神妖魔，"魔高一尺，道高一丈"，巫师法力无边，各路鬼神妖魔，不得胡作非为，更不得给愿主家带来灾难，否则就会遭到灭顶之灾；后者在于展示傩坛威风，吸引信徒，招来观众。

日本能乐面具与中国傩戏面具

"能"是极具宗教意味的假面悲剧，主人公通常是超自然的形象，以凡人身形讲故事，然后消隐。其特点是面具，通常是扮演鬼魂、妇女、儿童和老人时使用。能剧中的情感通过传统的程式动作来表达。舞台伸向观众中间，舞台与后台之间由一条演员出场通道连接，后台又装有许多玻璃镜。能乐的表演分直面（不戴面具）和戴面具两种，通常只有主角戴面具。能面由桧木雕刻而成，在市场上买不到，有的甚至已有五六百年的历史。能面的独特之处在于，兼有"悲哀与微笑两种截然相反的表情"，悲喜兼备的能面扩大了能乐师的表演空间。

余大喜先生在《日本的面具艺术》一文中提道："能的日语读音为'nou'与傩音近，与中国的傩有渊源关系。"面具界权威人士顾朴光先生在《中国面具史》中提到："日本素以面具文化发达著称。在其丰富多彩的面具中，有土面、贝面、伎乐面、舞乐面、行道面、追傩面、猿乐面、能面、狂言面、神乐面……其中伎乐面、舞乐面、行道面和追傩面都属于'外来系'面具，与中国面具有着密切的渊源关系。"

思考 / 探索

1. 观看选段视频，总结傩戏的独特之处。

2. 如何发展傩戏?

课程管理

课时建议：1 课时

课程评价

1. 认真观看教师选取的视频，通过教师的讲解更加深刻地了解傩戏，了解中国传统文化。

2. 认真参与讨论，从视听感受等角度进行讨论，你从中感受到什么独特之处。

参考资料:

[1] 傩戏 [EB/OL]. 华夏经纬网 [2015-06-19].

[2] 古傩神风：傩戏之乡——德江 [EB/OL]. 新华网 [2015-06-16].

[3] 池州傩戏——戏曲活化石 [EB/OL]. 池州城市在线 [2015-06-16].

[4] 傩戏——仍在演出的古老剧种 [EB/OL]. 中国非物质文化遗产网 [2015-06-16].

[5] 国务院关于公布第一批国家级非物质文化遗产名录的通知 [EB/OL]. 中国人大网 [2015-06-16].

[6] 国务院关于公布第二批国家级非物质文化遗产名录和第一批国家级非物质文化遗产 [EB/OL]. 中国政府网 [2015-09-04].

[7] 国务院关于公布第三批国家级非物质文化遗产名录的通知 [EB/OL]. 中国政府网 [2015-09-04].

[8] 国务院关于公布第四批国家级非物质文化遗产代表性项目名录的通知 [EB/OL]. 中国政府网 [2015-09-04].

[9] 傩戏 [EB/OL]. 德江县人民政府 [2016-12-14].

[10] 民间艺术——惩恶扬善"傩戏傩舞" [EB/OL]. 文化中国 [2015-06-16].

[11] 为什么说傩戏是原始戏曲的活化石? [EB/OL]. 中国非物质文化遗产网 [2015-08-18].

[12] 傩——世俗化的三个阶段 [EB/OL]. 中国非物质文化遗产网 [2015-06-16].

[13] 廖奔. 从傩祭到傩戏 [J]. 传统文化与现代化, 1994 (2).

[14] 古老而神秘的民间艺术奇葩——傩戏 [EB/OL].Show China[2015-06-16].

[15] 五大旦角流派齐聚 2019 中国戏曲文化周 [EB/OL]. 新华网 [2019-10-02].

[16] 走过风光的傩戏何去何从 [EB/OL]. 恩施新闻网 [2015-06-16].

[17] 陈玉平. 傩戏剧目《柳毅传书》探析 [J]. 四川戏剧, 2008 (1).

[18] 傩戏 [EB/OL]. 中国侨网 [2015-06-16].

[19]《通讯》13-14 合刊 [EB/OL]. 中国傩文化网 [2015-09-04].

[20] 庹修明. 佛教对西南傩坛、傩戏的影响 [J]. 贵州民族学院学报（哲学社会科学版）, 2004 (4).

[21] 柯琳. 傩戏音乐的"活化石"意义 [J]. 音乐研究, 1991 (3).

[22] 吴靖霞. 历史文化的积淀——从傩戏的起源和发展探傩戏的本质 [J]. 贵州民族研究, 2006 (5).

[23] 赵曼. 傩戏对中国戏曲的影响 [J]. 时代教育, 2015 (1).

[24] 加强傩戏传承和保护 [EB/OL]. 文化传通网 [2015-08-17]

[25] 黔东傩戏傩文化发掘、保护与开发 [EB/OL]. 贵州民族文化网 [2015-08-17].

第四单元　影音课程

　　唯有这冷眼旁观的镜头能还世界以纯真的原貌，清除我们的感觉蒙在客体上的精神锈斑。

——巴赞

　　用特写镜头看生活，生活是一个悲剧，但用长镜头看生活，生活就是一部喜剧。

——［英］卓别林

　　优秀的电影向我们生活中传递正向的价值观、乐观向上的生活态度，通过观看其他人的生活经历让我们看清人生百态，明了是非对错，参悟生活真谛。

　　本单元将简单介绍电影、电视剧及其与舞台戏剧的区别与联系，影视作品对现代生活的影响。同时甄选优秀影视片段供学生欣赏。本单元学习以观看为主，穿插优秀作品介绍、优秀作品赏析、电影风格分析，优秀作品与恶趣味作品的甄别，引导学生更好地辨别和欣赏，辅助学生建立正确的三观。

　　此外，本单元还挑选部分优秀的语言及表演类综艺节目，内容包括朗诵类、配音类、演讲类、辩论思维类、小品鉴赏类、舞台作品的台前幕后类、演员职业类等供学生观赏，通过观赏，进一步了解戏剧方面的很多小知识。

　　值得一提的是，无论是舞台戏剧还是影视作品，戏剧离不开"爱恨情仇"的话题，我们需要做的不是规避而是正面引导，引导孩子们正视情感并学会如何面对和处理。

影视作品鉴赏

课程目标

1.观看优秀影视作品选段，建立影视作品欣赏的初步感知。

2.通过对优秀影视作品的介绍，引导学生去欣赏优秀的影视作品，辅助学生建立良好的人生观和价值观。

课程功能

通过对影视作品的学习，辨别其与舞台剧、戏曲的不同之处。

课程内容

电影

电影，是由活动照相术和幻灯放映术结合发展起来的一种连续的影像画面，是一门视觉和听觉的现代艺术，也是一门可以容纳戏剧、摄影、绘画、动画、音乐、舞蹈、文字、雕塑、建筑等多种艺术的现代科技与艺术的综合体。

电影是一种视觉艺术，用于模拟通过录制或编程的运动图像以及其他感官刺激来交流思想、故事、感知、感觉或氛围的体验。电影一词是电影摄影术的缩写，通常用来指电影制作和电影业，以及由此产生的艺术形式。[1]

电影是由特定文化创造的文化文物。它反映了这些文化，进而也影响了它。电影被认为是一种重要的艺术形式，是大众娱乐的来源，也是一种教育公民的有力媒介。电影的视觉基础赋予了它传播的普遍力量。[2]

电影具有独自的特征，在艺术表现力上不但具有其他各种艺术的特征，因其可以运用蒙太奇（法语：Montage）这种艺术性突跃的电影组接技巧，又具有超越其他一切艺术的表现手段。电影可以大量复制放映，随着现代社会的发展，电影已深入人类社会生活的方方面面，成为人们日常生活中不可或缺的一部分。

参考资料：

[1] 刘宏球 . 电影学 [M]. 杭州 : 浙江大学出版社 ,2006.

[2] 王志敏 . 电影学 : 基本理论与宏观叙述 [M]. 北京 : 中国电影出版社 ,2002.

优秀电影作品剧目单

1.《霸王别姬》

2.《辛德勒的名单》

3.《后天》

4.《烈日灼心》

5.《德古拉元年》

6.《大鱼》

7.《鸟人》

8.《斯巴达三百勇士》

9.《变脸》（*Face off*）

10.《失孤》

11.《赤道》

12.《肖申克的救赎》

13.《钢琴师》

14.《海上钢琴师》

15.《无间道》

16.《勇敢的心》

17.《阿甘正传》

18.《摔跤吧，爸爸》

19.《放牛班的春天》

20.《忠犬八公的故事》

21.《飞越疯人院》

22.《当幸福来敲门》

电影简介（节选）

1.《霸王别姬》

1993 年，电影《霸王别姬》，改编自中国香港女作家李碧华的同名小说，由陈凯歌导演，张国荣、巩俐领衔主演。本片由汤臣电影公司和西安电影制片厂共同投资拍摄完成。全片影像华丽，兼具史诗格局与深刻的文化内涵，讲述了两个伶人的悲喜人生，并融合了半个多世纪以来的中国历史发展。本片曾于1993 年荣获法国戛纳国际电影节最高奖项"金棕榈大奖"，这也是我国至今唯一一部获此殊荣的影片。除此之外，本片还获得国际影评人联盟大奖、金球奖最佳外语片奖等多项国际电影奖项。这部作品也曾在全世界多个国家和地区公映，是一部享有世界级荣誉的电影。

剧情简介：

1924 年冬天，9 岁的小豆子被做妓女的母亲切掉左手上那根畸形的指头后送入关家戏班学戏。戏班里只有师兄小石头同情关照小豆子。十年过去了，在关师傅严厉甚至是残酷的训导下，师兄弟二人演技很快提高，小豆子取艺名程蝶衣（张国荣饰），演旦角；小石头取艺名段小楼（张丰毅饰），演生角。两人合演的《霸王别姬》誉满京城，师兄弟二人也红极一时。二人约定合演一辈子《霸王别姬》。

段小楼娶妓女菊仙（巩俐饰）为妻，依恋着师兄的蝶衣，心情沉重地来到师兄住处，把他用屈辱换来的、师兄向往已久的名贵宝剑赠给小楼，并决定不再与小楼合演《霸王别姬》。在关师傅的召唤下，师兄弟二人再次合作。

抗战结束后，两人被迫给一群无纪律无素质的国军士兵唱戏，段小楼与士兵发生冲突，混乱中菊仙流产，而后有士兵以汉奸罪抓走蝶衣。段小楼倾力营救蝶衣，低声下气去求曾经玩弄蝶衣的官僚袁世卿（葛优饰）。菊仙要蝶衣说谎苟且求释，并将小楼不再与蝶衣唱戏的字据给蝶衣看。但是蝶衣在法庭上始终不屈，却因其技艺被国民党高官营救。新中国成立后，两人的绝艺并没有受到重视，误尝鸦片的程蝶衣嗓音日差，在一次表演中破嗓，决心戒毒，历经毒瘾折磨后在段小楼夫妻的共同帮助下终于重新振作，却被当年好心收养的孩子小四陷害，小四逼着蝶衣要取代他虞姬的位置与段小楼演出，段小楼不顾后果罢演，菊仙为了大局劝他演，段小楼最终进行了演出。蝶衣伤心欲绝，从此与段小楼断交。

"文化大革命"时，段小楼被小四陷害，小四逼他诬陷蝶衣，他不肯，被拉去游街，此时蝶衣却突然出现，一身虞姬装扮，甘愿同段小楼一起受辱，段小楼见蝶衣已经自投陷阱，希望能保护菊仙而在无奈中诬陷蝶衣，甚至说他是汉奸。蝶衣听后痛不欲生，以为段小楼只在乎菊仙，又看到自己所怨恨的菊仙此刻竟在可怜自己、帮助自己，便将所有的愤懑发泄在菊仙身上，抖出菊仙曾为娼妓，段小楼因此被逼与菊仙划清界限，说从来没爱过菊仙，菊仙在绝望中上吊自杀。

打倒"四人帮"后，师兄弟二人在分离了22年的舞台上最后一次合演《霸王别姬》，虞姬唱罢最后一句，用他送给霸王的那把注满他感情和幻想的宝剑自刎了，蝶衣在师兄小楼的怀中结束了自己的演艺生涯，也结束了这出灿烂的悲剧。

2.《辛德勒的名单》（*Schindler's List*）

根据澳大利亚小说家托马斯·肯尼利所著的《辛德勒名单》改编而成。是1993年由史蒂文·斯皮尔伯格导演的一部电影。

影片再现了德国企业家奥斯卡·辛德勒与其夫人埃米莉·辛德勒在第二次世界大战期间倾家荡产保护了1200余名犹太人免遭法西斯杀害的真实历史事件。本片包揽了第66届奥斯卡金像奖的7大奖项及第51届金球奖的7项大奖。

剧情简介：

1939年，波兰在纳粹德国的统治下，党卫军对犹太人进行了隔离统治。德国商人奥斯卡·辛德勒（连姆·尼森饰）来到德军统治下的克拉科夫，开设了一间搪瓷厂，生产军需用品。凭着出众的社交能力和大量的金钱，辛德勒和德军建立了良好的关系，他的工厂雇用犹太人工作，大发战争财。1943年，克拉科夫的犹太人遭到了惨绝人寰的大屠杀，辛德勒目睹这一切，受到了极大的震撼，他贿赂军官，让自己的工厂成为集中营的附属劳役营，在那些疯狂屠杀的日子里，他的工厂也成了犹太人的避难所。

1944年，德国战败前夕，屠杀犹太人的行动越发疯狂，辛德勒向德军军官开出了1200人的名单，并倾家荡产买下了这些犹太人的生命。在那些暗无天日的岁月里，拯救一个人，就是拯救全世界。

3.《变脸》(*Face off*)

电影《变脸》把"变脸"这个川剧里就有的俗套桥段玩出了花活。先是警察变成了恶匪，后是恶匪变成警察。相貌互换，身份也互换的两个人开始了某种意义上的"寻找我是谁"以及"找回身份"的旅程。这种哲学上的思辨，加之吴宇森的暴力美学，再加上尼古拉斯·凯奇和约翰·特拉沃尔塔两位大咖的演技学，使得整部电影让人回味无穷。

约翰·特拉沃尔塔和尼古拉斯·凯奇这个神奇的组合，一个是昔日歌舞片中的舞王，一个曾是文艺片中的忧郁小生，结果殊途同归玩起动作片再度走红，而安排他们会面的就是吴宇森西征好莱坞的代表作电影《变脸》。《变脸》中除了吴宇森式的招牌动作戏外，最大的看点就是约翰·特拉沃尔塔和尼古拉斯·凯奇分别饰演了自己和对方，他们两个在同一部电影中过了正派和反派的瘾，而且还要同时具有双重人格，变脸后约翰·特拉沃尔塔的阴鸷、尼古拉斯·凯奇的痛苦，让人记忆犹新。

角色分析

凯斯·特洛伊由演员尼古拉斯·凯奇饰演。他是一个毒枭，有一个"黑暗、巧妙又狂暴"的灵魂，并且这个魔王的心中没有信仰。

肖恩·亚瑟由演员约翰·特拉沃尔塔饰演。他是一个严厉的上级、失职的丈夫与失败的父亲。身为父亲与FBI的探员，他目睹自己的儿子被凯斯杀死，开始刻骨铭心地复仇。他发誓要抓住凶手，与邪恶斗争。

夏娃·亚瑟由演员琼·艾伦饰演。她是肖恩·亚瑟的妻子，两人十分相爱，但是随着他们的儿子被凯斯杀死后，情绪每况愈下，她与肖恩的感情也出现了危机。

伯罗斯·特洛伊由演员亚历桑德罗·尼沃拉饰演。他是凯斯的弟弟，当凯斯在城市的灯红酒绿中潇洒时，他独自一人待在监狱里。他聪明且有才华，却把才华"用错了地方"。

剧情简介：

电影讲述 FBI 探员亚瑟追捕恐怖杀手凯斯长达 8 年，凯斯曾杀害他的儿子，两人因此结下了不共戴天之仇。一次，为了调查致命炸弹的放置地点，亚瑟自愿取下自己的脸皮，换上昏迷中凯斯的脸，混入监狱与其匪党搭上线，以套出炸弹的放置地点。但是清醒后的凯斯也换上了亚瑟的脸，摇身一变，变为 FBI 探员，使亚瑟的家庭与事业陷入了危机，一场正邪两方的激战于是点燃。

影片通过令人难以置信的"换脸术"塑造正邪难分、爱憎难辨的人物，使对立分明的是与非的主题更增添了耐人寻味的内涵。"换脸"这个概念，"旧酒装新壶"，让人眼前一亮，新颖的同时又让人相信有一定的合理性，电影的呈现让人感觉毫无违和感。在这部影片中吴宇森依然延续着以前影片中正与邪、善与恶这两个自古就对立的话题，当然最终邪不胜正是永恒的真理。但他又在影片中加入了以前所没有的浓厚的家庭观念的元素，使得影片在很大程度上得以完整。这也是《变脸》与之前吴宇森影片最不同的地方。

4.《肖申克的救赎》（*The Shaw shank Redemption*）

取自斯蒂芬·金《不同的季节》中收录的《丽塔海华丝及萧山克监狱的救赎》而改编成的《肖申克的救赎》剧本，并由弗兰克·达拉邦特执导，蒂姆·罗宾斯、摩根·弗里曼等主演。

涵盖全片的主题是"希望"，全片透过监狱这一强制剥夺自由、高度强调纪律的特殊背景来展现作为个体的人对"时间流逝、环境改造"的恐惧。影片的结局有《基督山伯爵》式的复仇宣泄。

该片在 IMDB 当中被 40 万以上的会员选为 250 部佳片中的第一名，并入选美国电影学会 20 世纪百大电影清单。

剧情简介：

20 世纪 40 年代末，小有成就的青年银行家安迪（蒂姆·罗宾斯饰）因涉嫌杀害妻子及其情人而锒铛入狱。在这座名为肖申克的监狱内，希望似乎虚无缥缈，终身监禁的惩罚无疑注定了安迪接下来灰暗绝望的人生。没过多久，安迪尝试接近囚犯中颇有声望的瑞德（摩根·弗里曼饰），请求对方帮自己搞来小锤子。以此为契机，二人逐渐熟稔，安迪也仿佛在鱼龙混杂、罪恶横生、黑白混淆的牢狱中找到属于自己的求生之道。他利用自身的专业知识，帮助监狱管理层逃税、洗黑钱，同时凭借与瑞德的交往在犯人中间也渐渐受到礼遇。表面看来，他已如瑞德一样对那堵高墙从憎恨转变为处之泰然，但是对自由的渴望仍促使他朝着心中的希望和目标前进。而关于其罪行的真相，似乎更使这一切朝前推进了一步……

5.《无间道》

《无间道》是 2002 年出品的一部警匪片，该片讲述的故事是：两个身份混乱的男人分别为警方和黑社会的卧底，经过一场激烈的角斗，他们决心要寻回自己。2003 年，该片获得了第 22 届香港电影金像奖最佳电影奖、第 40 届台湾电影金马奖最佳影片等奖项，梁朝伟凭借该片获得第 22 届香港电影金像奖最佳男主角奖等奖项。

片名《无间道》中"无间"的意思是指"无间地狱"。该片以"无间道"作为片名，寓意为两个身份都本不该属于自己的人，他们生活在一个类似无间地狱的环境里，做梦都怕别人拆穿自己的身份。进入无间地狱是没有轮回的，只有永远受苦，但片中的两位主角却在寻求轮回。[1]

《无间道》的创作灵感源于吴宇森执导的电影《变脸》。麦兆辉认为，《变脸》中"交换面孔"的桥段在现实中是不可能发生的事情，于是麦兆辉提出，可不可以讲一个故事，将两个角色交换过来，但是不需要手术，只是身份和内心的交换。麦兆辉、庄文强在创作《无间道》剧本的时候一直在写作上相互沟通，麦兆辉写完了一个完整的剧本，寄给庄文强，庄文强把剧本改了一遍又写信送给麦兆辉修改。[2]

在麦兆辉的剧本构想里，最初只有警察到黑社会卧底的故事线条。后来刘伟强又在原始剧本的基础上加了很多的元素进去，并加入黑社会的人去警局做卧底的另一条线。在剧本的修改过程中，《无间道》的定位也随之改变，电影剧本最初是警匪斗智为重，后来黑帮或英雄片的元素变得浓烈了。

参考资料：

[1]《无间道》Infernal Affairs[EB/OL]. 网易 [2014-08-16].

[2] 影片幕后 [EB/OL]. 电影网 [2014-08-16].

6.《阿甘正传》

由罗伯特·泽米吉斯执导的电影，由汤姆·汉克斯、罗宾·怀特等人主演，于 1994 年 7 月 6 日在美国上映。

电影改编自美国作家温斯顿·格卢姆于 1986 年出版的同名小说，描绘了先天智障的小镇男孩福瑞斯特·甘自强不息，最终"傻人有傻福"得到上天眷顾，在多个领域创造奇迹的励志故事。电影上映后，于 1995 年获得奥斯卡最佳影片奖、最佳男主角奖、最佳导演奖等 6 项大奖。

2014 年 9 月 5 日，在该片上映 20 周年之际，《阿甘正传》IMAX 版本开始在全美上映。

剧情简介：

阿甘（汤姆·汉克斯饰）于二战结束后不久出生在美国南方亚拉巴马州一个闭塞的小镇，他先天弱智，智商只有 75，然而他的妈妈非常乐观坚强，她常常鼓励阿甘"傻人有傻福"，要他自强不息。

阿甘像普通孩子一样上学，并且认识了一生的朋友和至爱珍妮（罗宾·莱特饰），在珍妮和妈妈的爱护下，凭着上帝赐予的"飞毛腿"，阿甘开始了一生不停地奔跑。

阿甘成为橄榄球巨星、越战英雄、乒乓球外交使者、亿万富翁，但是，他始终忘不了珍妮，几次匆匆的相聚和离别，更是加深了阿甘对她的思念。

有一天，阿甘收到珍妮的信，他们终于又要见面……

7.《当幸福来敲门》

由加布里尔·穆奇诺执导，威尔·史密斯等主演的美国电影。影片取材于真实故事，主角是美国黑人投资专家 Chris Gardner。影片讲述了一位濒临破产、老婆离家的落魄业务员，如何刻苦耐劳地善尽单亲责任，奋发向上成为股市交易员，最后成为知名的金融投资家的励志故事。影片获得 2007 年奥斯卡金像奖最佳男主角的提名。

剧情简介：

克里斯·加纳（威尔·史密斯饰）用尽积蓄买下了高科技治疗仪，到处向医院推销，可是价格高昂，接受的人不多。就算他多努力都无法给妻儿提供一个良好的生活环境，妻子（桑迪·牛顿饰）最终选择离开家。从此他和儿子克里斯托夫（贾登·史密斯饰）相依为命。克里斯好不容易争取回来一个股票投资公司实习的机会，就算没有报酬，成功机会只有百分之五，他仍努力奋斗，因为儿子是他的力量。他受尽白眼，与儿子躲在地铁站的公共厕所里，住在教堂的收容所里……他坚信，幸福明天就会来临。

8.《摔跤吧，爸爸》

由尼特什·提瓦瑞执导、阿米尔·汗、萨卡诗·泰瓦、桑亚·玛荷塔、法缇玛·萨那·纱卡领衔主演的传记片。影片根据印度摔跤手马哈维亚·辛格·珀尕的真实故事改编。是一部女性为自己争取命运自主权并赢得尊严的励志喜剧电影，在励志的同时又不乏温情，用一个简单的体育题材，揭开了印度社会的一幅壮美油画。

剧情简介：

爸爸曾是全国摔跤冠军，迫于生计，只能放弃自己的职业理想，他想让自己的妻子生个男孩来帮助他实现为国家争光的理想。没想到，盼来的却是个女孩！

他向全村的人请教生男孩的秘诀，结果，无论怎么做，生的四个都是女孩。爸爸十分沮丧！他终于决定放弃自己的理想。

慢慢地，孩子们长大了。突然有一天，两个女儿和两个男孩打架，还把男孩打得鼻青脸肿，爸爸通过这事突然发现女儿们有摔跤的天赋，于是重拾梦想，对两个女儿进行摔跤训练。没有训练场，父亲就在田地里做了一个训练场。她们每天五点起来训练，为了训练方便，每天控制饮食，爸爸逼迫她们剪短了头发。为了提升她们，爸爸让女儿们的堂哥当陪练。通过训练，她们进步很快，很快便可以战胜堂哥了！

在爸爸的训练指导下，比赛不断获胜！姐姐吉塔还取得了全国冠军！姐姐进入国家摔跤学校，在那里姐姐学到的东西跟爸爸教的截然不同，而她只听老师的！在她放假返乡时，吉塔和爸爸的意见出现了分歧，他们进行了一场摔跤比赛，爸爸年龄太大输了比赛。随后在国际比赛中，大姐按学校教练教的技巧摔跤输了比赛，大姐才意识到自己是错的！之后巴比塔也进入到国家摔跤队！为了帮助姐姐提升，爸爸带着堂哥来到学校附近租了房子，而她们俩则每天晚上翻墙到校外偷偷按照父亲的方法进行训练，后来被其他人发现并举报，她们学校的教练向学校建议开除她们，幸好爸爸向学校说明了情况，学校给了一次机会，但是她们不能再偷偷训练了。于是爸爸又想到新的办法，通过比赛录像记录问题，再通过电话对吉塔进行指导，随后吉塔进步很大，在国际比赛中不断取得胜利并进入决赛。比赛开始前，嫉妒失衡的教练安排了一名工作人员将爸爸骗到一个小房间里，使他不能到现场为女儿加油和指导！即使如此，吉塔依然取得了冠军！比赛结束时，国歌声响彻赛场，终于有人打开了房门，父亲听到国歌后激动地赶到了赛场里，父女相拥而泣！

电视剧

电视剧又称为剧集、电视戏剧节目或电视系列剧，是一种适应荧屏、专为在电视或网络视频平台上播映的戏剧样态。

电视剧的制作既兼具了电影、戏曲、文学、动画、音乐、舞蹈、美术、配音等现代艺术的元素，又融入了广播剧、舞台剧、纪录片、电视节目等的表演方法和拍摄特点。电视剧本一般分单元剧、单本剧、连续剧等，而在呈现方式上可分为真人剧、动画剧、木偶剧等。

电视剧市场是随着广播事业和互联网新媒体的诞生而发展兴盛起来的，如今还创新产出了电影短剧、网络竖屏剧和互动剧等新型网络剧。

优秀电视剧作品剧目单

《红楼梦》（导演：王扶林）

《渴望》

《编辑部的故事》

《皇城根儿》

《爱你没商量》

《过把瘾》

《外来妹》

《戏说乾隆》

《宰相刘罗锅》

《康熙微服私访记》

《北京人在纽约》

《我爱我家》

《三国演义》（导演：王扶林等）

《北京人在纽约》

《黑洞》

《黑冰》

《神探狄仁杰》

《家有儿女》

《乔家大院》

《大明王朝 1566》

《闯关东》

《水浒传》（导演：张绍林）

《雍正王朝》

《人民的名义》

《大江大河》

《山海情》

《铁齿铜牙纪晓岚》

《大宅门》

《橘子红了》

《潜伏》

影视作品的意义

影视作品，包括电影、电视，现在还包含一些内容简短、故事完整的微视频作品，是一门视觉和听觉的艺术，是现代化科技与艺术的综合体。它又具有独特的风格特点，结构严谨，人物鲜明，情节曲折，带有一定的社会意义，能给人深刻的启迪教育。既有着剧作者的思想，又有着导演的理解，更包含着演员对人物的思考和塑造，荧幕上的每一帧都蕴含着众人的智慧和劳动的结晶。几小时的一部电影，却往往能够反映出社会的各方面，并针对某些现象给予深刻的启迪说明，从而产生深远的影响。

一部电影／电视剧的产生，包括取材、编剧、摄影、场面调度、配音、表演，等等。在荧幕前看到的几小时背后，是几个月甚至是几年时间的拍摄制作。其中融合了文学、哲学、政治等复杂的人类人文学科的内容，通过观看影视作品，可以进一步提高个人的综合修养，补充不同文化领域的知识，影响人们的世界观、人生观、价值观。每一部影视作品都是对人生的诠释和解读，只不过是站在不同的角度，用不同的选材，表达不同的人生意义。

如何鉴定一部影视作品的优劣

1. 完整的故事，从头到尾交代清楚剧情，使观众能够迅速看懂。

2. 思路清晰，观看后观众不会产生越看越糊涂的观感。

3. 节奏紧凑、不拖沓，每一帧都有其意义，而不是强行拼凑。

4. 人物刻画到位，角色演绎自然。

5. 细节到位，不穿帮，镜头里的一切都自然、合理。

总而言之，影视作品实际上就是剧作者、导演、编剧、演员等所有工作人员一起在给观众讲故事，当观众信以为真、深以为然的时候，这便是一部优秀的作品。

提高影视作品鉴赏能力的方法

多看——观看一定数量的影视作品，能够让观众在对比中感知到作品的优劣。

多思考——每部影视作品都有其主题思想和意图，有喜有悲，有赞美有讽刺，像一篇行云流水的文章，每次观看后可尝试思考作品中什么让你产生共鸣，什么让你印象最深，只要是与影片有关的，包括编剧、策划、宣传等都可以。

思考 / 探索

1. 观看选段视频，总结电影和电视剧的异同。

2. 思考并总结影视作品对现代人类生活的影响。

课程管理

课时建议：3 课时

课程评价

是否理解影视作品存在的意义。

个人电影赏析——周星驰专题

课程目标

　　1.观看周星驰优秀影视作品选段，建立对其电影作品欣赏的初步感知。

　　2.通过对周星驰电影的介绍，引导学生如何去欣赏优秀的影视作品，建立良好的世界观、人生观、价值观。

课程功能

　　通过对周星驰影视作品的学习，辨别其电影风格的独特之处，加深学生对不同电影风格的了解。

课程内容

无厘头电影

　　"无厘头"是粤语中的一句土话，因为周星驰喜剧与"无厘头"有某些相似的特点，所以人们以"无厘头"来形容他的喜剧风格，他的喜剧电影被定义为"无厘头喜剧"，周星驰也因此成为"无厘头"的代言人。由于受到周星驰的巨大影响，这句本不常用的俚语被大江南北的观众熟知。在学术研究上，无厘头还成了喜剧电影一个新的分支。

　　在结合周星驰喜剧电影的时候，"无厘头"更准确的解释应该是指"说话和思路不依常规"。违反常规是无厘头搞笑的一个鲜明特点，也是它与传统喜剧最重要的区别。

　　周星驰喜剧影片中的搞笑并没有对传统秩序形成挑战和反叛，仅仅是主导体制内的一种合法的宣泄，隐藏在"无厘头"搞笑背后的是对意识形态神话的一种重塑。

一、跟班周星驰

周星驰中学毕业后考入 TVB 艺员训练班，1983 年结业后成为无线艺员，同年被派入儿童节目《四三零穿梭机》做主持，一做就是四年。

最熟悉的印象：《射雕英雄传》里的宋兵乙。

1987 年，周星驰被派演戏剧，出演《他来自江湖》《盖世豪侠》，不再以跑龙套度日。周星驰被李修贤赏识，出演《霹雳先锋》，初触大银幕。凭借此角色，周星驰获台湾第 25 届金马奖最佳男配角奖、第 8 届香港金像奖最佳男配角和最有前途新人奖提名——这时的"星爷"只不过是李修贤身边的小跟班而已。

二、正经周星驰

代表作品：《龙在天涯》《义胆群英》《江湖最后一个大佬》《风雨同路》《龙凤茶楼》《流氓差婆》《望夫成龙》。

此阶段的周星驰电影无个人风格，以比较正经的形象出现在大银幕上。

三、喜剧周星驰

代表作品：《最佳女婿》《咖喱辣椒》《小偷阿星》《师兄撞鬼》《一本漫画闯天涯》等。

陈友导演的《无敌幸运星》成为周星驰尽情展示自己的一部影片。周星驰曾亲口说过：陈友是他喜剧表演的领路人。

1990 年的《赌圣》让周星驰声名大噪，这部《赌神》的跟风之作，延续了票房神话。接下来的《赌侠》和《整蛊专家》又成了双明星搭档的模式。

贺岁片《龙的传人》《情圣》陆续上映，此时的周星驰还没有达到随心所欲的表演境界，剧本和表演依旧是由导演决定。

四、笑星周星驰

代表作品：《大话西游》《回魂夜》《大内密探》。

《百变星君》，影片被认为模仿金凯瑞的《变相怪杰》，由于王晶的加入显得过于夸张、过于漫画化，丧失了此前周星驰一直追逐的"笑中带泪，以影言志"

的风格。《97 家有喜事》《算死草》《行运一条龙》《千王之王 2000》，是周星驰为提拔葛民辉和张家辉这两位接班人做的绿叶演出。

五、作者周星驰

从《食神》开始，周星驰便开始了个人的执导生涯。影片继续大行无厘头之风，笑料不断又让你笑过之后有些感动。

《喜剧之王》是一部完全个人风格的影片。周星驰一改过去无厘头的表演方式，全心全意去演绎一个立志成为演员的小人物。影片中尹天仇的遭遇犹如他个人奋斗历程的一个缩影，一句简单的"我是一个演员"饱含了多少辛酸在其中。

《少林足球》《功夫》《长江七号》将大量精力放在电脑特技对场面的构造上，故事情节反而被弱化了。虽然担当男主角，但表演方面不再像过去那样收放自如、妙语连珠，而是从内在的语言对白转向外在的动作表现上。

周星驰电影艺术的特点

题材多为小人物的故事；体裁多为悲喜剧，笑中有泪；带有强烈的批评色彩，反传统、反崇高、反主流、反经典美学；无厘头搞笑策略和独特的现代化恶搞语言。

一、无厘头喜剧的搞笑来源

1. 连续使用反转

反转是将观赏者的推演逻辑扭向幽默逻辑的扳手。任何一则，都包含两种逻辑：一是观赏者根据常理推演的逻辑，二是幽默所规定的情节和人物的特定逻辑。

首先创作者通过预先的"铺垫"和"渲染"把观众带入自己的逻辑中，然后通过"反转"使结果与之前观众推理的结果不同甚至完全相反。"反转"造成了两种逻辑之间的不和谐因素。两种逻辑之间的对立冲突越强，不和谐越鲜明，造成的喜剧效果就越强烈。

不仅是在周星驰的作品中，文学、戏剧、小品、相声等很多幽默艺术作品都会使用"反转"来达到不和谐的目的。而电影，以其独特的视听手段，使观众更容易进入创作者"误导"的逻辑中。

比如，卓别林的绅士打扮与流浪汉身份的不和谐；大皮鞋与他上身的绅士打扮的不和谐；外貌与身份的不和谐；人物与环境的不和谐；物品出现在不该出现的地方（蛋糕扔在人的脸上），等等，这些不和谐的产生大多源于一次性使用"反转"。

而周星驰喜剧对于这种传统搞笑手段的突破在于反转一般会连续使用两次，而第二次形成的反转才是真正无厘头的笑料，幽默色彩才更加强烈。

如《武状元苏乞儿》中，周星驰在吃狗食（第一次反转），然后夸奖狗食好吃，喊来吴孟达一起吃，而且还要打包带回去（第二次反转）。

在周星驰电影中，强烈的幽默效果大都来自第二次反转所带来的反差。

2. 改写"指涉代码"

无厘头搞笑的另一大来源是对指涉代码进行改写。

罗兰·巴特在分析小说叙事元素时总结了五种代码，其中指涉代码是指在一个文化范围内作者和读者解释日常生活经验时不假思索使用的大量知识，作者将这些知识运用于叙事作品中，便成为指涉代码。

无厘头搞笑的基础是观众与创作者拥有共同的指涉代码。比如，《九品芝麻官》中，包龙星练习骂人的技巧，对着躺在地上的死人练习，结果人居然活了过来，这就是对"把死人说活"的一种改写。

比如，对褒义词和贬义词的互换使用，在《百变星君》中，用"好一对狗男女"来形容相爱的恋人。

二、对影像形成的指涉代码的改写

经过 20 世纪 80 年代的经济腾飞和传媒业的发展时期，到 20 世纪 90 年代，香港的传媒业已经彻底繁荣起来，尤其是到 20 世纪 90 年代中期，香港电影业已经达到了鼎盛时期。

发达的传媒文化是现代香港人的思维方式和沟通的主要途径。影视为人们建立起一个影像的世界，无论是影片中的人物形象还是视听语言的表达方式，都已经深入人心，成为一种新的指涉代码。

三、指涉代码中的形象改写

从早期的李小龙的功夫片，到 20 世纪 80 年代中后期吴宇森的英雄系列，20 世纪 90 年代王晶的赌片、徐克的黄飞鸿系列，这些电影中的人物及人物的具体形象都已深入人心。甚至影像中的人物已经与具体的演员联系到了一起，包括一些固定音乐、人物的动作造型等，都形成了固定的指代关系。

比如，李小龙的双节棍、黄色紧身衣、抹鼻子的动作，《沧海一声笑》的音乐，赌神吃巧克力的习惯，等等，都形成了一个个典型的符号。

而周星驰的喜剧打破了人们形成的这种符号之间的内在逻辑，对影像中指涉代码中的人物形象进行改写，以达到搞笑的目的。比如，《国产凌凌漆》vs《007 系列》；《九品芝麻官》vs《包青天》；《济公》vs《济公外传》。

影片的整体内容就是以这些经典人物故事为依托，在影片中把以往的经典符号随处使用，故意破坏原有的指代关系。如《国产凌凌漆》的片头，《大内密探零零发》的片头。

除此以外还有很多，比如，《龙的传人》对李小龙和黄飞鸿的依托；《百变星君》对《终结者》的依托；《赌侠》《赌圣》对《赌神》的依托。

如果没有这些电影所形成的指涉代码，仅仅从周星驰电影表层的叙事来看，很难看出这种改写所形成的幽默。周星驰不仅借助这些经典影片所形成的指涉代码来进行搞笑，他还在影片中不断地重复和提及自己以往影片中的人物和相关事物。

思考 / 探索

1. 令你印象最深刻的周星驰电影叫什么？为什么？请详细说明。

2. 从周星驰的"无厘头"风格出现至今，仍有很多关于其的争论，有人认为其"不知所谓，毫无意义"，有人却认为其"独树一帜，新颖有趣"，你是否能接受周星驰电影中的"无厘头"风格？请说出你的理由。

课程管理

课时建议：1 课时

课程评价

1. 认真观看教师选取的视频，通过教师的讲解让学生更加深刻地了解周星驰电影的风格及其独特之处。

2. 通过对周星驰电影的介绍，引导学生去更好地欣赏优秀的影视作品，辅助学生建立良好的世界观、人生观、价值观。

语言及表演类综艺视频

1. 配音类节目《声临其境》

原创声音魅力竞演秀节目，节目无论从娱乐性还是从专业度来说都是值得学习的，节目将"配音"工作从幕后搬到台前，不仅可以让观众看到配音是如何完成的，同时也可以了解到配音这个神秘的职业的原貌，在看到配音真正魅力的同时，更多人也能了解并学习到配音技巧。

2. 表演类节目《欢乐喜剧人》

《欢乐喜剧人》网罗各路民间喜剧人才，以综艺的形式推出，通过相声、小品、曲艺、幽默表演、杂耍、变脸等节目样式挖掘最具喜剧天分的人才，给演员们展现自己的平台，同时用语言的幽默传递快乐。

3. 表演类节目《我就是演员》

节目以演技为视角，演员们进行演技的比拼。除去演员、明星的光环，让演员们回归本质，展现各自的演技，同时节目以综艺的方式呈现，也让观众看到"演员"这个神秘的职业是如何工作的。

4. 表演类节目《演员请就位》

以选角为切口，以全影视化拍摄为呈现形式，不仅呈现演员的演技，同时也将演员竞争、选角的残酷呈现出来。节目还原大量的经典艺术作品，让观众进一步了解不同的节目是如何进行拍摄的。

5. 表演类节目《爱笑会议室》

以喜剧表演为主体，以时下年轻人关心的热点事件、热门话题为创作方向，节目宗旨以快乐、轻松为主，呈现完整的小品节目。

6. 表演类节目《笑傲江湖》

《笑傲江湖》参与的是非专业选手，这些选手没有经过专业系统的学习，但都热爱喜剧类表演。内容更贴近生活，发掘生活中的笑料，在给观众带来欢乐的同时，还传播了正能量。

7. 表演类节目《一年一度喜剧大赛》

喜剧竞演类综艺，网罗素描喜剧、漫才、音乐剧、默剧等多种形式，为优秀的戏剧演员提供展现的平台，同时喜剧形式新颖，内容丰富，让观众能够接触和了解到更多的喜剧形式。

8. 表演类节目《无限超越班》

节目集结众多香港优秀表演大咖，立足经典，还原中国香港影视作品众多经典的荧幕形象与片段，给众多艺人提供学习的平台，同时以真人秀的形式，让观众看到面试、竞争时如何把握机会等职场要领，在还原经典的同时打磨演员们的演技，同时也一直贯穿"做事先做人"的理念，无论是休闲还是学习都是值得观看的。

9. 语言类节目《朗读者》

是由中央广播电视总台央视综合频道推出的文化情感类节目，由董卿担任主持人和制作人。节目中有很多金句和箴言，可以储备很多人物案例、经典文学案例，主持人董卿的主持沉稳、大方，值得借鉴和学习。

10. 语言类节目《典籍里的中国》

《典籍里的中国》聚焦《尚书》《论语》《道德经》等经典书籍，是一档文化类节目，以"戏剧＋影视＋文化访谈"的表现方法，讲述典籍在五千年历史长河中的起源、流转及书中的闪亮故事。值得一提的是，这档节目通过时空对话的创新形式，在"戏剧化"的人物呈现中，让人在不经意间汲取和了解经典。这种形式非常新颖和"高级"，同时难度也非常大，值得学习。

11. 语言类节目《主持人大赛》

由中央广播电视总台精心打造的一项重大赛事，节目诸多环节，每一个选手的语言组织能力和逻辑思维都让人惊叹。

12. 语言类节目《中国诗词大会》

以经典诗词为切入点，对中华优秀语言文化进行深耕细作、潜心挖掘，让观众深入了解诗词有关的创作背景、出处典故、文化内涵、家国情怀。可以让热爱朗诵的同学储备古诗词，学习表达技巧。

13. 语言类节目《最强辩手》

中国原创大型语言竞技类节目，该节目借助互联网大数据系统，筛选当今社会最具讨论度的议题，全面覆盖从流行文化、社会经济到未来科技各个领域，并邀请众多辩论人才，通过思想、语言的碰撞来呈现出不同观点。

14. 表演类真人秀节目《无限超越班》

该节目请来众多优秀老演员，通过演员面试、导师点评、分组进剧组、影视作品拍摄现场等方面，以真人秀的方式，让观众全方位了解"演员"这个光鲜、神秘的职业是如何工作的，要经历怎样的锻炼、挫折，在挫折中一次次成长。

第五单元　实践（学生作品展示）

单元介绍

世界没有悲剧和喜剧之分。如果你能从悲剧中走出来，那就是喜剧；如果你沉湎于喜剧之中，那它就是悲剧。

——科马克·麦卡锡《路》

戏剧应该是思想的工厂，良心的提示者，社会品德的说明人，驱逐绝望和沉闷的武器，歌颂人类上进的庙堂。

——萧伯纳

本单元简单介绍部分高中生简单易上手的实践作品类型及举例，包括朗诵、相声、配音、主持、读剧、小品描红、心理剧、科普剧、影视作品描红、视频制作等。收录了部分经典作品素材以供参考和实践。

朗　诵

（1）《祖国啊，我亲爱的祖国》

（2）《乡愁》（方言朗诵）

（3）《再别康桥》（方言朗诵）

（4）《有的人》（方言朗诵）

（5）《最后一只藏羚羊》

（6）《海燕》

（7）《致橡树》（中英文朗诵）

（8）《永不遗忘》

（9）《面朝大海，春暖花开》

（10）《我骄傲，我是中国人》

（11）《少年中国说》（节选）

（12）《南方北方》

（13）《青衣》（散文）

（14）古诗词朗诵稿件

（15）《忠诚颂》（原创朗诵作品）

祖国啊，我亲爱的祖国

作者：舒婷

我是你河边上破旧的老水车，

数百年来纺着疲惫的歌；

我是你额上熏黑的矿灯，

照你在历史的隧洞里蜗行摸索；

我是干瘪的稻穗；是失修的路基；

是淤滩上的驳船

把纤绳深深

勒进你的肩膊；

——祖国啊！

我是贫困，

我是悲哀。

我是你祖祖辈辈

痛苦的希望啊，

是"飞天"袖间

千百年未落到地面的花朵；

——祖国啊！

我是你簇新的理想，

刚从神话的蛛网里挣脱；

我是你雪被下古莲的胚芽；

我是你挂着眼泪的笑窝；

我是新刷出的雪白的起跑线；

是绯红的黎明

正在喷薄；

——祖国啊！

我是你的十亿分之一，

是你九百六十万平方的总和；

你以伤痕累累的乳房

喂养了

迷惘的我、深思的我、沸腾的我；

那就从我的血肉之躯上

去取得

你的富饶、你的荣光、你的自由；

——祖国啊，

我亲爱的祖国！

有的人

作者：臧克家

有的人活着
他已经死了；
有的人死了
他还活着。

有的人
骑在人民头上："啊，我多伟大！"
有的人
俯下身子给人民当牛马。

有的人
把名字刻入石头，想"不朽"；
有的人
情愿作野草，等着地下的火烧。

有的人
他活着别人就不能活；
有的人
他活着为了多数人更好地活。

骑在人民头上的
人民把他摔垮；
给人民做牛马的
人民永远记住他！

把名字刻入石头的
名字比尸首烂得更早；
只要春风吹到的地方
到处是青青的野草。

他活着别人就不能活的人，
他的下场可以看到；
他活着为了多数人更好地活着的人，
群众把他抬举得很高，很高。

最后一只藏羚羊

作者：佚名

夕阳西下，晚霞轻柔地洒在可可西里的土地上，宁静而贫瘠的土地仿佛又多了几分生气。我呆呆地伫立在寒风中，影子拉得很远很远……我的脚下就是我刚刚死去的丈夫和女儿，他们已经被踩躏得面目全非，四周满是我部族的尸体，他们的皮全部被扒光。空气中弥漫着血腥气，地上血流成河。在夕阳的照耀下，显得愈加惨烈。我——这场大屠杀中唯一的幸存者，便成了可可西里最后的一只藏羚羊。

就在几年前，我们藏羚羊还是一个有着二十万成员之多的种族，那时候啊，我们几个部族一起在荒无人烟的草原上驰骋，烟尘蔽日，黄土满天，情景极为壮观。

每逢产崽季节，身为妻子的我们便要和丈夫告别，成群结队地去到北方，当几千只小藏羚同时出世时，整个大地都泛起了血光，我们带着孩子重返南方，我们的部族便又增添了生机与希望。

我曾经无比自豪自己是一只藏羚羊，我们生活在遥远的可可西里，那里气候恶劣，土地贫瘠，可我们却有着惊人的耐力。什么水草丰茂之地，对我们没有任何吸引力，我们常常悠然地卧在雪中，或是在猛烈的冰雹下嬉戏。那时的可可西里之于我们，无异于世外桃源，那梦一般的世界曾经是多么美丽。然而，一声枪响穿透了可可西里的黎明，我的梦被击得粉碎。当一辆辆吉普在高原上奔驰的时候，我的无数同伴也好奇地紧随其后，想要和他比个高低。追逐嘛，这是我们常玩的游戏……然而这一次我们却只猜对了开头，却猜不着这结局，一个个黑洞洞的枪口正悄悄举起……从那一刻起，我的种族的大杀戮便开始了，静谧的可可西里被枪声毁掉了。

我清楚地记得，就在那个夏天，在我们产崽的北方，人类早已准备好了一杆杆猎枪，一时间，产崽的圣地变成了血腥的屠宰场，我同伴的尸体几百只几百只地铺在地上，他们的皮被完全剥去，有的甚至是被活生生地剥光，我开始后悔自己是一只藏羚羊了。

我们其实长得并不美丽，我们只不过有了一身价值连城的皮毛而已，可就因为这一身皮毛，几年来不知道多少兄弟姐妹惨遭杀戮，而且所有的尸体都被剥了皮啊！粉红色的肉上鲜血淋漓，现在可可西里不再是美丽的少女，而成为恐怖的墓地。十几万只藏羚羊长眠在这里……为了活命，这个夏末，我们这个在几次大屠杀中唯一幸存的部族开始迁徙，几千只藏羚羊浩浩荡荡地向北方前进。

途中，我由于身体不适掉了队，落在后面休息。可就在这个时候，就是这个时候，我听到远处响起了密集的枪声，我绝望地闭上了眼睛，我俯下身子舔着我的丈夫，他的眼睛还是那么大，那么明亮，只是充满了恐惧，我又去亲吻我的小女儿，她的眼中只有惊诧与好奇。女儿啊，你还太小，妈妈知道你是至死也不明白发生了什么事情。其实，其实妈妈也不明白，为什么，为什么人类在自己的亲人死去时悲痛欲绝，却能够坦然地杀掉上千别人的亲人，难道他们开枪时没有一丝犹豫吗？

他们动手剥皮时就没有一点儿怜悯吗？当他们的亲人惨遭杀戮而他们自己却无能为力反击时，他们又会怎么样！这时，一丝声响在我的背后响起，我慢慢地转过身，眼前是乌黑的枪口……在惨烈的夕阳下，在同伴的尸体中，我竟然露出了一丝惨淡的笑容。

无知的人类啊，你们究竟还要愚昧到几时啊。你们毁灭了我们，其实正是在毁灭你们自己。你们今天践踏在我们的尸体上，可总有一天，你们的尸体将会被自己践踏！尽管开枪吧，开枪啊！你们唯一的贡献就是在已灭绝的动物名单上又添了一笔，便是把你们自己灭绝的日期又提前了一天……

枪响了，我大睁着双眼倒在地上，嘴角仍挂着微笑，而眼角却流下一颗浑浊的泪滴……今晚的夕阳，真美啊，望着它，我仿佛又看到了我的丈夫和女儿，还有那梦中的可可西里。

几万只藏羚羊在草原上奔驰，尘土飞扬。阳光洒在他们的皮毛上，泛着金光……

海燕

作者：高尔基

在苍茫的大海上，狂风卷集着乌云。在乌云和大海之间，海燕像黑色的闪电，在高傲地飞翔。

一会儿翅膀碰着波浪，一会儿箭一般地直冲向乌云，它叫喊着，——就在这鸟儿勇敢的叫喊声里，乌云听出了欢乐。

在这叫喊声里——充满着对暴风雨的渴望！在这叫喊声里，乌云听出了愤怒的力量、热情的火焰和胜利的信心。

海鸥在暴风雨来临之前呻吟着——呻吟着，它们在大海上飞窜，想把自己对暴风雨的恐惧，掩藏到大海深处。

海鸭也在呻吟着，——它们这些海鸭啊，享受不了生活的战斗的欢乐：轰隆隆的雷声就把它们吓坏了。

蠢笨的企鹅，胆怯地把肥胖的身体躲藏到悬崖底下……只有那高傲的海燕，勇敢地，自由自在地，在泛起白沫的大海上飞翔！

乌云越来越暗，越来越低，向海面直压下来，而波浪一边歌唱，一边冲向高空，去迎接那雷声。

雷声轰响。波浪在愤怒的飞沫中呼叫，跟狂风争鸣。看吧，狂风紧紧抱起一层层巨浪，恶狠狠地把它们甩到悬崖上，把这些大块的翡翠摔成尘雾和碎末。

海燕叫喊着，飞翔着，像黑色的闪电，箭一般地穿过乌云，翅膀掠起波浪的飞沫。

看吧，它飞舞着，像个精灵——高傲的、黑色的暴风雨的精灵——它在大笑，它又在号叫……它笑那些乌云，它因为欢乐而号叫！

这个敏感的精灵——它从雷声的震怒里，早就听出了困乏，它深信，乌云遮不住太阳——是的，遮不住的！

狂风吼叫……雷声轰响……

一堆堆乌云，像青色的火焰，在无底的大海上燃烧。大海抓住闪电的箭光，把它们熄灭在自己的深渊里。这些闪电的影子，活像一条条火蛇，在大海里蜿蜒游动，一晃就消失了。

——暴风雨！暴风雨就要来啦！

这是勇敢的海燕，在怒吼的大海上，在闪电中间，高傲地飞翔；这是胜利的预言家在叫喊：

——让暴风雨来得更猛烈些吧！

南方北方

作者：田地

到南方的风中流浪是我的向往
养育我的北方便成了思念的地方
捧起南方的荔枝，我思念北方的高粱
感受南方的热烈，思念北方的苍凉
学会了南方人说话像鸟一样地歌唱
便想听听父老乡亲马鞭甩出的粗犷

在没有季节的变化、在没有寒冷的城市奔走
更想在下雪的时候回一趟故乡
阅过莺飞草长的江南再读北国风光
千里冰封的故乡啊，让我欣喜也让我忧伤

尽管北方有我童年的土炕
南方却是我一生奋斗的疆场
我的青春，已化作南方的山水
我的爱，已在南方的小溪中流淌
南方养育了我的后代啊
可北方仍住着我的爹娘
也曾千里万里地回到故乡
也曾招来儿时的伙伴
侃侃大山、唠唠家常
回到童年、回到故里
回到梦开始的地方

可再也回不到

再也回不到啊，当年出发的那个晚上

我像一只候鸟既栖息南方也栖息北方

心如风筝般地系着思念也系着梦想

尽管有一天

我的后代会像我来南方一样回北方闯荡

但我的灵魂

注定只能在南北之间来来往往

终究有一天我会变老，累了、退了

重回故里，告老还乡

但我会在北方的寒风里回忆南方的太阳

啊，我的熟悉而又陌生的南方

我亲切而遥远的北方

少年中国说（节选）

壮哉我中国少年，与国无疆！祖国在我心中沿着黄河与长江的源头，漂流而下，从《诗经》中"坎坎伐檀"的江边，到《史记》"金戈铁马"的楚河汉界；从郦道元的《水经注》，到苏东坡的《念奴娇·赤壁怀古》，我看青藏高原脉动的祖国；看黄土高坡起伏的祖国；看烟花苍茫，千帆竞发，百舸争流的祖国；看群峰腾跃，平原奔驰，长河扬鞭的祖国。在爬满甲骨文的钟鼎之上，读祖国童年的灵性；在布满烽火的长城之上，读祖国青春的豪放；在缀满诗歌与科学的大地之上，读祖国壮年的成熟……我想说又不愿说，我也曾看到祖国的孱弱，在圆明园烧焦的废墟之上，我看祖国是一摊鲜血；在邓世昌勇猛的"致远舰"上，我看祖国是一团怒火。但我的祖国没有沉没，在亚细亚的东部，用宽厚的臂膀，挽起高山大海，将中华儿女揽于怀中，用茅草和土砖修复残缺的岁月，用野菜和稀粥喂养饥饿的生活。中山先生，在黑夜里开始规划治国方略；毛泽东，在贫瘠的土地上，支撑民族的血肉与骨骼；邓小平，把饱经沧桑的瞳仁放大，指引多灾多难的祖国，从世纪的风雨中神奇地走过！沿着黄河与长江的源头，漂流而下，过壶口，闯关东，走三峡，奔大海。在河西走廊、华北平原，我看祖国的富饶与辽阔，看祖国千里马般日夜兼程的超越；在长江三角洲、珠江三角洲，看祖国的崇高与巍峨，看祖国繁荣的霓虹灯日夜闪烁，灿若银河……给我肤色的祖国，给我智慧与胆略的祖国。这是一个除旧立新的祖国；这是一个沸腾上升的祖国；这是一个如日中天的祖国。我的话语多得能成一部历史，我的话语多得可成一片星河，那洪钟大吕的春秋之歌，浑厚而清亮的音韵由远及近，穿越五千年悠悠岁月和五十九年缤纷花季，在河之洲，水之湄，山之阳，海之滨，泛起层层涟漪，响起阵阵回声，在亿万中华儿女的心中凝结一个希望，一个喷薄！

　　祖国母亲！我们以《诗经·关雎》的歌喉；以屈原《橘颂》的音韵；以古风与乐府、律诗与散曲；以京剧与秦腔、梆子与鼓词唱您历史恢宏岁月的辉煌，唱响您壮丽的山河亮丽的风景。我们以岳飞的一阕《满江红》，以文天祥的一腔《正气歌》，以鲁迅的一声《呐喊》，以朱自清的一道《背影》唱响您不屈的脊梁与骨气，唱响您不屈的尊严与神圣。我们以瞿秋白手中的那束野花，以方志敏身上的那份清贫，以杨靖宇腹中的那些草根，以刘志丹胸前的那块补丁，以焦裕禄窗前的那盏油灯，以孔繁森雪原上留下的那串脚印，唱响您的坚韧与顽强，唱响您的灵魂与精神。亲爱的祖国，让我们以采薇采茶采桑的手，编织彩灯云锦；让我们以喊江喊海的喉咙，在金黄季节里黄金般的早晨，唱响国歌和飘扬的五星红旗，唱响千百年来朝朝暮暮澎湃的激情。黄河猛、长江壮、泰山雄、昆仑莽，万里山河浩浩荡荡从天安门前走过，走过一队队雷锋，走过一队队徐洪刚，走过一队队李向群，走过一队队方红霄——走出中国人民最风流最风光最风情的步伐；走出中华民族最壮观最壮美的方阵！仰望蓝天，神舟飞船，太空穿梭；俯瞰大地，三峡工程，旷世神奇。亲爱的祖国，六十年的蕴含和积淀，一甲子的扬弃和继承。多少年的历史，多少年的追忆，多少年的祈祷，只为了把最好的自己献给你——我亲爱的祖国。

青衣

作者：毕飞宇

自古到今，唱青衣的人成百上千，但真正领悟了青衣意韵的人极少。

筱燕秋是个天生的青衣坯子，二十年前京剧《奔月》的演出，让人们认识了一个真正的嫦娥，可造化弄人，此后她沉寂了二十年在远离舞台的戏校里教书，学生春来的出现让筱燕秋重新看到了当年的自己。

二十年后，《奔月》复排，这对师生成了嫦娥的 AB 角，把命都给了嫦娥的筱燕秋一口气演了四场，她不让给春来谁劝都没用。可第五场，她来晚了，筱燕秋冲进化妆间的时候，春来已经上好妆了，她们对视了一眼，筱燕秋一把抓住化妆师，她想大声说，我才是嫦娥，只有我才是嫦娥，但是她现在只会抖动着嘴唇，不会说话。

上了装的春来真是比天仙还要美，她才是嫦娥，这个世上没有嫦娥，化妆师给谁上妆，谁就是嫦娥。大幕拉开，锣鼓响起来了，筱燕秋目送着春来走向了上场门。筱燕秋知道，她的嫦娥在她四十岁的那个雪夜，真的死了。

观众承认了春来，掌声和喝彩声就是最好的证明。筱燕秋无声地坐在化妆台前，她望着自己，目光像秋夜的月光般汪汪地散了一地，她一点都不知道自己做了些什么，拿起水衣给自己披上，取过肉色底彩，挤在左手的掌心，均匀地一点儿一点儿往手上抹，往脖子上抹，往脸上抹，然后请化妆师给她调眉，包头，上齐眉，戴头套，镇定自若，出奇地安静。

筱燕秋并没有说什么，只是拉开了门，往门外走去，筱燕秋穿着一身薄薄的戏装走进了风雪，她来到了剧场门口，站在了路灯下面，她看了大雪中的马路一眼，自己给自己数起了板眼，她开始了唱，她唱的依旧是二黄慢板，转原板，转流水，转高腔。

雪花在飞舞，戏场门口人越来越多，车越来越挤，但没有一点儿声音，筱燕秋旁若无人，边舞边唱，她要给天唱，给地唱，给她心中的观众唱。

筱燕秋的告别演出轰轰烈烈地结束了。人的一生其实就是不断地失去自己挚爱的过程，而且是永远地失去，这是每个人必经的巨大伤痛，而我们从筱燕秋的微笑中看到了她的释怀，看到了她的执着和期盼。

古诗词朗诵稿件

锦瑟

〔唐〕李商隐

锦瑟无端五十弦，一弦一柱思华年。
庄生晓梦迷蝴蝶，望帝春心托杜鹃。
沧海月明珠有泪，蓝田日暖玉生烟。
此情可待成追忆，只是当时已惘然。

青玉案·元夕

〔宋〕辛弃疾

东风夜放花千树，更吹落，星如雨。宝马雕车香满路。凤箫声动，玉壶光转，一夜鱼龙舞。

蛾儿雪柳黄金缕，笑语盈盈暗香去。众里寻他千百度，蓦然回首，那人却在，灯火阑珊处。

过零丁洋

〔宋〕文天祥

辛苦遭逢起一经，干戈寥落四周星。

山河破碎风飘絮，身世浮沉雨打萍。

惶恐滩头说惶恐，零丁洋里叹零丁。

人生自古谁无死？留取丹心照汗青。

关山月

〔唐〕李白

明月出天山，苍茫云海间。

长风几万里，吹度玉门关。

汉下白登道，胡窥青海湾。

由来征战地，不见有人还。

戍客望边邑，思归多苦颜。

高楼当此夜，叹息未应闲。

送魏万之京

〔唐〕李欣

朝闻游子唱离歌，昨夜微霜初渡河。

鸿雁不堪愁里听，云山况是客中过。

关城树色催寒近，御苑砧声向晚多。

莫见长安行乐处，空令岁月易蹉跎。

《满江红》

〔宋〕岳飞

怒发冲冠，凭栏处，潇潇雨歇。

抬望眼，仰天长啸，壮怀激烈。

三十功名尘与土，八千里路云和月。

莫等闲、白了少年头，空悲切。

靖康耻，犹未雪；

臣子恨，何时灭？

驾长车、踏破贺兰山缺。

壮志饥餐胡虏肉，笑谈渴饮匈奴血。

待从头、收拾旧山河，朝天阙。

《雨霖铃》

〔宋〕柳永

寒蝉凄切，对长亭晚，骤雨初歇。都门帐饮无绪，留恋处、兰舟催发。执手相看泪眼，竟无语凝噎。念去去，千里烟波，暮霭沉沉楚天阔。

多情自古伤离别，更那堪，冷落清秋节！今宵酒醒何处？杨柳岸、晓风残月。此去经年，应是良辰好景虚设。便纵有千种风情，更与何人说？

夜上受降城闻笛

〔唐〕李益

回乐烽前沙似雪，受降城外月如霜。

不知何处吹芦管，一夜征人尽望乡。

小品及小品描红

咬文嚼字

【词语】描朱

【解释】1. 亦称"描红"。2. 谓儿童初学毛笔字时，在一种印有红色楷字的习字纸上摹写。3. 比喻模仿。

小品是学习表演专业的学生在排演表演作业时的统称，后来泛指较短的关于说和演的艺术。它的基本要求是语言清晰，形态自然，能够充分理解和表现出各角色的性格特征和语言特征，最有代表性的是喜剧小品。

学生实践作品

（1）《搞笑辩论赛》（小品描红）

参演学生：翟航、丁蔷蕾、滕絮、王小睿、张孟婵、陈俊霖

（2）《快与慢》（改编自综艺节目《爱笑会议室》）

参演学生：胡心淼、张文轩、张蓝月、季瑞宁

（3）《超幸福鞋垫》（小品描红）

参演学生：胡心淼、张文轩

（4）《信使》（小品描红）

参演学生：张语知、刘彧良、陈玉祥

（5）《拍客怪谈》（改编自《慢镜头下的真相》）

（6）《喜与悲》（改编自综艺节目《爱笑会议室》）

（7）《疯狂英语 2015》（原创小品）

（8）《阿姨，请叫我大力姐》（小品描红）

（9）《炒饼的故事》（小品描红）

（10）《试戏》（改编自综艺节目《爱笑会议室》）

（11）《找家长》

（12）《如此艺考》

（13）《求求你相信我》

（14）《新官上任三把火》（2018 年"梨园小剧场"展演）

（15）《荆轲刺秦王》（小品描红 2018 年"梨园小剧场"展演）

（16）《创意广告》（改编自小品《广告双子星》）

《搞笑辩论赛》（2013年新年联欢晚会小品演出节目）

参演学生：翟航、丁蔷蕾、滕絮、王小睿、张孟婵、陈俊霖

照片拍摄于2013年12月30日

《超幸福鞋垫》（2013年新年联欢晚会小品演出节目）

《快与慢》（改编自综艺节目《爱笑会议室》，2013年新年联欢晚会小品演出节目）

参演学生：胡心森、张文轩、张蓝月、季瑞宁

照片拍摄于2013年12月30日

《信使》（2014年新年联欢会小品演出节目）

配　音

咬文嚼字

【词语】配音

【解释】译制影片时，用某种语言录音代替原片上的录音。摄制影片时，演员的语音或歌声用别人的代替，也叫配音。

配音，实际上就是用声音进行表演。通过配音，你可以是年幼的孩子，也可以是年迈的老人，这些都是语言的艺术。近些年来，由于动漫的普及，越来越多的学生对配音充满着浓厚的兴趣。

配音要求

1.做到声画同步，口型对上。

2.语气词不可忽视。

3.情绪饱满，感情充沛。

配音小技巧

1.可以借助外力去塑造声音，比如，背重物、蹲马步、用道具，等等。

2.注意吐字、重音和节奏。可用笔标注出来更为直观。

学生实践作品

（1）《延禧攻略》片段配音

（2）《我和我的祖国》片段配音

（3）《你好，李焕英》片段配音

（4）《哪吒》动画片电影片段配音

电影《你好，李焕英》配音片段节选

片段1：出生

角色：旁白，护士，小女孩1，小女孩2，群众，老师，学生们，妈妈

旁白：都说女儿是妈妈的小棉袄。

护士：女孩5斤6两。

旁白：但我可能是我妈的貂。

护士：女孩9斤8两。

旁白：我一出生就跟别的孩子不一样，别的孩子第一句话不是爸爸，就是妈妈。而我……

小女孩1：再来一碗！

旁白：孩子嘛，总会给妈妈带来一些麻烦。

小女孩2：妈，我拉裤兜子了！

群众：哈哈哈拉裤兜子了，哈哈哈哈……

旁白：但我也有争气的时候。

小女孩2：妈，我跑步得了第一。

旁白：在我茁壮成长的同时，妈妈也学会了各种技能。上学之后我妈总会时不时地到学校接受老师的教育。

老师：你当家长的回家之后真得多督促她学习！

旁白：直到后来我才发现。原来，女大十八变是骗人的。

老师：三年了。你姑娘成绩一直很稳定！

学生们：（捂嘴笑）哈哈哈……

旁白：这是我第一次看见妈妈头上的白发，不知道你们记不记得自己妈妈年轻时的样子。反正打我有记忆起，我妈就是一个中年妇女的样子。

妈妈：你什么时候能给妈长回脸？

片段2：从天而降

角色：工人1，工人2，工人3，张江

工人1：怎么了？

工人2：怎么回事？

工人3：这咋回事？

张江：我呀，正和英子在那说话呢，然后他说我今天显年轻，我说能不能是红袖箍显的，然后这个时候，这个大胖丫头，不知道从哪儿，啪一下子，就把英子给砸底下了。

工人1：妈呀，砸着人了。

工人2：这好像不是咱厂的。

张江：哎呀，别说那没有用的，赶紧，一人背一个，送医院，快，快，让出一条救援通道，快，快，来走。对，漂亮，对，不是，你，哎呀，哎，走。

片段3：第一台电视机

角色：甲，贾玲，乙，丙，丁，A，群众

甲：来啊，咱们大家伙都安静。焕英同志是咱们全厂第一位拥有电视的人。

贾玲：对。

群众：好。好。

甲：就今天这个场合要是说没有人讲两句的话，就总感觉好像少了点什么。

群众：对啊。

贾玲：那我讲两句。

乙：好。

贾玲：我是英子的表妹，这个电视就是我帮英子去买的。

丁：哎呀，你太厉害了。

丙：你是怎么买到的？

A：王琴，这一下午没见，嘴怎么还起个疱。

贾玲：我觉得咱们得牢记，李焕英是全厂第一个买电视的人。

A：怎么了？是不是上火？

王琴：上啥火上火？过敏了。

贾玲：这将是未来 20 年乃至你们孩子升学宴结婚，凡是聚到一起了，聊天的主要话题。

群众：对，越来越好了。

贾玲：我讲完了。哈哈哈哈……

片段 4：考上省艺校

角色：贾玲，邻居，妈妈

贾玲：妈，妈，李焕英。

妈：喊什么呢，小王八蛋？

贾玲：我考上省艺校了。

妈：哎呀，没听清，说什么呢？

贾玲：我考上省艺校了。

邻居：英子，我都听见了，小玲考上省艺校了。

贾玲：学费怎么这么贵啊，妈，这里不还有 1000 多块钱吗？

妈：这个不行。这将来我老了你要没出息我还指着它养老呢。

贾玲：你怎么这样？你到底相不相信我呢？

妈：相信。

贾玲：你相信个屁，你相信。

妈：万一呢？

贾玲：哪有那么多？

视 频

视频的拍摄，无论是时间较长的影视作品，还是各大平台上的小短剧、短视频，都可以统称为视频制作。它囊括了文案、剧本、剧组人员分工、拍摄、剪辑几大步骤。而视频前的表演，统称为镜头前表演。

（1）普法微电影《刀与情》

（2）网络红人李佳琦直播片段模仿

校外活动

于学生而言，演员、主持人、录制广播和电视节目等，既陌生又神秘。很多学生对此非常感兴趣，在不占用学校学习时间的情况下，条件允许的学校可以不定期地组织少数兴趣浓厚的学生去电台、电视台、高校参观和学习。让学生在兴趣中最大限度地学到更多的知识，了解不同职业的工作属性、工作内容与收获。让高中生在对不同职业充分了解的情况下，更加具象地为自己的人生做规划，以缓解高中阶段的迷茫。

2014年，梨园新社学生受邀参加深圳广播电台教育类节目

2020年，校外录音棚录制动画片配音描红《哪吒》现场照片

2023年，去深圳广播电影电视集团参与全市科普剧大赛受访照片

2023年，梨园新社学生受邀参加深圳广播电台教育类节目

原创语言类节目

　　原创语言类节目除了需要演员在舞台上的诙谐幽默、收放自如之外，还需要演员在演出前期花费大量的时间和精力去构思、排练和打磨。难度很大，但是通过大家的努力和认真，还是可以做到的。学生在其中的创作和排演经历，需要他们自发、主动地去思考，排演的过程也是无法替代的，必须"一分耕耘一分收获"，这些体验是普通文化课程所不能给予的特殊体验，非常适合传授给社团喜爱表演的学生，以供他们借鉴、参考和学习。

原创朗诵作品《忠诚颂》

学生作品：《忠诚颂》

作者：阎思 李喆

旁白：

暗淡了刀光剑影，远去了鼓角争鸣。

岁月啊，你带不走，那鲜活的面容。

花木兰：

当窗理云鬓，对镜贴花黄。

一针一线，绘出锦绣河山，只为万家团圆。

一刀一剑，划断相思女儿泪，吹角梦更寒。

寒光铁衣伴入眠，金戈铁马声震天。

我们记得，

那一年，你戎装掩红颜，

纵马追风，哪怕马革裹尸还。

那十年，热血沙场，万里云天，

请记住我的名字，我叫花木兰。

岳飞：

报国何曾惜此身，中原北望自伤心。

你问我，中兴诸将，谁是万人英？

我想说，忆故将军，泪如倾。

犹记得，武艺超群的你，九泉下也赤胆忠心，

犹记得，精忠报国的你，靖康之辱，难忘伤痛。

怒发冲冠，凭栏处，潇潇雨歇，

抬望眼，仰天长啸，壮怀激烈，

三十功名尘与土，

八千里路云和月，

任你轻描淡写，未言说得坚决。

生死间一片丹心，朝天阙。

旁白：

历史里的忠诚颂啊，雄壮如山峦，直刺苍穹。

长白山上英雄多，数那杨靖宇杨司令。

杨靖宇：

靖宇将军家国梦，在抗战中国，寸步难行。

我们记得，你嚼树皮吞草根杀敌冲锋。

记得，你宁死不屈血染长白山顶。

八年抗战论艰辛，你当之无愧英雄。

一片忠心昭日月，留得万世传品行。

我是游击队长杨靖宇。

王进喜：

我叫王进喜，他们叫我铁人。

如果地火能够照亮祖国，

我是那微笑中最灿烂的一朵。

井架支撑地面，我伴着星辰，朝起暮落，

为母亲贫血的心脏输送温暖，

我信守召唤诺言的执着。

医生：唐山地震就有你的身影。

军人：汶川地震你们也在前行。

医生：我记得你的腿，好像伤在那年。

军人：对，就是我们第一次相逢时的那场战争。

军人：

这泥土，寄自老山前线的壕沟，

捧着它，像把祖国的山河捧在手。

土里有誓言，更有战士的追求。

血还在流，三角巾已经扎不住我重创的伤口，

血还在流，急救包已经难救我垂危的战友。

泥土中渗透了我的忠诚和血肉。

医生：

没有火光冲天的硝烟，可转眼这里却成了最前线，

自古英雄出自战场，可今天降临在白衣天使之间。

护士：映射你救死扶伤的信念，实践你性命相托的诺言。

医生，护士：实践你性命相托的诺言。

军人：我热爱祖国，浩瀚苍穹、蔚蓝天空。

花木兰：我更爱华夏五千年古老璀璨的文明。

医生：祖国的历史我回忆。

护士：祖国的未来我憧憬。

杨靖宇：用我的平凡祭奠不朽的丰碑。

王进喜：用我的努力守望梦想和人生。

岳飞：家国大爱，我们铭刻心中。

合：家国大爱，我们铭刻心中。

旁白：

这是历史里的忠诚，

家国大爱，我们铭刻心中，

一如和平时代的忠诚：

扎根教育的张桂梅，

满眼稻香的袁隆平，

攻坚楷模赵亚夫，

不忘初心，彰显忠诚。

请记得这就是，我们横跨古今的忠诚颂。

合：横跨古今的忠诚颂。

主　持

主持是一门语言艺术，对主持人有着极高的综合素质要求，比如，标准的普通话、深厚的文学功底、灵活运用语言的能力、主持和控制现场的能力以及遇事后的即兴反应能力，等等，这些对大部分已成年的大人而言都是非常有挑战的，于学生而言，难度可想而知。但正因为它的高难度，才更需要学习和锻炼。从 2013 年开始，每年的新年元旦晚会和金秋读书节经典诗文朗诵会学校都给学生提供宝贵的实践机会，让学生真枪实弹地了解如何去做一个好的主持人。

主持人走台

读 剧

　　读剧，是通过朗读剧本来展现剧情、用语言塑造人物形象、以表演者的声音能力为依据和主要表现手法来诠释作品的一种形式。

　　与传统话剧相比，读剧大大减少了制作成本，从而使话剧从象牙塔走向民间。它将戏剧元素压缩到最简单的极致，演员通过艺术语言，将剧中人物的性格、人物关系、复杂的情节立体地呈献给观众，并为观众留下展开想象的空间。

　　（1）2014金秋读书节经典诗文朗诵会——"父辈的深圳我的城"

　　（2）深圳市第十届学校艺术展演季活动直属学校专场表演：《我的1919》

（3）2015 金秋读书节经典诗文朗诵会——"峥嵘七十载，浴血战八年"

（4）2016 金秋读书节经典诗文朗诵会——"聆听中外经典，感受读剧魅力"

学生代表作品：

（1）《我的 1919》

（2）原创读剧《永不遗忘》

（3）校庆节目《伟大的长征》

（4）原创读剧《我不是药神》（改编自电影）

读剧本《伟大的长征》（根据十幕话剧《万水千山》改编）

原著：陈其通　读剧 改编：李绍琴

剧中人：

红一方面军泰山营教导员——李有国

红一方面军泰山营营长——赵志芳

红一方面军泰山营副营长——罗顺成

红一方面军泰山营二连连长——王德强

红一方面军泰山营通信员——小　周

红一方面军泰山营炊事班长——老　周

红一方面军宣传队队员、李有国妹妹——李凤莲

（音乐起）

第一场（群颂）

A：那一年，1934 年在瑞金的于都，秋天的雨很凉，夜里的风很大。那段
日子，漆黑不见五指，却又闪着光！

B：夜行的人们，发现前路遥远而黑暗，然而有一群人却义无反顾地向前。

冷冰冰的枪炮寒雨中，有热的血、暖的情，一切都是真真切切，彻骨彻心！

C：那是一段多么艰难的岁月呀，敌人凶残的围剿杀戮，仅一场湘江战役，八万红军只剩下了三万，后面却还有无穷的道路。

合：我们不怕牺牲。

D：同志们，为了我们的父母兄弟，为了我们的孩子，为了新中国的胜利，冲啊！

合：同志们，冲啊！

E：流过血、流过泪却从不曾迷茫和动摇。

合：从不！

F：光明是前进的方向！

合：光明是前进的方向！

G：信念是一盏灯。

合：信念是一盏灯。

H：执着是一条路！

合：执着是一条路！

胜利永远向着这样的前行者！（音乐收）

合：胜利！胜利！胜利！

（下场）

第二场

抢渡大渡河

画外音：1935年中国工农红军第一方面军要跨过万水千山北上抗日。英勇的中国工农红军以超人的毅力和体力行军，四渡赤水兵逼贵阳，终于甩开了敌人、拖垮了敌人，他们突破了敌人的防守，突然出现在四川省边境大渡河安顺场渡口。在安顺场渡口，红军的一支先锋部队为掩护主力渡河，和岸对面的敌人枪口对射，激战正酣。

李有国：同志们，你们看见没有？这里水急不能架桥。我们这十几万人，只有这一只木船，短时间很难渡过河去。现在追赶我们的敌人已经越过彝族区向我们逼近。军团长命令我们和已经过河的一师，沿河两岸向泸定桥前进，要求我们三百二十里路要两天赶到，夺取铁索桥，打开通往川西的道路。

合：是！

赵志芳：敌人要跟我们抢桥，我们一定要抢到敌人前面去。

罗顺成：加快脚步，快速前进！

王德强：同志们，跟上别掉队！

李有国：对岸敌人有两个团把守，我们必须在敌人增援部队赶到之前攻过桥去，但是这儿不能架桥，也不能涉水，看来只有从没有桥板的铁索上冲过去，老赵，你的意见？

赵志芳：组织一个突击队全部用短武器，爬过铁索桥。当突击队把敌人粘住以后，后续部队就往桥上铺木板跟进。

李有国：好，就这样！

罗顺成：让我带突击队！

赵志芳：不，我去！

王德强：营长、副营长，营里还有很多工作需要你们，我是连长，我去！

李有国：这样吧，同志们，赵营长带突击队，罗副营长带指挥大队，王连长负责掩护。

赵、罗、王：是！

【通信员小周上场】

小周：报告——教导员、营长，河水涨了！

罗顺成：涨了多少？

小周：五六寸！

李有国：知道了，抓紧时间找木板！

小周：是！（下）

李有国：突击队组织好了吗？

赵志芳：组织好了，下命令吧！

小周：报告！——河水又涨了。

李有国：涨了多少？

小周：一尺多高。

李有国：同志们不要惊慌，就是河水再涨一丈也不要报告了。大渡河！今天我们非战胜你不可！（音效：炸雷、河水声）

赵志芳：突击队的勇士们，冲！

罗顺成：同志们，准备木板，紧跟突击队，上！

王德强：朝河对面，打！狠狠地打！

李有国：好样的。突击队17名勇士在营长赵志芳的带领下，冲上了铁索桥。不好，河对岸射来的子弹太密集，冲在前面的战士被击中，掉到湍急的河水中。

赵志芳：同志们，别慌，抓牢铁链，匍匐前进！

罗顺成：同志们，跟我上啊——快速传递木板，赶快铺桥——

李有国：敌人在桥那边疯狂扫射，一个战士倒下了，又一个战士倒下了——后面的突击队员眼看着一个又一个的战士英勇地倒下，他们强忍怒火，勇敢地继续向前爬行，紧随突击队身后的罗副营长一马当先和战友们快速铺设木板，以便让大部队冲锋。这时，突击队员们已经前进到泸定桥的一大半，眼看就胜利在望了。突然，河对岸浓烟滚滚，霎时火光冲天。

赵志芳：糟糕！敌人放火烧亭子了！

李有国：同志们，冲啊！不要怕火！不要迟疑！冲啊——（音效：冲锋号——）

赵志芳：冲啊——

罗顺成：冲啊——

王德强：冲啊——

李有国：敌人垮啦！敌人垮啦！（枪声）

【李有国中弹】

合：教导员——

赵志芳：老李，你负伤了！

李有国：（捂伤口）同志们，我们不但攻占了大渡河，同时又飞速攻占了铁索桥，哈哈，好样的，好样的！

罗顺成：英勇的工农红军在敌人援军未到之前，就兵分两路，甩开了敌人进入了藏族区。（下）

第三场（小周、老周）

过雪山、草地

小周：爹。

老周：你看你看，还是那个游击习气，绑腿打那么高，还弄块花布干什么？

小周：我那是做腕套用的。

老周：什么不能用？还偏用个花的？你看看鞋又破了，也不知道自己打一双！

小周：没工夫打呗！

老周：没工夫，你比营长、教导员还忙啊？给你（递鞋）！

小周：啊，新鞋，谢谢爹！

老周：马上要过雪山了，把该穿的都穿上，风大雪滑自己小心着点。唉！你来看我教导员批准了吗？

小周：是教导员让我来看你的。

老周：我这儿还有半瓶二锅头，你带着，教导员负伤了，睡觉之前你叫他喝两口暖暖身子。

小周：对了爹！教导员让我告诉你，要翻雪山了，你年岁大了，那锅就别带了！

老周：锅不带？我是炊事员不带锅怎么给战士们做饭哪，行了，你快回去吧，告诉教导员，不用操心。（小周欲走）哎，我说，你勤快着点，照顾好教导员。

小周：知道了，爹！我走了——（两人下）

第四场（李有国、李凤莲）

李凤莲：哥哥！

李有国：凤莲？部队是不是要出发了？（咳嗽）

李凤莲：是的，哥哥你的伤？

李有国：不碍事，（站）准备出发吧（趔趄）。

李凤莲：哥哥！

李有国：没事儿，没事儿（又趔趄）！

李凤莲：哥哥，快坐下，坐下，哥哥你冷吗？冷吗？

李有国：没事儿，（要站起来）咱们走吧！

李凤莲：哥哥你不能再走了，赵营长说他派人来抬你！

李有国：什么？你说什么？派人抬我？

李凤莲：啊！

李有国：原来是这样。凤莲啊，部队马上就要出发了，你先走吧，回队上去吧！

李凤莲：不可能！你不想走了？

李有国：你还不明白吗？这组织上要派人抬我，那雪山草地就是一个人走都有陷下去的危险，那抬我的同志会怎么样？跟我一块儿陷下去吗？所以我，我只好要求，要求留下来，明白了吗？妹妹？

李凤莲：（哭）我，我明白。

李有国：好了，别小孩子气了，走吧——走！

李凤莲：可是，我也要求留下来！

李有国：为什么？

李凤莲：（哭）等你病好了，等你病好了，我跟你一块走！

李有国：傻丫头，就我们两个人，怎么可能爬过雪山走出草地，追上大部队呢？再说，你是为我才参加的革命吧？现在组织上并没有要求你留下来啊！

李凤莲：我可以向组织上请求啊！

李有国：我不同意啊！

李凤莲：组织上没说不让我这样做。

李有国：我不同意！

李凤莲：我现在就去向组织上请求（欲走）！

李有国：（站）凤莲——凤（捂伤口）

李凤莲：哥哥，哥哥！（哭）哥哥你没事儿吧？哥哥——

李有国：凤莲，你听清楚，我不同意！你还是不是我的妹妹啊？！

李凤莲：哥哥（固执）！

李有国：从现在起，你不是我妹妹了！

李凤莲：不，哥哥，我是你妹妹，我永远都是！

李有国：那你听我的，我不同意！

李凤莲：可是，可是我已经不是小孩子了，我去请求——（退着下场）

李有国：凤莲，凤莲，你别去——

【音乐——赵志芳上】

第五场（李有国、赵志芳）

赵志芳：（气愤地）老李，老李！

李有国：老赵！

赵志芳：我问你，你为什么要留在这儿？

李有国：老赵，你先坐下。

赵志芳：（发火地）我不坐！我问你为什么要留在这儿？为什么？

李有国：老战友，我，我心里很乱，这走吧，你们要派人抬我，我不愿意，找牲口又没有牲口，所以，所以我只能主动要求留下。

赵志芳：我不能把你留在这儿，我不能！留在这儿你的病是不能减轻的，我不能丢下你，如果你自己想留在这儿，那是错误的，是错误的！知道吗？

（大喊）

李有国：是错误的！我不想留下来，我知道留下来可能会活下来，这走，可能会死在路上。但是这人他就为能活下来而活着吗？就是为了到老能安安静静死在一张床上而活着吗？不是的，自从我参加革命，我就认定了，我只为一个人人都能过上好日子的社会而活着，我也只能为这个理想去死，老赵，我从来就没想过要离开你们，离开战友们！可你们现在要派人抬我，这抬我的同志会怎么样呢？（心痛地）他们，他们会累死的，会饿死的，他们会滑下雪山摔死的，会陷入泥沼中间，无论如何都不能让和我并肩作战、和我一起流血牺牲的战友为抬我而死，所以，我只能要求留下！

赵志芳：不！（哭）我背你！我不要别人抬——

李有国：你会累死的！

赵志芳：我身体好！我死不了——

李有国：我不要你做无谓的牺牲！

赵志芳：我受不了！不，反正我要背你走，走！我现在就背你走！（扶李站起）你起来！我背你走！你走！【音乐】

（李有国站起来，两人相扶着）

李有国：老赵！（相拥）老赵，你说得对，我要跟你一块儿走（推开赵），我不会再拖累同志们的，你看我能走，相信我，我能走，你看我这不是能走吗？啊，老赵你看我能走（跟跄往前走）

赵志芳：担架、担架——

李有国：同志们，我们出发了！出发——【音乐：风雪声】

第六场（李有国、赵志芳、罗顺成、小周、王德强）

【罗、赵、周、王上场】

李有国：同志们——加油！——翻过这座雪山就到大道了——来，罗副营长，给大伙来一段，鼓鼓劲！

罗顺成：好，群山低矮，高云入海，同志哥啊激烈壮怀！

合：哈哈哈——

小　周：（上）教导员，教导员，雪太大，带路的向导他迷路了——

李有国：你说什么？

小　周：带路的向导迷路了！

李有国：小周，快去告诉后面的同志一定跟上！

小　周：是！（下）

赵志芳：老李，这天气寒冷，时间长了会死人的。

罗顺成：找路啊，这哪儿来的路啊？

王德强：怎么办哪，怎么办哪？！

李有国：坚持住，同志们，坚持住——

小　周：教导员（哭）钟连长牺牲了——

合：什么——

王德强：老钟——

李凤莲：（急上）哥哥——（慢）哥哥，我刚才去找军需处长想要条棉被给你，可他们说，军需处长昨天下午冻死了（哭）。他冻死的时候身上只穿了件单衣。

【众人不说话】

小周：（失声大喊）教导员——教导员，我爹……我爹他舍不得丢下那口给战士做饭的锅，（哭）他连人带锅被刮下山了，爹！——

李有国：（搂小周）孩子，为了革命的胜利总会有人牺牲的。

老　罗：（惊慌）你们看！悬崖——前面是悬崖！

【大家愣住】

李有国：同志们，前面就是北方，我们要从这儿滑下去。

王德强：啊？从悬崖上跳下去？！

李有国：（猛地向前一步）同志们，跳啊——

合：教导员——【音乐】

赵志芳：同志们，跳啊！

老　罗：跳啊——

王德强：跳啊——

合：跳啊——【音乐】

（除教导员李有国、小周在场其他演员下场）

第七场（教导员李有国坐，小周靠在教导员腿边）

小　周：教导员，这草地已经走了五天了吧，还有几天哪？我走不动了——

李有国：还有十天吧，再咬咬牙啊。（勉强站起）哎，同志们不能睡呀，上级通知不能睡呀，一睡就再也站不起来了，同志们，坚持就是胜利呀。（坐下）小周，你饿了吧？

小　周：教导员，我……

李有国：小周，昨天咱们吃什么来着？

小　周：吃野菜！

李有国：好啊，今天咱们还吃野菜。

小　周：可是昨天还有点炒面和着还能吃，可今天连炒面也没有了。

李有国：想想办法啊，哎，你看小周这面袋上还粘着面壳，把它剥下来不又是一顿？还有啊，这个可是好东西啊！

小　周：皮带？

李有国：把它在火上烤一烤，切成小块，放到锅里"咕嘟、咕嘟"，哎呀，香啊！这野菜面糊汤外加这牛皮肉，哈哈，这不就够咱俩吃的了吗！

小　周：教导员，这皮带能吃吗？

李有国：能啊，相信我，去吧，去做做看。

小　周：哎！（下场）

第八场（李有国、赵志芳、罗顺成、王德强）

【赵志芳、罗顺成、王德强上】

赵志芳：老李，你的伤怎么样了？

王德强：不行，我就背着你。

李有国：不用，我的伤……好多了。

罗顺成：说得具体一点儿！

李有国：哎呀，你说我一个大活人，用得着你们瞎操心吗，你看，啊！
（指自己）

赵志芳：好，那就好。

罗顺成：有事别忍着。

王德强：等会儿出发时，我背你一段。

李有国：哎，老王，今天你们连又……又减人多少？

王德强：唉，六个！【音乐】

罗顺成：一班一个战士，掉在烂泥塘就再也没爬出来——

赵志芳：就在刚才，几个同志在一块儿烤火说着话就死过去两个。

王德强：这整天吃野菜，人吃了野菜肚子胀，又胀死几个，死了的人就这
么死了，我们活着的人……

李有国：活着的人还得坚强地活下去，对吧！

王德成：活着的人还他妈的得想法子活下去呀，哈哈！（苦笑）

赵志芳：老王，咱们活着的人在困难面前不是想着死的可怕，而是想着怎
么和困难做斗争。

李有国：对，就像在战场上面对敌人那样。

王德强：要是在战场上，我王德强没子弹，我拿着刺刀看着敌人在我面前十个二十几个地倒下去，我不可怜他们，可是让我看着我们的同志牺牲、一个个牺牲（哭）我他娘的受不了，我亲手把他们……（哭）

罗顺成：谁也不是铁石心肠（难过）！

王德强：你说，我和同志们干革命干了多少年了啊，你看咱们三年五年都在一块儿啊，大家都希望革命能成功啊。

李有国：革命并没有失败啊。

王德强：是啊，没有失败，可是老李啊，这牺牲的同志就是牺牲了，牺牲了，死了——（大哭）老李啊，今天早上二班长倒下去了，他说（二班长演绎）：连长，你走、你走啊，不要管我，不要管我，你省点力气吧，革命会成功，会成功。（哭）说完就死了，二班长，二班长他牺牲了。

李有国：不，二班长不是白白地牺牲，王德强，我们都应该向二班长学习，因为他看到了面临着的曙光！即将要到来的胜利，把头抬起来！把头抬起来，明白吗？

王德强：老李啊，要是咱们不走草地就好了，不走草地就不会死那么多人，二班长也不会死。

赵志芳：不走草地，咱们能走哪儿啊？

罗顺成：敌人在四川的西康堵我们，在青海的边境堵我们，在后面追我们，就是要把我们赶到他们设好圈套的地方消灭我们。

李有国：是啊，可是我们呢？他做梦也想不到，我们会走草地到甘肃，当我们突然出现在敌人身后的时候，他们会晕头转向，等他们清醒过来，我们的根据地建立起来啦，部队补充了，我们就可以主动地去消灭敌人，到那个时候，全中国的人民都站起来了！到那个时候，全世界都会知道，中国有一支不可战胜的工农红军！

王德强：对！老李，从今往后我王德强再也不叫困难了。

【众下】

第九场（李凤莲、李有国、二班长）

【李凤莲上】

李凤莲：哥哥——

李有国：凤莲，你怎么来了？

李凤莲：师首长听说你的病情加重了，派我来看看你。师首长还让我给你带来了一瓶药，还有半斤炒面呢，你看！

李有国：这上级把什么都想到了，你是我妹妹所以才派你来，这阶级的友爱、兄妹的友爱全来了！

第十场（李有国、赵志芳、罗顺成、王德强、李凤莲）

【赵志芳等上】

赵志芳：（兴奋地）老李老李，攻打腊子口的光荣任务交给咱们营了！

罗顺成：这到腊子口，不是说还有半个月的路程吗？

赵志芳：不不不，总部找了个挖药的人，他给我们指了条小路，七天就到！

合：（欣喜地）七天？！

赵志芳：对，而且还有三天就到临夏脚下了，粮食就不成问题了。

李有国：那就是说，全军很快就会走出水草地了？

赵志芳：对对对，快走出水草地了！团长指示，在我们的左前方发现了敌人的骑兵部队啦！

罗、王：骑兵部队？那还等什么，打！消灭他们！

罗顺成：这次消灭敌人，还可以有马肉吃啊！

合：马肉！马肉！

王德强：晚饭就都不成问题了！

赵志芳：王连长，你带一、二连埋伏到树林里面去，做一点儿隐蔽的攻势，等敌人靠近的时候再开枪。

王德强：是！（下）

赵志芳：罗副营长，去通知同志们准备战斗！

罗顺成：是！（下）

李有国：凤莲，你把这半斤炒面交给小周，让他煮到锅里，大家吃！

李凤莲：哥哥！

李有国：去吧，去吧！

【凤莲下】

李有国：（伤口剧痛）

赵志芳：老李，你，你的伤口怎么样了？让我看看！

李有国：老战友，我……我就不说假话了，我想跟你谈谈，老赵，我的伤口又化脓了。

赵志芳：什么？你！

李有国：头发晕、肚子发胀，今天我已经昏倒三次了。

赵志芳：天哪！

李有国：所以，我觉得……

赵志芳：（喊）医生——医生！

李有国：（制止）老赵！

赵志芳：我昨天就要背你，可你还坚决不让我背。

李有国：老赵，你听我说。

赵志芳：明天我无论如何都要背你走，你不能再走路了！你看这是总部首长带给你的礼物！

李有国：什么？

赵志芳：我刚才就要拿出来的，怕你又说放在锅里煮煮，给大家吃。

李有国：生牛肉？总部哪儿来的生牛肉啊？

赵志芳：这不是生牛肉，是总部首长把马杀了，平均分给了师首长，师首长知道你病了，就让我拿来给你。

李有国：你说总部的首长把马杀了，这是真的？啊？

赵志芳：可不是吗！

李有国：这就是说全军的粮绝了，红军很可能走不出水草地了？（跟跄）

赵志芳：老李、老李！

李有国：我，我喘不上气来，就好像鬼子拿刀在割我的心。【音效：马蹄声】

小周（上）：报告——刚接到团部命令，前面发现敌人骑兵，要我们营马上出击！

赵志芳：知道了！

王德强（上）：营长，敌人的骑兵过来了！

李凤莲（上）：哥哥，真的是敌人的骑兵部队来了！

王德强：营长打吧！

罗顺成（上）：哈，敌人是真的给我们送马肉来了，一会儿就到，同志们都鼓起了劲，我们打吧！

李有国：同志们，我们既要同困难做斗争，同时还要打仗。敌人正在岷县等我们，想堵住我们通往甘肃的道路。现在已经发现了敌人的骑兵，同志们随时准备战斗！

赵志芳：老罗，马上通知一连准备冲锋，三连机枪、手榴弹准备行动，二连准备从边上超过去，阻挡敌人退路。

罗顺成：是！（下）

赵志芳：老李，要出击吗？

李有国：老赵，总部和我们在一块儿，不能让敌人靠得太近哪！

赵志芳：对！司号员,（有！）准备吹出击号！（是！）一连的机枪准备——射击！【音效机枪声】

【幕后：打！】

赵志芳：一连出击！三连把住路口——这敌人跑得可真快呀！

李有国：老赵，咱们步兵追人家骑兵追不上呀，让同志们都回来吧！

赵志芳：（兴奋地）老李你看，还抓了几匹活马。

李有国：活马？老赵太好了！小周、凤莲你们也去让同志们多抓活马。

小周、凤莲：是！（下）

李有国：同志们——多抓活马，让革命骑着马前进——（后退静止，下）

罗顺成（上）：哈哈哈，打死敌人二十多个呀！

王德强（上）：这一仗打得太漂亮了！还抓了敌人几匹活马！

赵志芳（上）：哈哈哈，老李啊，这下不用背你了，你明天可以骑马了！老李？

合：教导员，老李——

李凤莲（幕后）：哥哥——（跑上）营长——（哭）哥哥，哥哥他牺牲了！哥哥——

赵志芳：老李呀！

罗顺成：教导员——

王德强：教导员——

【音乐】

画外音：党的好干部，人民的好儿子，勇敢的战士！你安息吧！你的远大理想将由你的战友们去完成！我们告诉你，你的战友们在不久之后，终于走出了草地，攻占了腊子口，翻过了岷山，到达了陕北，与陕北红军会合了！中国工农红军正如你期望的那样开始发展壮大了！中国革命正如你渴望的那样走向了胜利！

赵志芳：红一方面军泰山营营长赵志芳！（敬礼）

罗顺成：红一方面军泰山营副营长罗顺成！（敬礼）

王德强：红一方面军泰山营二连连长王德强！（敬礼）

小　周：红一方面军泰山营通信员周旺家！（敬礼）

李凤莲：红一方面军宣传队队员李凤莲！（敬礼）

赵志芳：同志们，让我们向在长征中牺牲的红军战士敬礼！——

画外音：伟大的长征胜利了！红军不畏艰险，不怕流血牺牲，为理想而斗争的精神将永远鼓舞后人继续前进！！前进、前进进！

【音乐】

读剧《伟大的长征》剧照

《战场》剧照

课本剧

课本剧就是把课文中叙事性的文章改编为戏剧形式，以戏剧语言来表达文章主题。全剧的内容以戏剧的形式展现。内容精简，故事精彩，体现人物的性格特征，着重体现舞台的矛盾冲突，剧本语言包含舞台说明和演员的台词两部分。时间一般不超过20分钟。课本剧的排演基本上是在课堂上完成，不过多地利用休息时间进行，学生在学的过程中顺便能体验一次"演员"的快乐。

学生作品：《雷雨》节选。

课本剧《小公务员之死》

人物：切尔维亚科夫、妻子、将军、群众演员若干、旁白

环境：剧场、家、将军办公室

第一幕

（旁白）傍晚剧场，切尔维亚科夫与将军等在看戏，剧的名字叫《哥纳维勒的钟》。

切尔维亚科夫（下面简称切）：（凝神，极幸福的表情。挤眉，眯眼，弯腰，阿嚏！神态自若，拿手绢擦脸，四下里望，看见了前排的小老头，慌乱）

将军：（使劲儿擦秃顶和脖子，嘴里嘟哝着）

切（小声自言自语）：我把唾沫星子喷到他身上了，他虽不是我的顶头上司，是别的部里的，不过那也不好意思。应当道个歉才对，不道歉还能咋的，爱咋咋的。不行，万一他跟我的上司说起这件事，我不得穿小鞋呀，还是道个歉吧，也不损失啥。（咳嗽一声，探出身，凑近将军耳根小声说）对不起，大人，

我把唾沫星子溅到您的身上了，我不是故意的，真不是故意的，将军，你要相信我，一定要相信我！

将军：不要紧，不要紧。

切：看在上帝面上，原谅我。我向上帝发誓，我本来，我不是故意的，真不是故意的，真的！

将军：唉，没事，请您坐好，让我看戏！

切：（发窘，傻笑，看戏，惶惶不安）

（旁白）到了休息时间。

切：（走到将军跟前，压低声音，胆怯地说）我把唾沫星子溅到您的身上了，大人，请您原谅我，我发誓，我可不是故意的，我发誓，您一定要原谅我！

将军：唉，够了，我已经忘了，你却说个没完！（不耐烦地撇撇嘴）

切：已经忘了？可是他的眼睛里有凶光啊，怀疑地看将军，我还得对他解释一下，说明我是无意的，要不然他会认为我是故意的，现在没这么想，以后他一定会这么想。我认为还是解释解释为好。回家跟我媳妇商量商量、商量商量。

第二幕

（旁白）切一回到家就将自己的失态告诉了妻子。

切：今天我在剧场打了一个喷嚏。

妻：打就打呗！

切：我把唾沫星子溅到将军的身上了。

妻：（震惊）啊呀！完了完了完了！你摊上事儿了！你摊上大事儿了！

切：将军，不是我们部里的！

妻：噢，别的部里的，我去！可吓死我了。你赔不是了吗？

切：道过歉了！

妻：我想，你应该再道一次歉，这才显出你的诚意。对不对？

切：说得是啊，我已经赔过不是了，可是不知怎么他样子挺古怪，一句好话也没说，他能不能生我气呢？唉！！！

第三幕

（旁白）切，小心地来到将军的办公室，里面有很多人。

将军：（问过好几个办事的人后，看切）

切：要是您记得的话，大人，昨天在剧场，我打了一个喷嚏，不小心喷了你，请您原谅，我发誓我不是故意的，真的，真不是故意的。我发誓！

将军：真是胡闹，上帝才知道这是怎么回事！您有什么是要我效劳的吗？

切：他不肯说话，拍手，这可怎么办，他一定是生气了，我要跟他说明白才行！

（旁白）等到将军办完事，将军坐过去来到他的身后，喃喃地说。

切：大人，要是我斗胆搅扰了大人，我真是该死，昨天那件事确实不是我故意的，请您务必相信才好！

将军：（做出一副哭丧相，摆了摆手）哎呀，您简直是跟我开玩笑，先生！

（旁白）将军走进房间，关上房门。

切：这怎么是开玩笑，根本就没有开玩笑的意思呀！他是将军，可是他竟不懂！既然是这样，我也不愿意再对这个摆架子的人赔不是了！去他的！我给他写信好了，我再也不来了！皇天在上我说什么也不来了！

（旁白）切回到家，给将军写信，却没有写成。只好决定第二天再亲自解释。

（第二天，将军的办公室）

切：昨天我来打搅大人，（将军抬眼望着他，他接着喃喃地说）我可真不是开玩笑，我哪敢开玩笑，要是我们沾染了开玩笑的风气，那可是对您的大不敬了！我对天发誓，我真不是开玩笑，真不是，请您相信我！请您一定相信我！

将军（大声叫，周身发抖）：滚出去！

切（低声问道，呆若木鸡）：什么？

将军（顿着脚喊）：滚出去！

（旁白）切的肚子里好像有个什么东西掉下去了。他什么也看不见，什么也听不见，退到门口，走出去，到了街上，一路磨磨蹭蹭地走着，他信步走到家里，往沙发上一躺，死了。

课本剧剧本《等待戈多》（中学语文课本剧剧本）

第一幕

（乡间一条路，一棵树。黄昏，爱斯特拉冈和弗拉季米尔坐在一个低土墩处）

（这是什么地方，什么时候，也不知道是什么人。总之可能是两个流浪汉吧。他们在等着什么？等待戈多……等待戈多……等待……）

（爱斯特拉冈开始脱靴子，他两手使劲儿往下拉，直喘气，显出精疲力竭的样子，歇了一会儿，又开始往下拉。弗拉季米尔到一旁，向远处张望。爱斯特拉冈又一次泄气，毫无办法，放弃了脱靴子）

爱：咱们走吧！

弗：咱们不能。

爱：为什么不能？

弗：咱们在等待，等待戈多！

爱：他要是不来，那怎么办？

弗：咱们明天再来。

爱：然后后天再来？

弗：有可能。

爱：这样下去，直等到他来为止？

弗：你说话真是不留情面！

爱：问题是昨天咱们来过这里了！

弗：昨天咱来过这里？

爱：我肯定来过这里！

弗：你凭什么肯定？

爱：这条路，这棵树！

弗：这棵树？

爱：咱们昨天还在这上吊了呢，要不咱上吊试试？

弗：上吊？咱们没绳！

爱：裤腰带！

弗：别，别！我想咱们还是什么都别干，这样比较安全。

（波卓带幸运儿上，波卓牵着套在幸运儿脖子上的绳子。幸运儿已经疲惫不堪。波卓催着幸运儿快走。走到土墩，波卓停下，而幸运儿继续麻木地低头往前走。波卓喊"停"，幸运儿顺势倒下）

爱：是他！

弗：谁？

爱：戈多！

弗：老爷，你是？

波卓：我就是大名鼎鼎的波卓！

爱：你不是戈多先生吗，老爷？

波卓：我是波卓，波卓！

波卓：戈多算个什么东西，告诉你们，剥夺才是真正的大人物。

波卓：每次遇到你们这些小东西，我就觉得自己更高贵、更自在、更聪明！

波卓：来，瞧！为什么这些奴隶一批一批地涌来跟着我，轰都轰不走。因为我可以照顾他们！哈哈哈哈……

波卓：哎，起来！等会儿就能把他们带到市场，给他们卖个好价钱！

波卓：弱势者，起来！走，走！

（奴隶起，两人下，波卓得意地说："先生们，回见！"）

爱：哎哟，戈戈，咱们走吧！

弗：咱们不能！

爱：为什么不能？

弗：咱们在等待戈多！

小孩：先生，先生，弗拉季米尔先生。

爱：哎呀，又来了。

弗：你是给戈多先生送信来的？

小孩：是的，先生！

爱：他说了什么？快说快说！

小孩：戈多先生让我来告诉你们，今天晚上他不来了！

弗：不来了？

小孩：不来了，不过他说他明天晚上会来。

爱：咱们走吧！

弗：咱们不能。

爱：为什么不能？

弗：咱们在……

爱、弗：等待戈多！

第二幕

（爱斯特拉冈不愿意继续在这地方等，于是去了别处等待戈多。而却被那里的人打了一顿，然后回到土墩）

弗：我让你在这等，你偏要过去，挨揍了吧！挨了揍还爬回来，窝囊废！

爱：你骂我，你才是……要不，咱们来对骂吧？

弗：对骂？

爱：你先来，你先骂！

弗：窝囊废。

爱：寄生虫。

弗：丑八怪。

爱：鸦片鬼。

弗：阴沟里的耗子。

爱：巫师，牧师。

弗：白切，白切。

爱：批评家，批评家！你是批评家！

（弗顺势蹲下，觉得对骂也没有了意思。爱看见弗这样，也觉得对骂很没意思了，在一边无奈地叹气）

（波卓背着幸运儿上，波卓倒下，幸运儿说："这么差劲！"）

爱：这不是波卓老爷吗？

幸运儿：对，就是他！

弗：这就是大名鼎鼎的波卓？

波卓：救命……

爱拉弗到一边，说：咱们要他六个便士。

弗：八个！

爱：就六个！

弗：八个！

爱：七个，一个不多，一个不少！

波卓：我出一英镑！

（爱、弗高兴得把波卓扶下。回来）

爱：咱们应该要他一点五个英镑。

（小孩又从远方带来了消息。）

小孩：先生，先生，弗拉季米尔先生！

爱：戈多先生又让你带消息来了？

小孩：是的，先生！

弗：戈多先生说了什么？

小孩：戈多先生说，今晚他不来了，明晚他再来！

弗：他说他明晚再来？

小孩：是的，先生。

爱：就这些话了？

小孩：是的，先生。

爱：咱们也走吧！

弗：咱们不能！

爱：为什么不能？

弗：等待——

爱：他不是说他不来了吗？

弗：他不来！

爱：唉，都这么晚了！

弗：是啊，现在已经是夜里了！

爱：咱们在这，没事可做了。

弗：咱们没事可做了。

爱：没事可做，没事可做！

弗：没事可做，咱们还是得等！

爱、弗：等待戈多。

相　声

咬文嚼字

【词语】相声

【拼音】xiàng　sheng

【解释】曲艺的一种，用说笑话、滑稽问答、说唱等引起观众发笑。多用于讽刺，现在也有用来歌颂新人新事的。按表演的人数分对口相声、单口相声和群口相声。

相声艺术是一种民间说唱曲艺。它源于华北，流行于京津冀，普及于全国及海内外，始于明清，盛于当代。主要采用口头方式表演，以北京话为主。主要道具有折扇、手绢、醒木。表演形式有单口相声、对口相声、群口相声等，是扎根于民间、源于生活又深受群众欢迎的曲艺表演艺术形式。著名相声演员有张寿臣、马三立、侯宝林、刘宝瑞、马季、侯耀文、苏文茂、牛群、冯巩、郭德纲、于谦等。

相声是以说笑话或滑稽问答引起观众发笑的曲艺形式。它是由宋代的"像生"演变而来的。到了晚清，相声就形成了现代的特色和风格。主要用北京话讲，各地也有以当地方言说的"方言相声"。相声在形成过程中广泛吸取口技、说书等艺术之长，寓庄于谐，以讽刺笑料表现真善美，以引人发笑为艺术特点，以"说、学、逗、唱"为主要艺术手段。

传统的相声曲目用诙谐的语言，达到惹人"捧腹大笑"而娱人的目的。它最早是由"俳优"这种杂戏派生出来的。以讽刺旧社会各种丑恶现象和通过诙谐的叙述反映各种生活现象为主，新中国成立后，除继续发扬讽刺传统外，也有歌颂新人新事的作品。

相声对学生的帮助

1. 锻炼表达，能够嬉笑怒骂，敢于在舞台上表现自己。这对之后的艺术形式，以及生活中常见的辩论、演讲、发言，都十分有帮助。

2. 提升幽默感。幽默，是一件很难练成的事情，但相声可以锻炼幽默感。（以岳云鹏为例，原本他并不幽默，且内向；经过锻炼也可以成为幽默外向的人）

3. 了解传统艺术，体会其中的文化内涵。（提升文化素养）

拓展阅读

1. 2006 年 12 月 21 日，经过 3 个多月的公示调查，北京市首批市级非物质文化遗产名录正式对外公布。第一批市级"非遗"名单中，相声位列其中。

2. 2008 年 6 月 7 日，第二批国家级非物质文化遗产名录和第一批国家级非物质文化遗产扩展项目名录正式对外公布。第二批国家级非物质文化遗产名录："相声"。

学生实践作品：

（1）《戏谑绝代》

（2）《三五句话》

（3）《对春联》

（4）《满腹经纶》

影视作品片段描红

　　将电影或电视剧改编成话剧，让学生把他们所熟悉的优秀电影，通过舞台话剧的方式进行排演，从排演中感受电影和话剧所带来的不一样的创作方式和其所带来的不同的视听感受。镜头前的表演是一种可以从头再来的表演，拍摄的过程中只有工作人员在现场，不会有观众在现场，在拍摄的过程可能会紧张，演员的心理压力却没有那么大，而舞台剧的展现则需要从头到尾一步到位，中间不可打断重新再来，对演员的表演要求非常高，对普通高中生而言，更是如此。经典影视作品片段描红则可以大大降低难度，首先它不需要原创剧本，节选优秀的影视作品片段，可以省去剧本创作的时间和精力。其次，一部电影的时长基本在 90 分钟以上，如果全部用来描红则时间和精力的成本也太高，在戏剧的普及教育中老师和学生都没有这个时间。只需要节选片段，在特色课程或是社团活动中进行排演即可。

影视作品描红内容上的选择可根据教学需求调整，如人少而需要满足心理疗愈功能的可以选择情感戏多的，我们在集体编创和展演的时候则会更多地选择爱国教育或是正确价值观培养的影视作品进行排演，将思政教育贯彻在戏剧教学中。

《我不是药神》影视剧片段改读剧剧本

开场播放声音片段

01

兄弟，这世上就一种病，

你永远也治不了，

那就是穷病。

02

有病没有药是天灾，

有药买不起是人祸。

03

4 万块 1 瓶，

我病了 3 年，吃了 3 年，

为了买药，

房子没了，家人也拖垮了，

谁家还没个病人，

你能保证一辈子不生病吗?

我不想死，我想活着。

04

他才 20 岁，

他就是想活命，他有什么罪！

05

愿世界变好，不是因为救世主，

而是因为追光者。

06

愿你生而平凡，

却不忘创造更好的世界。

07

一看见他我就不想自杀了，

以后有药了，也有钱了，

会好的。

08

我刚病的时候，

老婆怀孕才 6 个月，每天特别想死。

现在有药有钱了，

如果我儿子早点生孩子，

我都可以当爷爷了。

09

犯的错我都认，

只是看到病友们心里难受，

但我知道一切都会好起来，

希望这一天早点到来吧。

01

旁白 1：今天我俩要给各位讲个故事，它是由曾经轰动一时的"陆勇案"真实事件改编的。故事的名字叫《我不是药神》。

陆勇本来家境殷实，但在 2002 年他被确诊为慢粒白血病后，一切都变了。

（演员：陆勇，医生，病友甲、乙、丙，警察甲、乙）

医生：你的寿命最多还剩三年，我建议你如果条件允许最好还是做骨髓移植。

陆勇：医生，可是我做过检测，并没有适合我的配型，这可怎么好？

医生：（沉默，沉思片刻）那就只能先吃药稳定病情，其他的以后再说吧。

旁白 1：最开始，他吃的是瑞士制药公司生产的格列卫，这药效果特别好，但有一个弊端，太贵！一盒就要 23500 元，只能吃一个月，对于白血病群体来说，一年下来就要花几十万，可以说是天价了。

旁白 2：陆勇硬着头皮吃了两年，在这期间，治疗费、检查费、药费加一起，就花了近 70 万元，以他的家境也撑不住了。

突然有一天，陆勇在网上看到一篇文章，有个外国白血病患者，买到了印度的"格列卫"仿制药，一盒才 3000 元。

陆勇托人买了药，准备回家试试，几个月的时间过去了，当他再去医院复查的时候：（情景再现）

陆勇：医生我的情况怎么样？

医生：你的各项指标都正常，记得按时来换药，回去好好休息。

旁白 1：陆勇从医院出来，第一次对活下去充满了希望！

低价就能买到药治病，他赶紧把这个好消息分享出去，但买印度药的手续并没有想象中那么简单。（情景再现）

旁白 2：印度公司为了躲避银行政策，经常更换账户，烦琐的购药流程，让众多病友一筹莫展。

病友们：陆勇，求求你了，我们不会上网，又看不懂英文，你是唯一能帮我们的人了。

旁白 1：之后，陆勇无偿地帮助网友翻译、填写单据，当时名气大到圈里人没有人不知道他的。几年过后，印度的药价越来越便宜，已经降到了 200

元一盒。

旁白2：不仅买药的病友越来越多，印度药厂也看准了国内市场，找到了陆勇，他们办了一个银行账号，用于搜集他们公司向中国销售药物的资金，但很快，新闻爆出很多买卖印度格列卫入罪的消息，没过几个月，陆勇就出事了。

旁白1：印度药在国内没有专利，属于假药。

一场牢狱之灾，无可避免。

02

旁白2：得知陆勇出事，千名白血病患者联名写的信，送到了司法机关。最终，法院在多方考虑后，还是把陆勇无罪释放了。

旁白1："Dying to survive."——影片英译，拼命活下去。

旁白2：徐峥饰演的程勇就是真实事件里的男主人公——陆勇，电影把镜头对准了人，人的无力、卑微、求生、万劫不复……

（演员：阿婆，曹警官）

（学生A饰演患病阿婆）"我不想死，我想活着。"——慢粒白血病阿婆拉着曹警官的手向他求情："求求你了别查印度药了。我病了四年，吃正版药也吃了四年。房子吃没了，家也吃垮了。我不想死，我想活下去。谁家没个病人呢？你能保证一辈子不生病吗？"

旁白1：这段对白，没有痛哭、下跪、强人所难的悲情戏码，没有人起身附和，他们在沉默中等待生的希望，也在沉默中接近死亡。

（演员：医生，吕受益，吕受益妻子）

医生："接下来手术会非常昂贵，你们家属要考虑清楚是否继续治疗。"

吕受益妻子："治。"

旁白2：她眼神里带着不屈、无奈和泪光，她知道即便拼尽身上一丝一毫，也不一定能救回老吕，但再难也要让他活。

（演员：程勇，曹斌）

"他只有 20 岁，想活命，有什么罪？"

旁白 1：黄毛死后，程勇歇斯底里的呐喊，让曹斌内心绞痛，站在人情和法度之间，他选择不再继续接管这起案件。

（演员：程勇，病友 4~5 个）

"快跑！"

旁白 2：程勇最后一次卖药，被警察逮住，第一时间没有开车逃跑，而是挡住警察让拿到药的病友先跑。看到远去的病友，他松了口气，当病友在他眼前被抓药被没收的那刻，他想怒吼却心痛窒息。

旁白 1："我不是药神"，一个人的救赎，救不了千千万万的肉体。

旁白 2：尽管命运开了玩笑，我们不妨拥抱命运，去和厄运做抗争，不必沮丧，努力活过的人，都值得尊重。

1：我是 ×× 学子 ×××，我立志将来学医，我要让每个患者都知道，医者父母心。在医生面前，没有贫富贵贱之分！

群：因为青春的感动，我们许下一生的坚守，因为我们相信，这个世界，我能改变！

2：我是 ×× 学子 ×××，我立志将来学习制药，我要让每一个中国人，都能吃得起质量最好的国产放心药，能够努力活着，有尊严地活着！

群：哪怕现实再残酷，我们也有勇气打破牢笼，因为我们相信，这个世界，我能改变！

3：我是 ×× 学子 ×××，我立志将来投身公益，我要走遍全世界，给贫穷无助者希望，给战火波及者援手，告诉每一个需要帮助的人，别怕，有我们！

群：有我，有我，还有我！岂曰无衣，与子同袍，和我一起，改变世界！

为众人抱薪者，不可使其冻毙于风雪；为自由开路者，不可使其困顿于荆棘！

1：这世上从来没有药神，

从来就没有什么救世主，也不靠神仙皇帝！

2：这世上从来没有药神，

唯有心怀救死扶伤之心，方能行悬壶济世之事。

3：这世上从来没有药神，

要创造人类的幸福，只能靠我们自己！

群：这世上从来没有药神，

要创造人类的幸福，只能靠我们自己，因为我们相信，这个世界，我能改变！

觉醒年代

——改编自影视作品《觉醒年代》

第一段朗诵

（我们站在历史后来人的角度看先辈们，感觉到他们伟大，但他们的悲壮和伟大远比我们所能想象的深重得多。因为我们看见了他们的胜利，所以能感觉到他们的奋斗意义重大，而他们牺牲之时并不能预知未来，不知道自己的牺牲对新中国成立有多大意义，也不知道我们要用多少年才能赢来胜利，甚至不确定我们能不能胜利。

他们抱着一腔热血，在牺牲之时所能依赖的只有满怀的信念。在国土沦丧的背景下，最终胜利，好像痴人说梦。原来那些人说着"我们一定会获得最终胜利"时，并不真正地知道，他们真的能成功。原来他们前赴后继地牺牲时，也不真正地确定，他们的牺牲能换来他们想要的结果。原来我一直知道他们伟大，却依然低估了他们的伟大。）

李大钊（台下，旁白出）：地球即成白首，吾人尚在青春。以吾人之青春，柔化地球之白首，虽老犹未老也。是则地球一日存在，即吾人之青春一日存在。吾人之青春一日存在，即地球之青春一日存在。

合：为世界进文明，为人类造幸福。以青春之我，创建青春之家庭，青春之国家，青春之民族，青春之人类，青春之地球，青春之宇宙，资以乐其无涯之生。

A：自由的而非奴隶的

B：进步的而非保守的

C：进取的而非退隐的

D：世界的而非锁国的

E：实利的而非虚文的

F：科学的而非想象的。

（音乐《中国觉醒》第一段）（群众情景表演）

第二段朗诵

李大钊：我是李大钊，

陈独秀：我是陈独秀。

李大钊：为了让你们不再流离失所，

陈独秀：为了让中国的老百姓过上富裕幸福的生活，

李大钊：为了让穷人不再受欺负，人人都能当家做主，

陈独秀：为了人人都受教育，少有所教，老有所依。

李大钊：为了中华民富国强，

陈独秀：为了民族再造复兴，

李大钊：我愿意奋斗终生！

陈独秀：我愿意奋斗终生！

陈延年：我是陈延年，我志愿加入共产党。我愿意为了国家而牺牲，再推出一个互助互爱，和谐的大家庭。

陈乔年：我是陈乔年，我志愿加入共产党。我想成为一个能够报效国家、报效民族的人，我愿意为了这个国家和民众而献身。

（音乐）（《国际歌》伴奏版）

毛泽东：天下者，我们的天下；

群众：天下者，我们的天下；

毛泽东：国家者，我们的国家；

群众：国家者，我们的国家；

毛泽东：社会者，我们的社会；

群众：社会者，我们的社会；

毛泽东：我们不说，谁说？

群众：我们不说，谁说？

毛泽东：我们不干，谁干？

群众：我们不干，谁干？

现代中学生（数名）：

我志愿加入中国共产党，拥护党的纲领，遵守党的章程，履行党员义务，执行党的决定，严守党的纪律，保守党的秘密，对党忠诚，积极工作，为共产主义奋斗终身，随时准备为党和人民牺牲一切，永不叛党。

第三段朗诵

陈独秀：我们不光要呐喊，更要付出实际的行动！

李大钊：上天竟然创造了人，就应该给他们一条活路！

毛泽东：在现实中，上下求索，为天下找到一条新的出路。

蔡元培：国难当头，我蔡元培不下地狱，谁下地狱？

毛泽东：同志们，让我们高呼：（情绪递进，最后一句带动全场）

中国共产党万岁！

中国共产党万岁！

中国共产党万岁！

（音乐）（情景再现现代生活）

旁白：（表达现代生活幸福美满，前人的牺牲没有白费）

《觉醒年代》剧组合影

讲故事

　　讲故事是一项幼儿园开始就有的活动，在幼儿园和小学，讲故事是朗诵的前提，平仄的诗歌对学生而言过于严肃，而讲故事则相对轻松、简单、有趣。但对高中生而言，他们较为害羞腼腆，成语故事、寓言故事和童话故事中的角色扮演会让其感觉略有难度。从语言锻炼的先后顺序上，可以放在朗诵之后再接触。

（1）成语故事

揠苗助长

　　春秋时期，宋国有一个农夫，他总是嫌田里的庄稼长得太慢，今天去瞧瞧，明天去看看，觉得禾苗好像总没有长高。他心想：有什么办法能使它们长得高些快些呢？

　　有一天，他来到田里，把禾苗一棵一棵地往上拔。一大片禾苗，一棵一棵地拔真费了不少的力气，等他拔完了禾苗，已经累得筋疲力尽了，可是他心里却很高兴。回到家里还夸口说："今天可把我累坏了，我帮助禾苗长高了好几寸！"他儿子听了，赶忙跑到田里去看，发现田里的禾苗全都已经枯死了。

　　启示：违背自然规律求发展，结果当然是会以悲剧收场。

望梅止渴

　　东汉末年，曹操带兵去攻打张绣，一路行军，走得非常辛苦。时值盛夏，太阳火辣辣地挂在空中，散发着巨大的热量，大地都快被烤焦了。曹操的军队已经走了很多天了，十分疲乏。这一路上又都是荒山秃岭，没有人烟，方圆数十里都没有水源。将士们想尽了办法，始终弄不到一滴水喝。头顶烈日，将士们一个个被晒得头昏眼花，大汗淋漓，可是又找不到水喝，大家都口干舌燥，感觉喉咙里好像着了火，许多人的嘴唇都干裂得不成样子，鲜血直淌。每走几里路，就有人倒下中暑死去，就是身体强壮的士兵，也渐渐地快支持不住了。

　　曹操目睹这样的情景，心里非常焦急。他策马奔向旁边一个山冈，在山冈上极目远眺，想找个有水的地方。可是他失望地发现，龟裂的土地一望无际，干旱的地区大得很。再回头看看士兵，一个个东倒西歪，早就渴得受不了，看上去怕是难再走多远了。

曹操是个聪明的人，他在心里盘算道：这下可糟糕了，如果找不到水，这么耗下去，不但会贻误战机，还会有不少的人马要损失在这里，想个什么办法来鼓舞士气，激励大家走出干旱地带呢？

曹操想了又想，突然灵机一动，脑子里蹦出个好点子。他就在山冈上，抽出令旗指向前方，大声喊道："前面不远的地方有一大片梅林，结满了又大又酸又甜的梅子，大家再坚持一下，走到那里吃到梅子就能解渴了！"

将士们听了曹操的话，想起梅子的酸味，就好像真的吃到了梅子一样，口里顿时生出了不少口水，精神也振作起来，鼓足力气加紧向前赶去。就这样，曹操终于率领军队走到了有水的地方。

启示：人们在遇到困难时，不要一味地畏惧不前，应该时时用对成功的渴望来激励自己，就会有足够的勇气去战胜困难，到达成功的彼岸。

鸡鸣狗盗

战国时候，齐国的孟尝君喜欢招纳各种人做门客，号称宾客三千。他对宾客是来者不拒，有才能的让他们各尽其能，没有才能的也提供食宿。

有一次，孟尝君率领众宾客出使秦国。秦昭王将他留下，想让他当相国。孟尝君不敢得罪秦昭王，只好留下来。不久，大臣们劝秦王说："留下孟尝君对秦国是不利的，他出身王族，在齐国有封地，有家人，怎么会真心为秦国办事呢？"秦昭王觉得有理，便改变了主意，把孟尝君和他的手下软禁起来，只等找个借口杀掉。

秦昭王有个最受宠爱的妃子，只要妃子说一，昭王绝不说二。孟尝君派人去求她救助。妃子答应了，条件是拿齐国那一件天下无双的狐白裘（用白色狐腋的皮毛做成的皮衣）做报酬。这可叫孟尝君作难了，因为刚到秦国，他便把这件狐白裘献给了秦昭王。就在这时，有一个门客说："我能把狐白裘找来！"说完就走了。

原来这个门客最善于钻狗洞偷东西。他先摸清情况，知道昭王特别喜爱那件狐裘，一时舍不得穿，放在宫中的精品贮藏室里。他便借着月光，逃过巡逻人的眼睛，轻易地钻进贮藏室把狐裘偷出来。妃子见到狐白裘高兴极了，想方设法说服秦昭王放弃了杀孟尝君的念头，并准备过两天为他饯行，送他回齐国。

孟尝君可不敢再等过两天，立即率领手下人连夜偷偷骑马向东快奔。到了函谷关（现在河南省灵宝县，当时是秦国的东大门）正是半夜。按秦国法规，函谷关每天鸡叫才开门，半夜时候，鸡怎么能叫呢？大家正犯愁时，只听见几声"喔，喔，喔"的雄鸡啼鸣，接着，城关外的雄鸡都打鸣了。原来，孟尝君的另一个门客会学鸡叫，而鸡只要听到第一声啼叫就立刻会跟着叫起来。怎么还没睡踏实鸡就叫了呢？守关的士兵虽然觉得奇怪，但也只得起来打开关门，放他们出去。

天亮了，秦昭王得知孟尝君一行已经逃走，立刻派出人马追赶。追到函谷关，人家已经出关多时了。

孟尝君靠着鸡鸣狗盗之士逃回了齐国。

启示：这个故事出自《史记·孟尝君列传》。成语"鸡鸣狗盗"比喻下三烂的技能或具有这种技能的人。

闻鸡起舞

西晋时的祖逖，从小勤练武术，钻研兵法，立志要做一番大事业。

刘琨也是个有抱负的年轻人，两人很快便成为好朋友。这天晚上，半夜过后，祖逖忽然被一阵鸡鸣声吵醒，他连忙把刘琨唤醒说："这鸡鸣声把人吵醒，虽然很讨厌，但我们可以趁此机会早些起床练习武艺。"

"好啊！"刘琨欣然同意。于是两人来到院子里，专心地练起刀剑来。

从此，两人每到夜半，一听到鸡鸣，便起床练剑。

当时，祖逖看到国家被匈奴军队攻陷了很多城池，非常着急，立刻上书皇帝，请求率兵北伐，收复失地。

皇帝很高兴，封祖逖为"奋威将军"，带领军队北上。由于祖逖和刘琨作战英勇，不久便收复了很多北方的城池。

启示：如果你也能凌晨听到鸡鸣就起来早读，你也会变成考试大英雄哟！

破釜沉舟

项羽是楚国人，少年习武，能将百斤鼎高举过头。长大后跟随叔父参加推翻秦朝的起义。

有一次，秦军攻下了赵国，赵王逃到巨鹿，急忙派人向楚国求援。

楚王派项羽带领二十万楚军前去救赵。项羽先派英、蒲两位大将率两万人做先锋，然后，自己率主力渡河。过了河，项羽命令将士，每人带三天的干粮，把军队里的饭锅全砸了，把渡河的船只全凿沉了。他对将士说："我们'破釜沉舟'，有进无退，三天之内，一定要打退秦军！否则只能饿死在这里！"

项羽的决心和勇气，对将士起了很大的鼓舞作用。楚军个个士气振奋，一个人抵十个，十个人抵百个，越战越勇，终于把秦军打得大败而逃。

经过这次战役，项羽声名大振，成了各路反秦的统帅。

启示：吃饭的家伙都砸了，比喻下最大的决心，一拼到底。

嗟来之食

【典故】予唯不食嗟来之食，以至于斯也！——《礼记·檀弓下》

【释义】指带有侮辱性的施舍。

春秋时期，齐国发生严重的饥荒，很多人被活活地饿死，贵族钱敖想发点善心，他在大路上摆上食物，准备施舍给饥饿的人群，当有难民经过时，他傲慢地喝道："喂，来吃吧！"谁知那饿汉表示宁愿饿死也不吃这嗟来之食。

启示：志士不饮盗泉之水，廉者不受嗟来之食。——〔明〕冯梦龙《东周列国志》第八十五回。

叶公好龙

春秋时期，楚国叶地诸侯子弟沈诸梁自称叶公，他特别喜欢龙，他的屋梁、柱子、门窗及所有家具甚至连衣服上都雕刻或绣制龙的图案。天上的真龙得知后，专程去探望叶公，从窗户上探进头去。叶公一见真龙，吓得魂不附体，连忙逃跑。

启示：比喻口头上说爱好某事物，实际上并不真爱好。

画蛇添足

这个成语出自《战国策·齐策二》。

楚国一位舍人得到了主人送的一壶酒，觉得几个人一起喝嫌少，一个人独喝又嫌多，于是让几个人在地上画蛇，先画成的就喝酒。有个人先画好了，拿起酒壶准备喝，看看其他人还没画好，又左手拿壶，右手给蛇画脚，还没等他画好脚，另一人的蛇画好了，夺过酒壶说："蛇本来就没有脚，你怎么能添上脚呢？"说完把酒喝了。那个画蛇脚的人，最终没有喝上酒。

启示：做了多余的事，反而把事情弄坏。

（2）寓言故事

寓言故事是文学体裁的一种，是含有讽喻或明显教训意义的故事。它的结构简短，多用借喻手法，使富有教训意义的主题或深刻的道理在简单的故事中体现。寓言故事情节设置的好坏关系到寓言的未来。中国著名的寓言故事有：《揠苗助长》《自相矛盾》《郑人买履》《守株待兔》《刻舟求剑》《画蛇添足》等，古希腊《伊索寓言》中的名篇《农夫与蛇》在世界范围内享有很高的知名度。其成功之处在于故事的可读性很强，无论人们的文化水准高低，都能在简练明晰的故事中悟出道理。

特点：

1. 结构简短

2. 多用借喻手法

3. 教训意义的主题蕴含深刻的道理

代表：

《揠苗助长》

《自相矛盾》

《猴吃西瓜》

《守株待兔》

《刻舟求剑》

《画蛇添足》

《苍蝇洗澡》

《一头学问渊博的猪》

金秋读书节经典诗文朗诵会

（1）第八届金秋读书节"父辈的深圳我的城"经典诗文朗诵会

朗诵者朗诵篇目

① 梨园新社学生《梨园弟子规》

② 吴庆捷《天下风光在读书》

③ 梁雅娴《青衣》

④ 蔡印时《母爱》

⑤ 来超《追风筝的人》

⑥ 杜峰《南方北方》

⑦ 李弼《替我叫一声妈妈》

⑧ 余治国《满江红·登黄鹤楼有感》

⑨ 龙小妹《青春万岁》

⑩ 杜峰、闾思《祖国，我亲爱的祖国》

⑪ 杜一凡《相信未来》

⑫ 田婧涵《妈妈，我等了你20年》

⑬ 李绍琴《祖国到底是什么》

（2）第九届金秋读书节"名家进校园"经典诗文朗诵会——"浴血战八年，峥嵘七十载"

朗诵者	朗诵篇目	朗诵人简介	朗诵篇目梗概
吴庆捷	《一个日本老兵的忏悔》	深圳卫视著名主持人	讲述一个侵华日本老兵晚年的内心折磨和忏悔
龙小妹	《巴尔巴娜》	深圳电台新闻频率主持人	一位法国诗人控诉战争的愚蠢和向往和平
王英 李恩泽	《永生的和平鸽》	王瑛：国家一级演员，陕西省话剧团前副团长；李恩泽：《深视新闻》主播，出镜记者	表达中国人热爱和平、热爱家园的心情和对战争的控诉
刘金玲	《安妮日记》片段	著名朗诵艺术家	《安妮日记》是德籍犹太人安妮·弗兰克遇难前两年藏身密室时的生活和情感的记载，对于藏匿且充满恐怖的25个月的密室生活的记录，使这本《安妮日记》成为德军占领下的人民苦难生活的目击报道
梨园新社	《永不遗忘》	二高梨园新社	用制作的MV

朗诵者	朗诵篇目	朗诵人简介	朗诵篇目梗概
杜峰	《大宅门》选段 三爷归天	深圳电台交通频率主持人	八旬老太爷不甘当汉奸，愤然自杀成仁，惊天动地
王世凤	《给死者》	二高优秀教师	巴金作品，写给战争的死难者
黎全胜	《重回台儿庄》	深圳朗诵艺术家协会会员	重归台儿庄，感受当年的金戈铁马，豪气干云
余治国	《别了，仇恨》	深圳卫视新闻采访部副主任	对战争的反思和祈求和平
来超	《南京，中国不会忘记》	凤凰卫视国际台主持人	对南京大屠杀的惨痛回忆和对强国梦的追寻
田靖涵	《请把我埋得浅一些》	深圳大学大三学生二高校友	战争中即将被活埋的小女孩，人性之光让纳粹无地自容
李弼	《一封遗书》	国家语委一级普通话评委	革命烈士给孩子留下的一封遗书

（主题：深圳市读书月活动结合纪念世界反法西斯战争胜利70周年）

共计：10位外请嘉宾、1位校友

主持人：杜峰、来超、田靖涵、潘鑫佑

（3）第十届金秋读书节"名家进校园"经典诗文朗诵会

深圳知否读剧社

深圳市知否读剧社自2009年成立以来，坚持弘扬优秀戏剧、探究和普及"读剧"艺术。我们的主要成员除了专业的广播电视主持人、话剧演员和艺术学校的老师外，还有来自其他行业的读剧爱好者。

"读剧"就是"读"剧，不是"演"剧。"读剧"是通过朗读剧本来展现剧情、用语言塑造人物形象、以表演者的声音能力作为依据和主要表现手法来诠释作品的一种形式，是一种新的文学阅读方式。"读剧"是古希腊史诗戏剧的经典演出范式。在西方文艺复兴时期曾盛极一时，20—21世纪"读剧"在法国、美国、日本等国家非常受欢迎，在中国台湾已举办了三届"国际读剧节"。与传统话剧相比，读剧大大降低了制作成本，从而使话剧从象牙塔走向民间。"读剧"是把戏剧元素压缩到最简单的一种戏剧表现形式，演员通过艺术语言，将剧中人物的性格、人物关系、复杂的情节，立体地呈献给观众，让观众通过我们呈现的戏剧人物语言对剧情和情景展开想象。

2015年是国家纪念抗日战争和世界反法西斯战争胜利70周年，我们积极配合这一具有重大历史意义的主题，排演了读剧《屠夫》《浅浅的》《东京审判》和《一个都不许死》等剧目片段，演出时观众反响热烈，舞台上下共同感受着"国家"对每个人的意义。此外，我们还先后排演了法国拉辛的《费德尔》、英国勃朗特的《呼啸山庄》、都市轻喜剧《剩女郎》中的精彩片段以及改编了日本悬疑剧《大海的请帖》。2016年，为纪念伟大的戏剧家莎士比亚，我们排演了悲剧《哈姆雷特》和喜剧《威尼斯商人》中的片段。在长征胜利80周年之际，我们缅怀先烈，推出了读剧《伟大的长征》，都得到了观众的热烈支持和好评！

朗诵者	简介
杨文	深圳知否读剧社副社长 深圳市朗诵艺术家协会会员，深圳交通广播副总监，资深广播节目演播人、配音人、主持人、策划人。主要演播作品：《让历史告诉未来》《97香港回归风云》《车厢里的国学》《声音记忆》；配音作品：《叶挺将军》《人鬼情未了》《黑雨》；担任FM106.2交通频道《真情守望》主持人，首届"深圳读书月经典诗文朗诵会"策划、撰稿

王英	深圳知否读剧社理事 国家一级演员，中国戏剧家协会会员，陕西朗诵艺术研究会会员，深圳朗诵艺术家协会会员。曾荣获中国话剧研究会第四届"金狮奖"表演奖；陕西文联颁发的"德艺双馨"称号，导演录制的多部广播连续剧都获得了国家"五个一工程奖"，并为专题片、电影电视剧、译制片、动画片配音，取得了不错的成绩
李恩泽	深圳知否读剧社理事 深圳朗诵艺术家协会会员，深圳卫视《深视新闻》《正午 30 分》主播，深圳都市频道《时政要闻》主播
龙小妹	深圳知否读剧社副社长 毕业于上海戏剧学院，深圳电台著名主持人，广东省戏剧家协会、深圳戏剧家协会理事，深圳朗诵艺术家协会理事，深圳福田演艺协会副会长。现任深圳电台先锋 898《铿锵麦克疯》《小妹有约》《美丽时光》节目主持人。曾主持深圳电视台《大城小事》《女人心》等节目，主演话剧《有多少爱可以胡来》《穿越百年》、读剧《阿伽门农》等。多次参加省内外大型朗诵表演活动。曾荣获"深圳市女记者金笔奖""听众最喜爱的节目主持人""广东省新闻一等奖""全国对港澳台节目二等奖"、广东省播音主持作品奖等诸多奖项
小智	深圳广电集团飞扬 971 主持人 深圳广电集团"十佳"新秀主持人 其作品曾连续两年获得广东省文艺奖一等奖 节目:《一路飞扬》《生活好质量》《赢家联盟》
吉祥	2007 年毕业于中国传媒大学（原北京广播学院）播音与主持艺术学院 2003 级播音本科班 现为深圳广播电台新闻频道先锋 898 主持人 主持节目:《898 晚新闻》《每日资讯榜》节目 曾获:2010 年广东省新闻奖一等奖 2012 年深圳市播音主持一等奖 2012 年深圳市新闻奖三等奖 2013 年深圳市新闻奖三等奖

演出剧目介绍	
《大海的请帖》	一张来历不明的请帖、五个素不相识的男女、海滨的度假酒店，看似平淡却暗藏玄机，东道主高深莫测，赴约者明察秋毫，到底是自杀还是他杀？神秘的大海究竟是谁？
《王子复仇记》	丹麦老王的灵魂在城堡显灵，告诉王子哈姆雷特自己被亲兄弟、现在的丹麦王所杀，要哈姆雷特为其报仇。哈姆雷特利用让戏班演出情节与亡魂所说极为相似的戏剧证明确有其事，开始装疯实施报复，但没有在叔父忏悔时杀死他而延误了复仇机会。为探明哈姆雷特发疯真相，女友奥菲利亚之父波洛涅斯偷听哈姆雷特与王后谈话时被哈姆雷特误杀，国王借机把他送往英国，欲借英王之手除掉哈姆雷特。而单纯、美丽的奥菲利亚经受不了哈姆雷特的"疯"和父亲的死，她真的疯了，落入小河沉下去了……哈姆雷特在去英国的途中逃回丹麦，奥菲利亚的死让他悲痛欲绝。而国王为除掉他，安排他与奥菲利亚之兄雷欧提斯斗剑，其间王后误饮下国王为哈姆雷特准备的毒酒身亡。哈姆雷特、雷欧提斯与国王中毒剑一起身亡

梨园新社演出剧目——《伟大的长征》

【红军不怕远征难，万水千山只等闲！】

角色	饰演者
李有国	张宸熙
赵志芳	南方皓
罗顺成	高子雁
王德强	杨涛
李凤莲	谭丰
小周	殷政
二班班长	丛子涵

群颂：

男领颂：包宇航　女领颂：张巧玲

其他群颂：丛子涵、杜金洋、翟思诚、陈依妍、彭彬彬、陈婉霞、詹梓铭、古艳蕾

音乐：王倩文

图片：施于心

梨园新社

梨园新社，是深圳市第二高级中学艺术类社团，创立于 2013 年，是一个专注于朗诵、小品、视频、话剧、相声、配音、主持等舞台表演的社团。多次与深圳市著名主持同台表演，且多次获得深圳市级、省级奖项。创社以来一直坚持让每个喜欢戏剧的同学都能获得参与的机会，让社团每个学生无论在台前还是幕后都能感受到戏剧带给大家的快乐，与此同时，学会如何应对各种突发事件。在这里，几乎每个学期都有演出需要去参与，在这里的孩子都特别忙碌。忙着一起排演舞台剧、小品、朗诵；忙着怎么面对镜头，怎么不怯场，分镜头的脚本怎么写、怎么拍；学习如何当导演、场记、编导；学着怎么管理服装、做道具；学着怎么做海报、剪视频，怎么去推销自己的社团、自己的戏。很多知识不是老师苦口婆心教出来的，而是学生们自己研究懂的。在这里，"伟人"不再只是抽象的，而是他们在一个一个地去"演"的深入了解的过程中，体会出来的。更重要的是，他们学会了怎么样获得快乐！

梨园新社团徽

梨园新社社团团服

社团招新海报

往届社团演出合影

每学期社团团建

读剧《永不遗忘》剧本

第一序章:"巴黎和会"

1:歌舞升平,华灯处处,谁也没想到觥筹交错下掩藏着最肮脏的摆布:这里是 1919 年的巴黎和会现场,战胜国中国却要承受把青岛从德国的手上交给日本的奇耻大辱,31 岁的中国外交官顾维钧眼含热泪,无比愤怒:

2:我很失望,最高委员会无视中国人民的存在,出卖了作为战胜国的中国,我很愤怒,我很愤怒!你们凭什么,凭什么把中国的山东省送给日本人。中国人已经做到仁至义尽。我想问问,我想问问这份丧权辱国的和约,谁能接受?

3:(合)我们不签字,我们不签字!外争国权,内惩国贼!还我山东,还我青岛!

第二序章:"甲午海战"

4:黑水沉沉,海风如泣如诉。这里是 1894 年的中国黄海,一艘名为"致远"的战舰千疮百孔,仿佛下一秒就将沉没。

5:邓将军!兄弟们不断阵亡,炮弹已经打光,日本人的军舰上来了!请将军快上小艇,快快逃命去吧。

6:弟兄们!日寇辱我中华,杀我同胞,毁我家园,此恨不共戴天!尔等都是热血男儿,今日肯不肯与我邓世昌一起慷慨赴死?

3:(合)誓死追随将军!

6:好!把黄龙旗升起来,把中国人的骨气升起来!没有炮弹,我们就用这艘致远,没有机会,我们就和日寇同归于尽!向着吉野号,冲锋!

3:(合)杀!杀!杀!

第三序章:"东北抗联"

7:1931 年 9 月 19 日的早上,市民们发现日本人一夜之间占领了沈阳,人们在害怕、惊恐中又听到了蒋介石"不抵抗"的命令；东三省沦陷了，东北军含着眼泪离开了家乡，可一个来自河南确山的大个子，却给了东北人绝境中的希望：

8：我是一名日本军医，那一天是我打开了杨靖宇将军的肚子，因为我们很好奇，他一个人，是怎样做到在冰天雪地里和我们周旋了 7 天。打开后我们惊呆了：他的肚子里只有树皮、草根、棉絮，连一粒粮食也没有……我必须承认，他是一个真正的军人。

9：兄弟姐妹们，杨将军殉国了，但我们东北抗联还在！我们的父老乡亲们还在！他们在等着我们打回去，打回去啊！

3：（合）打回老家去，我们要打回老家去！

第四序章：卢沟桥事变

10：战士们，日本鬼子扑上来了，我们不能退后！我们的背后就是宛平，就是北平，我们的背后就是整个华北！只要我们 29 军的军旗还在，只要我们手上的大刀还在，我们就不能让鬼子前进一步！我赵登禹发誓，今天这卢沟桥，就是小鬼子的葬身之地！

11：旅长！你就下令吧！我们西北军的汉子什么时候怕过死？兄弟们，大丈夫当血染沙场，马革裹尸，今天就让鬼子们知道，咱才是他玩刀的祖宗！

3：（合）宁为战死鬼，不做亡国奴！宁为战死鬼，不做亡国奴！

第五　序章：百团大战 / 襄阳会战 / 枣宜会战 / 长沙会战 / 中国远征军

12：谁敢横刀立马，唯我彭大将军！ 1940—1941 年，中国共产党军队在彭德怀的指挥下，对日寇发起了百团大战，1800 场大小战争，45000 名日伪军被击毙，战况空前，可歌可泣！八路军也为此付出了惨痛的代价：一代名将左权，牺牲在茫茫的太行山区。青山处处埋忠骨，何须马革裹尸还！

13：唯恨倭寇犯中华，慷慨赴死共结发。在枣宜，在武汉，在长沙，在襄阳。张自忠将军的名字，激励着每一个中国军人。他明明可以撤退，却决然赴死，他明明可以苟活，却杀身成仁。他的结发妻子，听到将军阵亡的消息，悲痛欲绝，绝食七日而死，今生不能陪你戎马天下，那就来生再和你浪迹天涯。

14：彭雪枫，赵一曼，赵尚志，佟麟阁，赵登禹，郝梦龄，吴克仁，高志航……你还记得这些尘封在历史中的名字吗？你可知道他们的生命，永远停留在了最美的年华？

3：（合）魂归来兮，别在异乡孤独地流浪！

15：六万中国远征军的亡魂啊，你们是否已经归来？缅甸的沼泽里，还留着戴安澜将军的遗骨吗？密支那丛林里长眠的兄弟啊，你可知道，家中的老母亲和年轻的妻子，泣泪成血，望眼欲穿吗？

16：进屋来，满屋人静。夜无声，家人深沉沉，我母亲床上睡着，怎知道，我的归魂！

3：（合）我母亲床上睡着，怎知道，我的归魂！

17：犹记那年，运河两岸，台儿庄前，李宗仁运筹帷幄，斩杀日寇无数。

18：何以能忘，大同古城，平型关上，八路军奇兵天降，鬼子哪敢猖狂？

19：长城战役，永世铭记，喜峰口前，东北军遥望家乡，含泪征战沙场。

20：国之将破，何以为家？淞沪会战，八百壮士守仓库，誓死未让一步。

3：（合）三尺银枪杀日寇，血洒疆场报中华！

1：中国不能亡，中国不会亡！

2：从甲午海战到1945，从丧权辱国到收复国土。

15：我们不忘，不忘百年前风云变幻，山河沦丧。

孙：我们不忘，不忘七十年独立自主，多难兴邦。

3：（合）是的，我们不忘，永远不忘！

梨园新社学生节目《永不遗忘》

读剧《永不遗忘》剧照

空城计

——原创抗疫读剧

己亥年尾，庚子年头
中国中部的中心
武汉 本该是一幅欢乐的画图

冬季与春天交接
雪花与烟花代谢
千门万户瞳瞳日
忙将新桃换旧符

然而，一个无名的病毒
在这个冬季的黄昏蛰伏
在这个春天的前夜爬出
裹一袭乍暖犹寒的冷风
寄生到人类的肺部
经由呼吸吐纳
滋生出群魔乱舞
悄无声息将生命肆意杀戮

一个人被感染
十个人受株连
百个、千个
众多的生命戛然结束
而魔鬼躁动着

又扑向了蔓延的长路

武汉告急

江南告急

北国告急

全国告急

触摸中国的版图

到处都有发热的温度

号令从首都发出

十四亿人民

走上了抗疫的征途

兵临城下

武汉毅然关上宽阔的城门

决心把病毒的大军截住

数百万人全部隐蔽到战壕般的门户

一夜之间偌大的江城

跌入天文之外的空城季

巡天遥看 万户萧疏

然而 隐蔽不是退缩

武汉人的血液没有凝固

他们，已经向疫情宣战

擂响了铿锵的战鼓

看吧 全副武装的白衣天使

迈开逆行的脚步

一个个背影

写满义无反顾

看吧　城外从军队到地方

一支支白色的队伍

紧急踏上了驰援的路

这一刻　阴云下的空城

正孕育希望的光芒与生机

寂静的街区是无声的战场

璀璨的夜色是无形的战幕

看不见的刀光剑影

正在将疫情——围堵

战火还在燃烧

病魔尚未止步

但，曙光初露

狡诈的魔鬼

已经成了俘虏

捷报 已经在四面八方

陆续发布

相信吧

魔鬼的面前

必将是穷途末路

武汉　必将伴随着春天的号角

迎来胜利的欢呼

那一天

必将是樱花烂漫随风舞

重启的城门

又将延伸九省通衢的旅途

长江

汉江

春潮交响报天下

看 龟蛇醒 鱼翔鹤舞

《空城计》排演照片

心理剧

心理剧首先是由精神病理学家莫瑞努 1921 年在维也纳的精神治疗中心采用的疗法。四年后他来到美国，开始传播这一方法。他在 1959 年指出：心理剧的目标是诱发患者的自发行为，以便直接观察他的病情。它是通过特殊的戏剧形式，让参加者扮演某种角色，以某种心理冲突情景下的自发表演为主，将心理冲突和情绪问题逐渐呈现在舞台上，以宣泄情绪、消除内心压力和自卑感，增强当事人适应环境和克服危机的能力。心理剧能帮助参与者通过音乐、绘画、游戏等活动热身，进而在演出中体验或重新体验自己的思想、情绪、梦境及人际关系，伴随剧情的发展，在安全的氛围中探索、释放、觉察和分享内在自我。这是一种可以让参与者练习怎么过人生，但不会因为犯错而被惩罚的方法。[①]

心理剧很好地体现了戏剧的疗愈功能，学生在参与的过程中，对不同角色的不同心理进行思考和共情的同时，参演者通过参与的这一过程获得个人能力的成长，也一定程度上能释放学习上、心理上的诸多压力。而观众们在观看的过程中除了解压之外，也能在一定程度上获得思考、启发和净化。而对于有类似困扰的孩子们，亦能通过观赏获得新的思路，找到解决问题的办法，从而摆脱困扰。

学生实践作品：原创获奖心理剧《同伴的力量》

初三时父母离异，却将他深深蒙在鼓里。当他知晓这一切时，他痛心疾首。父母的离异，让他拒绝与任何人沟通交流，将自己封锁起来。他对同学冷漠，对老师不敬，当别人触碰到他内心最柔软的地方时，他的心墙终于倒塌。同学

---

① 张日昇. 咨询心理学 [M]. 北京：人民教育出版社，2009.

们对他敞开心扉，他们约定要做最好的伙伴；父亲向他表达爱和关心，他终于释怀。

同伴的力量

演出：梨园新社

指导老师：闫思、邓石

编剧：高志、闫思、邓石

主角：何伟、蓝灵

配角：阿炀、游乐、温心、老师

【剧情简介】

何伟是一名父母离异的孩子，敏感且冲动。在中考后的暑假他得知自己的父母已在他初三时离婚，而自己却一直被蒙在鼓里，感到非常气愤而痛苦。上高一后，他的性格变得内向孤僻，很少与人交往。学习也没了劲头，经常上课睡觉。在家庭关系破裂的悲剧中，他的人生也走向了迷惘。然而，在同学们尤其是心理委员的努力下，他解开了像刺猬一样的内心。开始走入集体，并开始追求属于自己的人生……

【话剧目标】

1. 通过心理剧，展示家庭对孩子内心的影响；

2. 以心理委员为代表，演绎伙伴的关爱对一位处于困境中同学的作用和力量；

3. 展示我校朋辈辅导的工作内容与特色。

【剧情】

场景一（教室）

旁白：在我们每一个人的内心深处，都渴望得到别人的爱和温暖。然而，我们却常常因为太渴望了，内心却生出恐惧来，担心得不到或者得到的不是真的。于是，便装出无所谓，让别人都看到自己的冷漠。这样似乎便可以"没有期待，不受伤害"了。

（晚自习课间休息）

蓝灵：同学们，"献爱求关注"的时间又到了，要写晴雨册的同学来我这取吧。（PPT 展示晴雨册）

游乐：给我，给我（非常急切地），我要写下我苦难的数学血泪史呀！

温心：给我，给我，今天我有话要对某人好好说说！

（许多人都抢着去写，唯独何伟无动于衷）

游乐：晴雨册是心理委员给班级制作的心理留言本，我们可以将一天里对自己或他人的所思所想或想对他人说的话，写在本子里。这样既能解压，以后也能留作纪念，真好。（PPT 上展示出一些晴雨册的内容来）

何伟：（自言自语）幼稚，真是无聊！（不屑地）

（黑灯，演员下场，演员上场，起灯）

场景二（教室）

老师：何伟，你怎么上课又睡觉呀？还不起来！

小炀：（推一推睡觉的同桌何伟）何伟，老师叫你呢！

何伟：干吗推我？！

小炀：现在正在上课呢。

何伟：我睡我的觉，他讲他的课。我们互不干扰啊！

老师：何伟，你说啥呢？你这是什么态度呀？

何伟：你不乐意，你可以不听我讲啥呀！我又没影响别人，也没影响你。干吗总针对我？

老师：你！

小炀：（急忙劝架）何伟，你这说的是啥话呢？快别说了！（伸手去拉生气

中的何伟）

何伟：别拉我，我要你管呀！

小炀：（着急地去拉住何伟）我也是为你好啊。哪有你这么跟老师说话的呀！

何伟：为我好？谁让你为我好的？关你什么事？（将手顺势一撂，去推开小炀的手，用力较猛，一下子打到小炀的眼睛上）

小炀：啊！（双手捂住了双眼，开始"哎哟"起来！）

老师：呀，不好，快，送去医务室。

（众人一起下场）

（黑灯）

场景三（医务室）

（医务室，场景布置）

老师：钟医生，小炀怎么样了？

钟医生：结膜下出血了，要送医院去。

老师：啊？这么严重？

钟医生：这是怎么搞的？

老师：先打电话叫救护车吧，救人要紧。

钟医生：嗯。（钟医生与老师边说边急忙下场）

（同学们都围在小炀旁边，唯有何伟站在较远的地方。同学们开始七嘴八舌地议论起何伟来）

游乐：何伟，你太过分了吧，小炀来劝你，你竟然还对他动起手来。有没有素质呀？

何伟：（着急）谁让他拉我了？猫哭耗子假慈悲！（紧张，停顿）再说，我也不是故意的，你们凭什么说我！

游乐：你这个人怎么这么不讲理呢？

蓝灵：别说了，别说了。现在最重要的是快将小炀送医院。（边说与众人边

下场，留何伟一人在场）

（黑灯，切换背景，起灯）

场景四（操场）

何伟：（一个人开始哽咽起来）我不是故意的，我真的不是故意的。（越说越难过）

何伟：（慢慢蹲坐在地。音乐起，开始自言自语起来）为什么你们都要这样对我？我做错了什么？我只不过不愿意学习，因为我根本不知道我学习到底是为了什么？看着你们一个个每天欢天喜地的样子，可是却没有一个人知道我内心的苦闷。我讨厌你们，总是在我前面各种"献爱的，求关注的"！

蓝灵：（缓缓走过去，给何伟递上纸巾）

何伟：（哭得更伤心）

蓝灵：何伟，你想哭就哭出来吧。我知道，你不是故意的。你来到班上后一直都过得不开心，只是你一直压抑着。哭出来或许会好受一点儿。

何伟：蓝灵，我好难受！为什么他们都不相信我，我真的不是故意的。（呜咽）为什么大家都不关心我……连我最亲近的人都要欺骗我？难道就是为了我所谓的中考！（决绝地）我再也不相信他们对我的好，也不再相信任何人！每次，我看到大家嘻嘻哈哈地打闹，我总是觉得大家都很假！我很讨厌你们，只是我不知道为什么会这样？我感觉离你们好遥远！你们也没有人会关心我，总是离我远远的。

蓝灵：何伟，或许你看到的并不是真的。其实，大家一直都挺关心你。刚刚在教室没见到你，大家都到处找你呢！

何伟：（回头看见大家都站在那边，低头说了一声）我没事，大家都回去吧。
（擦了擦眼泪）

场景五（教室）

（回到教室，何伟觉得让大家找很不好意思，而且也觉得今天的事情自己真的做错了。他想道歉，只是鼓不起勇气站到讲台上去。于是，他想起了《晴雨册》）

何伟：（拿到《晴雨册》写下）今天，对不起大家！伤到小炀，我感到很自责。让大家都来找我，我也挺感激。谢谢！（PPT体现）

（写完之后，何伟对这本每天在自己眼前晃来晃去的本本感兴趣起来）

旁白（配乐）：（PPT同步体现）

A. 何伟，你可知道你已是我们心目中的睡神了！快醒醒，让我们膜拜一下吧！

B. 何伟，今天我忘记是我跟你一起扫走廊了，谢谢你帮我扫完。只是我不好意思当面跟你讲，毕竟你让我感觉确实有点小恐怖呀！

C. 何伟，虽然跟你很少交流，但我相信你是一个有故事的人。只是故事属于过去，我们都还年轻，为什么不一起创造属于我们的故事呢？

（何伟：边看边哭起来，旁白的声音也渐渐地升起来，情感达到高潮）

D. 何伟，我是爸爸。我知道，当你知道我和妈妈离婚后很伤心，甚至很恨我们。确实，我们错了，本应该给你一个完整幸福的家，可是却没有做到。我们也做过许多努力，可是，我们发现，守在一起确实更痛苦。请原谅我们！只是，请你相信，无论是我还是你妈妈，都很爱你。你的同学们都很好，当我从班主 任手中看到他们给你写的留言时，我由衷地感谢他们。我也希望你能感受到每一个人对你的这份爱，希望你能振作起来！

何伟：（抱着这本《晴雨册》，缓缓跪倒在地！）原来……原来大家都是关心着我的……

字幕：刺猬，当遇上敌人袭击时，身体蜷缩成一团，包住头和四肢，浑身竖起钢铁般的棘刺。当你看到的时候，千万别以为它是在攻击你。相反，它只是害怕被伤害。

主持人：感谢《晴雨册》，让我们真实地表达自己。感谢同伴，让我们拥有战胜恐惧的力量！当然，我们要谢谢热心的心理委员。只是，热心的心理委员去哪儿了呢？

互助的力量

蓝灵：在别人眼中，我是一个乐观、积极，尤其喜欢帮助别人的人。但其实，在我的内心，我一直有一个心结，就是我不敢去问老师或者同学作业。每次要去问老师的时候，我看到许多人都围着老师，我就不好意思去问了。而且，老师有时不经意的一句"我上课不是讲过了吗"，会让我觉得非常自责，仿佛自己犯了一个错误。而当我去问同学的时候，我又感到同学们都好忙，他们一点点的不耐心，常让我不好意思再问下去。毕竟，他们也很忙，不忍心再去给他们添麻烦。这眼看着，再过三周就要期中考试了，我该怎么办好呢？

温心：（小跑过来）蓝灵，你在这干吗呢？

蓝灵：没干吗呀？打算去教室做作业呢。

温心：去教室？你下午不是有几道题不会吗？我带你去找个人问问去！

蓝灵：问谁呀？这快考试了大家都忙着做自己的作业吧？

温心：你没看到咱食堂门的宣传栏呀？今天学长团"情暖学心"活动在图书馆举行呢！

蓝灵：什么"情暖学心"呀？

温心：就是学长团在高二的学长学姐中招募了一批学霸级的人物，在下午六点到六点四十这段时间给我们答疑解惑呀。

蓝灵：还有这样的好事？那我得去看看！

温心：走！

（拉手走到图书馆，用PPT）

布置：许多桌子上摆着不同的牌子，写着"语文"或"数学"等。蓝灵开始问起作业来。

学长团成员用 PPT 讲解：

这便是我们二高的"情暖学心"活动。自从第四届学长团发起以来，到现在已是第四年了。学子之间的交流能让学习变得轻松，能从学生角度分享学习的方式方法，在学长力所能及的范围内，对学弟学妹进行榜样激励和具体指导。

这也是特属于二高的一种朋辈辅导。

我们会在活动的前几个星期就开始准备，从宣传板报、学校沟通、学霸挑选、需求调查，每一步都做到最好。（伴 PPT 照片展示）（配垫乐）

在答疑的队伍中，学长学姐接过一张张试卷、一道道难题，面对面答疑解惑（PPT 照片）。除了解题以外，我们还在南北阶梯教室设有特色精品课堂，高二的优秀学生走上了讲台，亲自授课，分享自己擅长科目的学习经验。学生不同于老师传统的授课方式，而更像是在与同学们交流，使他们在听课的同时，能够体会到学习是一件轻松的事。

此外，还特设文理分科、美术班、出国等咨询，让学生更加了解该如何选择未来的道路。

怀大爱心，做小事情，这便是我们学长团的初衷，也是情暖学心的初衷。短短一周时间，我们用自己的真诚与耐心去替他们解决困惑，送去温暖，"情暖学心"是我校学长团秉持帮助新同学的初衷，并响应学校"建设优良学风，营造学习氛围"和"朋辈辅导"的号召而启动的助学活动，我们深刻地明白：我们不仅是学长团，更是二高人。我们仰仗大树、守望阳光，也愿为身边的你送去余荫。

"情暖学心"活动不仅是一项具有传承性的活动，还让同学们有机会在学习的天空中展翅翱翔，提升自身美德，学会帮助他人，为校园带来正能量和不一样的精彩。

有时候恍然觉得我们不仅仅是在帮助新入学的新生，更是在守护着当初的自己，曾经的我们也是这么茫然地走来，茫然地开始了陌生的高中学习生活，茫然地承受突如其来的九科学习压力，是这般手足无措，幸好我们也遇到了热情的学长学姐们，为我们"雪中送炭"。而如今也成了学长和学姐的我们，也愿意慷慨地给新生送去一份温暖。万物流变，千百万年，嵌在世界的秩序当中，而存在于世界当中的我们更应该将心比心，为自己，为他人，燃起这爱的星星之火。

科普剧

科普剧即科学互动表演剧，是现在国际上流行的一种全新的独特的科普形式。它将科普知识、科学实验等以表演剧的形式表现出来，让孩子们在观看表演，跟随人物情节发展的过程中接受科学知识，感受科学精神，参与科学实验，以此激发孩子们对科学的兴趣。科普内容不仅限于科技类的常识，同时注重于创新科学传播方式，促进公民科学素质的提升，科普健康、医药、科技、创客、AI、机器人、环保等常识，呼吁公民以更健康更科学的方式生活。

学生实践作品：《梦想 N+1》

陈炫玮是一名害羞、口吃、自卑、孤僻、很不自信的男孩，他不善于和人交流。一次社团招新，他遇到了周老师，在创客社，周老师引导他积极研究创客，社团的同学们也和他一起做研究。其中也遇到各种问题，发生过争吵，大家一起团结合作，积极面对问题，解决问题。

自信开朗的同学们

曾经胆小的"我"

与朋友一起做研究的"我"

为了梦想大胆出校园谈项目的"我"

比赛获奖的"我"

现在的"我"

《梦想 N+1》剧照

　　马上要参加青少年科技创新大赛了，为了成功拉到赞助，陈炫玮反复练习准备好的文稿，慢慢地，他说话越来越流利，也渐渐变得自信。也因为如此，他成功拉到了赞助，参加了深圳市创客节的比赛，作为学生代表，他自信，阳光，善于表达。老师的耐心引导和同学们的关心是他成长中不可缺少的财富，也是他获得成功的重要原因。

学生实践作品:《打响海洋保卫战》

海洋开发还是海洋保护一直是夏远航和任浩飞两人一直以来争论的话题,最后他们用自己的行动找到了答案。在阳光高中夏远航组织同学们参加海洋研究讨论,准备参赛。讨论过程中有个叫任浩飞的同学提出反对意见,他认为,合理地开发海洋更切合实际。两人分道扬镳,各自组队做自己的研究。多年后,虽然他们同样是坚持自己的观点,结果却大相径庭。

第六单元　剧本

学生实践相关朗诵稿件和剧本

1.《祖国啊，我亲爱的祖国》

2.《乡愁》

3.《再别康桥》

4.《致橡树》

5.《面朝大海，春暖花开》

6.《我骄傲，我是中国人》

7. 原创诗朗诵《我的二高，我的母校》

8. 电影《我的 1919》中顾维钧的个人演讲独白

9. 散文《青衣》

10. 古诗词朗诵稿件

11. 原创心理剧《同伴的力量》

12. 读剧《长征》

13. 课本剧《变色龙》

14. 课本剧《小公务员之死》

15. 课本剧《等待戈多》

原创科普剧《梦想 N+1》

作者：阎思、张宇、周茂华

演出：梨园新社

剧本摘要：包括时间、地点、剧情概要

时间：高中时代与未来

地点：校园

陈炫玮（由两人饰演）从小成绩不好，口吃，自卑，害羞，社恐。和同学相处不好，对于未来时常感到迷茫。一次机缘巧合，他加入创客社，见识到这里的机器人和其他创客项目，觉得非常炫酷，顿时找到方向。全身心地投入创客的项目中，在老师的引导下潜心钻研新科技，还创作出"眸镜"项目，并拉到了赞助。

经历了蜕变的陈炫炜再回首，如果给他再来一次的机会，他也一定会选择如今的路，绝不后悔。

科普知识点：智能识别 TOF 传感器

人物：

● 青年陈炫玮（阳光高中创客）——梅夏玮 饰演

● 少年陈炫玮——游君贤 饰演

● 刘老师（高中班主任）——郑皓天 饰演

● 张然然（高中同学）—— 赵心悦 饰演

● 王一文（高中同学）——黄婧柔 饰演

● 周老师（阳光高中创客领队）——杨旭 饰演

● 林文韬（阳光高中创客队员）——文晓楠 饰演

● 邓家其（阳光高中创客队员）——陈仁旭 饰演

● 李经理（博锐科技有限公司）——杨旭 饰演

正文

场景1：演讲台上。

陈炫玮：尊敬的各位领导、老师，亲爱的各位同学，大家好。我是大学生代表陈炫玮。很高兴能站在这里和大家分享我的创客故事。曾经的我害羞、口吃，很不自信。现在的我已经不一样。

旁白：还记得那年……在阳光高中的创客空间里，我们的故事就这样开始了。

第一幕　乌云与阳光

场景2：高一开学第一天，教室里，班主任正在组织第一次班级见面会，同学们一一站起来做自我介绍。

刘老师：欢迎各位同学加入我们高一5班的大家庭，很高兴和大家见面，我是班主任刘老师。下面就让我们来认识一下身边的小伙伴吧！从这位同学开始吧！

张然然：（活泼开朗）大家好，我叫张然然，我喜欢唱歌、弹钢琴，平时还会和小伙伴一起去玩轮滑、游泳，我性格开朗，爱好广泛，希望能和大家成为好朋友，谢谢！

（同学热烈鼓掌）

王一文：（自信大方）各位同学好，我叫王一文，毕业于博雅小学，很高兴来到新的班级，与大家一起共度三年的美好时光，希望我们能够互相帮助，一起成长，谢谢大家！

（同学热烈鼓掌）

陈炫玮：（从窗边角落的位置慢慢站起来，胆怯，结巴）大……大……大家好，嗯……呃……我……叫陈炫玮，谢……谢！（尴尬低头）

刘老师：（鼓励的眼神）谢谢你，还有什么要和大分享的吗？

陈炫玮：（尴尬摇头）

刘老师：（鼓励的眼神）好的，谢谢你，请坐下。

（同学们迟疑了一下，慢慢鼓掌）

场景 3：下课了，陈炫玮趴在桌子上，独自玩飞机模型。

张然然：哈啰，这是你自己做的吗？看起来很好玩呢！

陈炫玮：（抬头看了一眼张然然，又快速低下头去，没有说话）

王一文：（对张然然小声嘀咕）他怎么不说话啊，真奇怪。

张然然：他可能有点儿害羞。（朝陈炫玮）对啦，炫玮同学，学校的社团就要开始招新了，我们俩想参加动漫社，你要不要一起？

陈炫玮：（摇头）不……不了，谢……谢谢。

王一文：咱们走吧。

张然然：算了，那我们自己玩儿吧，走咯！

陈炫玮：（专心致志地拆修飞机模型的零件，遇到了困难）

周老师：你可以试试增加线圈的个数或者是换一个耐压更大的电容。

陈炫玮：（盯着周老师，没有说话）

周老师：我们创客社团马上开始招募新成员了，你有没有兴趣加入我们呢？

陈炫玮：（盯着周老师，抿嘴，点头）

第二幕 荆棘丛中向阳生长

场景 4：阳光高中创客空间，柜子上整齐地着摆着零件，几位学长正在备战中美青年创客大赛，学长的桌子上堆满了杂乱无章的零件，他们热情地向陈炫玮介绍创客空间。

邓家其：这是手机无线充电装置，这是手指钢琴，这是自动还原魔方的机器人。到底什么是创客呢？简单来说，在这里，你可以充分发挥你的想象力，大胆发明，勇敢创造。在这里，我们可以一起做很多很酷的事情。你看，那就是，我们机器人队伍的领队周老师，（带着陈炫玮走向周老师）我们现在正准备中美青年创客大赛。

周老师：你好，小同学。

陈炫玮：（羞涩）周老师好，我……我……是创客空间的新成员，我……我……叫陈炫玮。

周老师：我见过你，欢迎你加入创客团队。

旁白：一个学期过去了，在阳光高中创客空间里，陈炫玮与队友一起准备比赛。

周老师：一年一度的青少年科技创新大赛开始报名了，咱们创客小队伍应该试一试。炫玮，你作为小队长，有什么想法？

陈炫玮：（慌张）我……我……我怕自己……自己做……做……不好，这个比赛……好像很难。

周老师：没关系的，相信自己，我会协助你们来完成，就当作咱们的一次实战操练，过程最重要，这次机会是很难得的。

陈炫玮：（沉默了一会儿，点头）嗯，那我……我……我试试。

周老师：今年的主题是"创新·体验·成长"，按照要求，我们需要在六周内完成选题、设计、制造、组装和调试等工作。此外，官方不提供任何结构件。

林文韬：（短暂思考后很兴奋）嗯，同步耳机怎么样？现在广场舞噪声的确影响到了居民们的生活，我觉得咱们可以往这个方向考虑一下。

邓家其：（摇头）是挺好的，可是我觉得如果能更贴合赛事主题就好了，比如说，咱们能不能就青少年面对的难点和痛点来做一些创新设计。

林文韬：（很兴奋）有道理！痛点、难点……我想想。

陈炫玮：（思考良久，扶了扶眼镜）我……我有一个……想法，能不能设计一个……护目镜？

林文韬：（点头）哎，真不错呢，这个创意，那咱们开干吧，我先去搜集一些资料。

陈炫玮：好……好的！一起加油。

陈炫玮：（思考良久，拿着手中的图纸勾画）目前最……最大的问题就是要……要用什么来……来实现测距功能。

林文韬：我觉得咱们实验室的普通超声波测距模块就可以啊。

邓家其：（摇头）不行，我们测试过了，这个超声波测距模块容易受到环境物体的干扰，识别出的人体距离经常有较大误差。炫玮，你有什么想法？

陈炫玮：我……我也觉得不可行。超……超声波模块探测角度比较大，这……这个是由超声波工作原理导……导致的普遍硬伤所产……产生的误差。

林文韬：其实吧，我觉得有点儿误差应该影响不大，咱们关键是要把东西做出来，部分功能有瑕疵可以再改进嘛，时间太紧张了。

陈炫玮：不……不行，这个问题要……要先解决。瑕疵……瑕疵就是一种失败。

林文韬：行行行，那你们先讨论着，我再继续查查资料，时间可不等人。

陈炫玮：（看着离去的林文韬，无言）

旁白：陈炫玮和他的队员没有找到更好的材料，时间有限，只能按照林文韬最开始的方案执行。不出意料，陈炫玮的队伍失败了。

陈炫玮：（很沮丧，独自坐在一个角落。背景音乐忧伤）

张然然：哎，你看，那不是陈炫玮吗？他看起来好像不太开心，我去看看他怎么了。

王一文：（阻止张然然）哎哎哎，算了吧你，你忘记了，他不喜欢说话，就爱自己一个人待着，你别过去了。咱们走吧。

周老师：（走向陈炫玮）炫玮，这次比赛我们输了，但是，你放弃了吗？

陈炫玮：周老师……说不伤心是……是假的，不过，的确是……是我没有带好……队伍，这次……这次被同赛区的队伍……打……打得特别地惨。我……我甚至在想，我……我还要不要……坚持继续……继续我的……我的创客梦想。老师，你……你还记得李云翔吗？他当时和我……我一起进的创客，后……后来他退出了。你……你知道吗？有……有时候，作业……作业特别多，我……我写不完……可……可是我……我没有时间。努力……努力就一定……一定会有……有收获吗？

周老师：你得问问自己的心，对于设计发明，对于创客，你还能、还愿意坚持吗？

陈炫玮：（思考，沉默很久）我……我不知道。

周老师：炫玮，别着急，你自己先想一想，明天我在创客空间等你，你会告诉我答案，对吗？

陈炫玮：（内心痛苦，在一个角落发呆，看着自己的一个一个小发明，觉得毫无意义，于是愤怒摔打。可是当他看到自己熬夜做出的机器人时，他停止了动作）……我……我不知道。

陈炫玮：（次日，拿着飞机模型，来到创客实验室）周……周老师。

周老师：来了，炫玮。你还记得吗？我们第一次见面，我看到你拿着这个飞机模型，你用双手将一堆零件组装起来，让它们飞翔在蓝天。（沉默一会儿）你知道吗？你的热爱就是永不停歇的燃料、动力，助推着你的梦想直入青云。做创客，一定要受得了失败，耐得住寂寞。你记住，输不起的人，同样也赢不了。你再想想，你还有那份热爱吗？

陈炫玮：（思考，沉默很久。背景音乐逐渐激昂）……我……我喜欢创客，我热爱科学发明，创客，创客它让我看见了……不一样的世界。至于作业，时间是挤……挤出来的，我相信我，我可以更好地完成。

邓家其：（闻声走来，微笑，拍拍陈炫玮的肩膀）那不就完了！哎呀，其实也没关系啦！起码这次的比赛让我们开了眼界，看到了同龄孩子们在玩什么。不得不说，他们的设计真的让我觉得，我们努力的路还很长啊。

陈炫玮：（看着邓家其，陷入沉思，内心独白）是啊，即使……即使失败了N次……也……也不算什么，因为……因为第N+1次就……就是成功。我……我要继续加油！

场景5：陈炫玮和队友次年再次参加青少年科技创新大赛，他们吸取教训，升级了去年的设计，改名"眸镜"项目，在讨论细节时，遇到了预算不足的问题。

陈炫玮：（担心）目前咱们只有 2000 元，但是咱们这次选用的是比普通超声波传感器精确，但是价格也更高的这个 TOF 传感器，加上其他部件，完成这个"眸镜"至少还需要 10000 元，咱们的资金远远不够。

邓家其：这次这个传感器没问题吧！

陈炫玮：没问题！TOF 传感器采用的不是发散的超声波而是有方向的红外光线，在测距时保证了所测角度上物体距离的准确度。

林文韬：的确是这样，我之前查资料的时候，在一些科学期刊上也看到过。

邓家其：（思考）既然这样，那咱们赶紧去问问周老师要怎么办！

周老师：（走过来）按照以往的比赛规则来说，同学们可以尝试找一些企业赞助，这是允许的，也是许多队伍解决资金问题常用的办法。

林文韬：（疑惑焦虑）我从来没有干过这事儿，再说谁会愿意赞助我们高中生啊！

陈炫玮：（目光坚定）没……没关系，我试试！

旁白：为了成功拉到赞助，陈炫玮反复练习准备好的文稿，慢慢地，他说话越来越流利，也渐渐变得自信起来。

场景 6：陈炫玮来到博锐科技有限公司，与李经理面谈，希望对方能赞助自己参加比赛。

李经理：你好，陈同学，我看了你们的项目介绍，挺不错的，但是，你能告诉我，我为什么要赞助你们吗？

陈炫玮：（略有口吃）李经理您好！感谢……感谢您百忙之中抽出时间来接待我。其实……来找您，我……我……心里充满了不确定，我很紧张，但是我知道贵公司近年来一直在大力扶持大学生的创客项目，这在创客圈已经成了美谈，因此我也是慕名而来。对于这一次的青少年科技创新大赛，我们团队还是很有信心的，因为我们有丰富的比赛经验，也做了详尽的项目计划，现在就欠一阵"东风"。此外，我……了解到，贵公司刚好也在做一个相关的项目，这仿佛也是一种"缘分"。李经理，这段话我其实准备了很久，鼓起了很大的勇气来面对您，这也是我的人生第一次了，真诚地感谢您能听我说完！谢谢！

李经理：（点头微笑，表示满意）很棒啊陈同学，小小年纪有这样的魄力，我很欣赏。但是，我还有一个问题。作为赞助方，我们将以何种形式出现在你们的"眸镜"中，这是我们必须考虑的投资回报。

陈炫玮：（思考，略有口吃）您……放心，这点我们也想到了，我们把贵公司的 LOGO 和我们的"眸镜"LOGO 做了一个融合设计，您……您看看，这样也能带来较好的宣传效果。此外，我们愿意与贵公司共享"眸镜"的设计专利权，你们后期……后期可以继续投入生产，并在市面上销售。

李经理：（点头微笑，表示满意）我愿意赞助你们，并且，我想代表博锐科技邀请你们假期的时候来实习，我相信你们可以带来许多的惊喜，欢迎！

陈炫玮：谢谢您！我们一定会带来惊喜。

第三幕　梦开始的地方

场景 7：青少年科技创新大赛正在如火如荼地进行，陈炫玮和林文韬正在演示如何使用"眸镜"。

青年陈炫玮：（语言流畅）大家好，这是我们团队的参赛项目"基于人工智能的视力检测化妆镜——眸镜"。我们的设计理念是"点亮眼眸，镜化心灵"。中国已经成为世界第一近视大国，加上网络授课的普遍化，儿童青少年的近视问题越来越严重，这是亟待解决的重要问题。眸镜是一款能为青少年带来优质、便利服务的创新型产品。外观看上去是一面能实时调节补光灯的美妆镜，实际上更是一台能全自动智能视力检测和眼部训练的设备。我们的眸镜具有四大功能：视力检测、TOF 测距语音检测、实时记求数据分析小序互联、眼部训练……谢谢大家，这就是我们小组的展示。

林文韬：（演示完毕，拥抱陈炫玮）太棒了！这次应该稳了吧！等会儿就公布成绩了，好紧张！

邓家其：（屏住呼吸）成绩出来了！排名第八！

背景音乐：恭喜5934队，成功闯入8强！让我们期待下一阶段的联盟赛。

青年陈炫玮、邓家其、林文韬：（相视相拥，激动）太棒了！梦想N+1! 我们做到了！

周老师：恭喜同学们，你们做到了！

第四幕　梦想的力量

旁白：深圳市创客节正在进行，陈炫玮发表演讲。

陈炫玮：尊敬的各位领导、老师，亲爱的各位同学，大家好。我是大学生代表陈炫玮。很高兴能站在这里和大家分享我的创客故事。我们是幸运的，我尤其是幸运的，生活在这样一个容许创新、鼓励创新的时代，这样一个充满创新活力的城市。曾经的我害羞、口吃，很不自信。现在的我已经不一样了。我很感谢，创客把我带到我那小小世界的外面；我也相信，梦想能把我们带到更远的地方！

场景8：一阵热烈的掌声后，灯黑了。少年陈炫玮和青年陈炫玮同时出现在舞台，进行跨越时空的对话。

青年陈炫玮：现在的我自信、合群、善于沟通。

少年陈炫玮：曾经的我自卑、孤僻、口吃。

青年陈炫玮：现在的我以"科技创造"为信念，在梦想的路上奋力远航。

少年陈炫玮：曾经的我迷茫，没有人生信仰。

青年陈炫玮：你好！

少年陈炫玮：（回首挥别）再见！

青年陈炫玮：（回首挥别）再见！（自信微笑，迈步向前）

原创科普剧《打响海洋保卫战》

作者：阎思、张宇、吴沐雨、马天伟

演出：梨园新社

剧本摘要（包括时间、地点、剧情概要）：

海洋开发还是海洋保护一直是夏远航和任浩飞两人一直以来争论的话题，最后他们用自己的行动找到了答案。在阳光高中夏远航组织同学们参加海洋研究讨论，准备参赛。讨论过程中有个叫任浩飞的同学提出反对意见。他认为，合理地开发海洋更切合实际。两人分道扬镳，各自组队做自己的研究。多年后，虽然他们同样是坚持自己的观点，结果却大相径庭。

科普知识点：

核污水和核废水的区别

海洋垃圾清洁器

塑料垃圾对海洋的污染

人物：

中年夏远航（中国海洋科学家）——王萧鉴 饰演

少年夏远航（阳光高中学生）——康泽宇 饰演

林晓风（夏远航科组成员）——邱宇童 饰演

旁白音效——邱宇童 饰演

张林川（阳光高中同学，夏远航科组成员）——周晞蓝 饰演

少年任浩飞（阳光高中同学）——谢政斌 饰演

中年任浩飞（日本某企业高管）——梁启鹏 饰演

陈雪（阳光高中同学、创客队队员）——谢宇涵 饰演

高一帆（日本某企业员工）——高丰 饰演

警察乙——高丰 饰演

警察甲——庄岳枫　饰演

主持人——陈钧莹　饰演

正文：（所有灯光都面向观众席的方向）

第一幕

场景1：咖啡厅（舞台左侧灯起，定点灯在咖啡桌，夏远航独自坐在桌前等待）

夏远航：浩飞，好久不见！

任浩飞：（伸手与夏远航击掌）好久不见。

夏远航：浩飞你也知道，我正在进一步研究海洋垃圾清除器。但是我们现在研究遇到了瓶颈，我希望你加入我们团队。

任浩飞：对不起远航，我不能加入你们。

夏远航：你的集团面临困境，加入我们是你现在最好的选择了。

任浩飞：（沉默）

夏远航：你搞海洋资源开发，我做海洋环境治理。我们联手，不才是对人类最有利的吗？

任浩飞：已经太迟了。（起身）再见。

警察1：你是任浩飞吗？

任浩飞：对，我是。

警察2：请跟我们走一趟吧。（灯灭）

场景2：演播室（舞台左侧定点灯起，传来主持人的声音）

主持人：各位观众们你们好，您现在收看的是环保综艺节目《蔚蓝大海》，近期我们收到一条关于海洋排放的新闻，到底排放了什么？对海洋有何影响呢？请看大屏幕。

旁白：最新消息。当地时间8月24日13时，R国第一核电站启动核污染水排海。

据 R 同社，该电站的核污染水约有 134 万吨，排海时间至少持续 30 年。有专家表示，由于该核电站退役需要数十年，这个过程中还会持续产生大量核污染水，排放时间可能远超 30 年，核污染水排海将会对海洋生态产生长期影响。

主持人：这次核污水的排放，引发了社会各界不少争议，今天我们请到了两位海洋科研方面的专家，请他们来为我们解答。这位是来自负责核废水排放的任氏集团任总。

任浩飞：观众们，大家好！（任浩飞定点灯起）

主持人：这位是来自海洋研究院的博士夏远航。

夏远航：主持人好，各位观众好。（夏远航定点灯起）

主持人：对于这次的排海，您二位怎么看呢？

任浩飞：这其实是一个百利而无一害的大工程。将核废水处理掉，不仅企业省了一大笔钱，而这笔钱也可以投入新能源的开发，为社会谋求更多的福利。所以大家都可以放心。

夏远航：我认为这一次核污水排海，唯一获利的就是他们自己。但是，这一次核污水排海，对我们百姓危害极大啊！！！

主持人：此次排放对人体是否会有很大的影响呢？

夏远航：是的，核污水的排放将对海洋生物造成非常大的影响，大量鱼类会死亡、变异，人类也会随着水循环遭受不可逆的影响，甚至病变……而我们这些海洋科学家还没有相应的应对措施。

任浩飞：我们这一次核污水排放会造成很大的危害（大笑），可笑！真是没有科学认知！我在这里负责任地告诉各位，2023 年 7 月 4 日，国家原子能管理局也给我们发放了核污染水排海设施验收合格证！没问题！

夏远航：你只说有了科学认定，有了验收合格证。可是你却没有告诉大家所有的数据资料都是你们集团提供的。

任浩飞：（着急）你这简直是危言耸听！以前核污水排放不也没什么影响吗？

夏远航：核污水和核废水是一个概念吗？

主持人：那您能为我们解答一下两者之间的区别吗？

夏远航：核废水虽然也有放射性物质，但只要处理得当，对环境和人类健康的影响相对较小。但核污水中的放射性元素如碘 –131、铯 –137 都会对人体产生致癌效应，对环境的影响更是不可逆的！

任浩飞：（慌乱，急中生智）你大可以放心，我们有相关的人饮用过处理过的核废水，没有任何问题。

夏远航：（冷笑）呵呵，那我倒是想问，为什么两年前那个试喝核污水的专家再也不在新闻节目中露面了？

任浩飞（慌乱）这个……这……

夏远航：（乘胜追击）也许这次排放对环境造成的影响不会立刻显现，但我想，生活在这片海域周围的人们将会成为第一个受害者。我质问：你们公司到底有没有社会良知！难道钱是唯一的目标吗？（定点灯灭，任浩飞和夏远航两人呈剪影）

主持人：（对观众）今天的讨论就到这里，到底海洋和人类的未来会是什么样？我想我们暂时也只能交给时间了，作为普通民众的我们，只能先从自己做起，爱护环境，人人有责！我们下次再见！（对两位）（定点灯灭）（任浩飞和夏远航两人共用定点灯）

任浩飞：（不屑）嘿哟，大科学家。别这么死板嘛！都什么社会了现在？

夏远航：（急切）你太急功近利了！

任浩飞：我急功近利？你呀，还是跟高中一样，不切实际！只会做梦！

夏远航：你还是跟高中一样，只顾眼前的蝇头小利！

任浩飞：目光短浅。（往台下走）

夏远航：无可救药！任浩飞，你会后悔的！！！

（灯灭）

第二幕

场景3：校园一角

旁白：一年一度的"全国青少年科技创新大赛"启动了，在阳光高中的校园一角，夏远航正在和队友讨论参赛项目。（场灯）

夏远航：今年的主题是"海洋之歌"，到底是一首赞歌还是悲歌呢？如今海洋污染十分严重，为了自身利益，人类不惜把海洋弄得面目全非。我想从防治海洋污染的这个角度来设计一款"海底垃圾清除器"。

张林川：我同意。海洋塑料污染是当今世界面对的最严峻的环境问题之一。这不仅事关海洋生物的生存，也直接影响到整个地球的环境与生态。英国《卫报》甚至有科学家提出，这个时代可以被称为"塑料时代"。

夏远航：有媒体报道，金门、马祖、澎湖等地是海洋垃圾的重灾区，每年从各处漂来的垃圾高达1800吨，相当于一辆3吨半的满载货车在海滩上倾倒垃圾1000多次。

任浩飞：其实，我有些不同的想法。海洋污染是一个可以控制的事情，只要人类不断改进生产技术，就能把海洋污染的影响降到最低。我觉得还是从积极的方面来看，设计一款能更好地开发海洋资源的设备。

陈雪：是的，海洋存在的重要意义对人类来说是不言而喻的，海洋里宝藏无穷，只有在不破坏海洋的前提下尽可能地挖掘，才能让人类走得更远。

夏远航：陈雪，这样的想法是很危险的。海洋并不只是为人类的存在而存在的。

任浩飞：远航，陈雪的意思是咱们小组目前只能提交一个参赛作品，研究更科学地开发海洋资源是不是更有价值呢？

张林川：远航，先别急。我听说你已经有一些想法了，要不你先大概给我们说说。

夏远航：我想设计一款"海洋垃圾清除器"，在拦截海洋垃圾的同时也允许生物安全地游过。

任浩飞：其实现在全球都有一些相关的垃圾清理器，但是成效有限，咱们从海洋开发的科学性来进行设计。

陈雪：我支持浩飞的想法。

张林川：那你们现在想好怎么设计了吗？

陈雪：当然，随着科技的进步，海洋资源的开发现已经探索出许多方面。包括石油采集、矿石挖掘、天然气运输以及生物资源等方面。

张林川：单方面多不代表技术精。

陈雪：我们可以从中选择一方面，研究如何更快、更节能、省资源地开发以达到利益最大化。

任浩飞：我们暂时不用考虑这么多。先从如何更快地开发海洋资源来入手吧。

陈雪：我了解到，海洋遥感监测技术具有大范围、实时、连续等优点，可以提供高精度的海洋环境数据，并且能够根据需要重复进行观测，这项技术对海洋资源的开发提供了很大的帮助。

任浩飞：如果从这个角度突破，也许就能达到更高效地开发海洋资源的目的了。

我们可以从改良海洋遥感监测技术来突破。

夏远航：也许你们的想法有道理，但是我始终坚持我的想法。

任浩飞：就利益最大化角度而言，能够合理地开发海洋资源岂不是比研究一个海洋垃圾清除器要好得多！（目光询问夏远航）

夏远航：（沉默）

任浩飞：既然这样，那我只好退出这个团队了。谁愿意加入我的小组？

陈雪：我也觉得合理地开发更实际，我加入浩飞的小组。

张林川：远航，我支持你。

（灯灭）

颁奖音乐响起，舞台右侧定点灯起。

场景 4：校园一角

（比赛结束，夏远航和队友设计的"海洋垃圾清除器"没有获奖。大家很失落）

夏远航：（内疚）对不起，我们没有获奖。

张林川：别伤心。只要咱们继续努力，总有一天能够为保护海洋献出一份力！

（任浩飞和陈雪定点灯起，舞台左前方定点）

任浩飞：陈雪，你看这个奖杯多大多亮啊，看吧，果然还是海洋资源开发器更好，总比那些垃圾清理器更实用。

夏远航愤怒地盯着任浩飞，准备冲上前去，张林川拉住夏远航摇摇头。

任浩飞：（对陈雪说）走走走！（舞台左侧灯灭，而后舞台右侧定点灯灭）

第三幕

场景 5：研究室

（夏远航博士及其团队在实验室内进行研究，由于研究条件差，生活艰苦，团队部分成员内心产生动摇。研究结束，小组举行每周一次的研讨会）

旁白：夏远航团队第五次申请研究专项资金，最终一无所获。研讨会上，夏远航分享展示自己最近的研究成果，可是大家意兴阑珊。

夏远航：目前清除器在北斗定位系统和雷达声呐的加持下，除了能够自主航行与避障，还能够智能识别和定位各类海洋垃圾。

张林川：抓取与储存的效率问题也解决了。刚设计的 3 轴机械臂能在 0.13 厘米内准确地抓取海洋垃圾。

夏远航：环境适应性的问题也解决了，我们就还差如何在运行过程中实现核污水的实时净化。

（大家面面相觑，没有说话）

夏远航：虽然这一次我们申请资金失败了，但这也为下一次资金的申请积累了很多的经验！这是我们团队共同的努力。大家要知道，做科研是非常艰难的，无论是资金上、研究上，还是个人生活上，都会有很大的阻力！希望大家

能和我一起坚持！（一片沉默）

夏远航：你们怎么都不说话？

林晓风：说什么呢？同样是做科研，人家任浩飞团队要资金有资金，要地位有地位，我们呢？要啥啥不行，要啥啥没有！

夏远航：都是暂时的。我也在努力地拉投资。我希望你们能理解。

林晓风：暂时的？能不能给个具体时间。这都多久了？我们家连日常开销的钱都快没了！

张林川：夏博士，你觉得我们的研究还有希望吗？有意义吗？四年了，有实质性的成果吗？

夏远航：选了科研，就肯定会有曲折与阻碍。我知道做科研需要资金支持，也需要成果展现，但是做科研难道只为了钱吗？只为了名吗？科学家们不都是从一条条漆黑道上拼搏出来的孤勇者吗？林川、晓风，这一点——你们还不懂吗？

林晓风：我们懂！可是我们……

夏远航：唉。

第四幕

场景 6：任浩飞办公室

旁白：现在来看下一篇报道：自从核污水排放以来，出现了多例疑似由核污染引发不明疾病的病例。

高一帆：（冲进办公室）老板！出事了！有一大批人堵在公司门口，让公司为他们的疾病负责！

任浩飞：（朝着门口张望）他们自己不注意身体，凭什么赖咱们头上啊？

高一帆：那咋办啊，老板？

任浩飞：随便敷衍一下他们，让保安把他们都赶走得了。

（任浩飞妻子打电话过来）

任浩飞：（直接接起电话，烦躁）喂？！

任浩飞妻子：（带着哭腔）任浩飞！你看你干的好事！

任浩飞：怎么了？

任浩飞妻子：（恨恨地）你和你那破机器、破钱自己过去吧！

任浩飞：你先冷静，我又怎么了！

任浩飞妻子：今天去做孕检，医生说，医生……医生说，咱们儿子——咱们儿子畸形了！（大哭）你知道吗？你知道吗？

任浩飞：什么？

任浩飞：为什么？为什么会这样？我这样做有错吗！我不就是想要开发海洋资源，更好地造福人类吗！

场景7：校园一角

少年夏远航与任浩飞出场，中年任浩飞看着两位少年。

少年任浩飞：我认为我们应该最大限度地开发海洋资源。

夏远航：你这个想法是很危险的。我们应该倡导人与自然和谐共生。一旦打破自然的规则，最终受害的还是人类。

（少年夏远航与任浩飞下场）

【新闻报道：最新消息，任氏集团任某因其核污水排放项目危害公民的生命安全，造成恶劣社会影响，现已被公安机关依法拘留。本案仍在审查之中，本台将持续关注，为您报道】

第五幕

场景：8演播室

主持人：亲爱的观众朋友们你们好，欢迎来到我们《蔚蓝大海》第二期。今天，我们再次请到海洋研究院的夏远航博士，请他为我们介绍他的最新研究成果。还有一位特殊嘉宾。一会儿呢，我们还将连线这位特殊嘉宾，让他说一说。

（夏远航走上台，介绍他最新的研究成果）

夏远航：大家好，在社会多方的协助下，我们的研究终于取得了成果。今天，我代表科学院发表一项我们最新的研究成果：DGF-6型海洋清洁器。这是一款专门为解决核污染问题而设计的高科技清理器。

主持人：那您能不能为我们详细介绍一下它的亮点？

夏远航：海洋垃圾清除器的科技亮点主要体现在智能识别与定位、自主航行与避障、高效抓取与存储、环境适应性强、节能环保等方面。

主持人：好的，谢谢您的分享。上一次来到我们节目现场的任氏集团总经理任浩飞，因其核污水排放项目危害公民的生命安全，被公安机关拘留暂时无法来到现场。稍后我们将连线，听听他对此次事件有什么想法。

任浩飞：十多年来，我一直觉得自己很成功。但身边一个又一个亲人因为核辐射离开了我，甚至影响到了我未出世的孩子。（哽咽）在我的高中时期，我也一直致力于为海洋与环境做出贡献。但这些年来，我越走越远，忘却了自己的初心，把海洋开发造福人类和海洋污染混为一谈。

主持人：据我所知，夏远航博士和任浩飞是多年的同窗。夏博士，您有什么想说的吗？

夏远航：我希望我们全体社会可以对这一次史无前例的海洋污染事件引以为戒，我也希望，在不远的未来，我们可以重现蓝色的大海！

任浩飞：我这一次犯下的错误将成为人们引以为的戒惨痛教训，我也希望，在不远的未来，我们可以重现蓝色的大海！

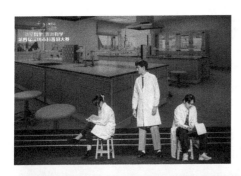

《打响海洋保卫战》剧照

推荐选读剧本

国内：

（1）《茶馆》（老舍）

（2）《活着》（余华）

（3）《雷雨》（曹禺）

（4）《蔡文姬》（郭沫若）

（5）《龙须沟》（老舍）

（6）《原野》（曹禺）

（7）《日出》（曹禺）

（8）《桑树坪纪事》（杨健、陈子度、朱晓平）

（9）《生死场》（田沁鑫）

（10）《天下第一楼》（何冀平）

（11）《那一夜，我们说相声》（赖声川）

（12）《天堂隔壁是疯人院》（喻荣军）

（13）《哈姆雷特》（林兆华 1990 年版）

（14）《名优之死》（田汉）

（15）《获虎之夜》（田汉）

国外：

（16）《等待戈多》（萨缪尔·贝克特）

（17）《四川好人》（布莱希特）

（18）《犀牛》（尤金·尤涅斯库）

（19）《椅子》（尤金·尤涅斯库）

（20）《秃头歌女》（尤金·尤涅斯库）

（21）《推销员之死》（阿瑟·米勒）

（22）《玻璃动物园》（田纳西·威廉斯）

（23）《冒失鬼》（莫里哀）

（24）《玩偶之家》（易卜生）

（25）《费加罗的婚礼》（博马舍）

（26）《莎乐美》（王尔德）

（27）《哥本哈根》（迈克·弗雷恩）

（28）《青鸟》（梅特林克）

（29）《屠夫》（乌尔利希·贝希尔）

（30）《苍蝇》（萨特）